수출현장 무역실무

박상길 정윤세 최장우

박영사

머리말

●
●

　　우리가 일상생활에서 사용하는 상품들은 어느 나라에서 만들었을까? 삼성전자의 스마트폰, 현대자동차의 승용차, LG전자의 냉장고, 아모레퍼시픽의 화장품 그리고 우리나라 농산품 김과 라면 등 우리나라 제품은 외국에서 인기가 많아서 해외로 수출되며, 우리는 독일 자동차, 프랑스 와인, 중국의 의류제품, 사우디아라비아의 원유, 스웨덴의 이케아 가구 같은 다양한 외국 상품을 수입해서 사용하고 있다.

　　무역업은 이러한 상품들이 국경을 넘어 거래하는 비즈니스이다. 여기에는 수출업자(Export Company), 수입업자(Import Company), 제조수출업자(Manufacturing Company), 국내수출물품 공급업자(Demestic Supplier) 등 4가지 유형으로 분류할 수 있다. 수출업자는 화장품, 전자제품, 라면 등 국내생산 물품을 확보하여 해외어 수출하는 개인이나 기업이다. 수입업자는 프랑스 와인, 독일 자동차 등 외국 상품을 수입하여 국내에 공급하며 이윤을 얻는 개인이나 기업이다. 제조수출업자는 자기가 만든 제품을 직접 수출하는 회사로서 우리나라 삼성전자, 현대자동차 등이 여기에 해당된다. 또한, 국내수출물품 공급업자는 자기가 만든 제품을 직접 수출하지 않고 국내 수출업자에게 그 제조 물품을 공급하는 개인이나 기업을 말한다.

　　그러면 수출업자는 어떤 업종, 어떤 아이템을 선정하여야 할까? 업종 선정시 해외시장에서 경쟁력 있는 분야를 파악하는 것이 중요하다. 1964년 우리나라가 연간 총수출 1억 달러를 달성했을 때 수출품목은 오징어, 텅스텐, 철광석 등 원자재였다. 오늘날 우리나라 무역의 위상과 국제경쟁력에 비추어 보면 격세지감을 느낀다. 현재는 반도체, 화학제품, 자동차, 무선통신기기, 평판디스플레이 등 우리나라의 첨단 IT 제품이 세계시장을 누비고 있다.

최근에는 우리의 드라마, 아이돌 그룹, 영화가 해외에서 인기를 끌면서 한류에 영향을 받은 K−소비재에 대한 해외수요가 증가하고 있다. K−Food (김, 라면, 만두), K−Beauty(화장품, 가발), K−Bio(페니실린, 질병치료제 등 신약), K−Fashion(신변장식품, 가방 및 벨트), K−Life(비누, 치약, 샴푸), K−Sports(골프 공, 볼링용구) 등이다.

"수출현장 무역실무"는 무역업에 관심있는 학생과 일반인들에게 이미 우리 생활 속에 일부가 되어 있는 무역과 무역업을 좀 더 쉽게 이해하고 무역을 직접할 수 있도록 돕기 위한 가이드 북으로 작성하였다. 무역실무 기초, 무역실무 실행, 주요국 수출현장의 이해 등 수출현장에서 직접적으로 부딪히는 무역 비즈니스 실무를 체계적이고 쉽게 서술하였다.

이 책은 저자들의 수출현장 경험, 무역지원기관에서의 중소기업 지원경험, 대학에서의 연구 노하우를 바탕으로 작성하였으며, 통계적인 데이터는 IMF·WTO·UNCTAD 등 국제기구의 세계경제 및 세계무역 데이터베이스, 한국무역협회(KITA)·대한무역투자진흥공사(KOTRA)의 무역통계 및 무역정보를 활용하였다.

이 책은 크게 세 개의 PART로 구성되었으며, PART 1은 수출현장 무역실무 기초, PART 2는 수출현장 무역실무 실행, PART 3는 주요국 수출현장의 이해를 다루었다. 또한, 각 PART는 각각 5개, 8개, 5개의 CHAPTER로 구성되어 있다. 각 PART에 대하여 좀 더 상세하게 설명하면 다음과 같다.

PART 1은 수출현장 무역실무 기초 부문으로, 무역이란 무엇인가?, 10년간 한국무역의 특징 변화, 한국의 무역관리 시스템, 세계경제 및 세계무역의 이해, 수출입상품의 국제운송경로 등 5개의 CHAPTER로 구성되어 있다. PART 2는 수출현장 무역실무 실행 부문으로, 무역업의 시작, 해외시장조사 및 바이어 찾기, 무역계약, 무역결제, 무역운송, 무역보험, 수출입통관, FTA 무역실무 등 8개의 CHAPTER로 구성되어 있다. PART 3은 주요국 수출현장의 이해 부문으로, 미국 수출현장의 이해, 중국 수출현장의 이해, 일본 수출현장의 이해, 유럽 수출현장의 이해, 아세안 수출현장의 이해 등 5개의 CHAPTER로 구성되어 있다.

끝으로 본 "수출현장 무역실무" 간행 작업에서 기획부터 편집에 이르기

까지 성심 성의껏 도와주신 박영사 임직원 여러분께 감사드리며 이 책이 무역 비즈니스를 공부하고 실행하는 분들에게 좋은 길잡이가 될 수 있기를 기대한다.

2021년 2월
저자들 씀

차 례

●
●
●

PART 01
수출현장 무역실무 기초

CHAPTER 01 무역이란 무엇인가?

CHAPTER 02 10년간 한국무역의 특징 변화

PART 02

수출현장 무역실무 실행

CHAPTER 06 **무역업의 시작**

CHAPTER 07 **해외시장조사 및 바이어 찾기**

수출현장
무역실무 기초

CHAPTER 01 무역이란 무엇인가?

01 상품의 국제교류

오늘날 세계 각국의 경제체제는 폐쇄경제(closed economy) 체제가 아닌 개방경제(open economy) 체제를 근간으로 하고 있다. 즉, 국토면적이 크거나 작거나, 1인당 국민소득이 높거나 낮거나, 인구가 많거나 적거나, 천연자원이 풍부하거나 풍부하지 않거나 관계없이 지구상 대부분의 국가는 개방경제 체제를 도입하고 타국과의 활발한 상품 교류를 하고 있다.

1) 외국 상품의 수입

우리는 일상생활에서 외국에서 수입한 상품을 많이 사용하고 있다. 예를 들면 일본 도요타(Toyota)의 렉서스 자동차, 미국 애플(Apple)의 아이폰, 중국의 각종 의류제품, 사우디아라비아의 원유(Crude Oil), 스웨덴의 이케아(Ikea) 가구, 브라질의 커피, 캐나다의 목재 등이 일상에서 쉽게 접하는 수입품이다. 이들 상품들을 수입하는 이유는 한국에서 생산되지 않거나 생산되더라도 이들 나라 상품의 질이 좋거나 가격이 저렴하기 때문이다.

2) 우리 상품의 수출

우리 기업이 만든 상품 중에는 가격경쟁력 및 품질경쟁력이 우수해서 외국 소비자가 선호하는 상품이 많다. 삼성전자의 스마트폰 및 TV, 현대자동차의 소나타, 오리온의 초코파이, LG전자의 냉장고 및 TV, 삼성중공업 선박, 아모레퍼시픽의 화장품 등은 한국의 경쟁력 있는 상품들로서 한국 수출의 견인차 역할을 하고 있다. 특히 최근에는 음악과 영화 등 한류의 영향을 받아 한국 상품의 인기가 더욱 높아지고 있다. 일부 국가에서는 한국 상품을 구입하는 것이 부의 상징이 되고 있다.

02 무역의 정의 및 분류

1) 무역의 정의

일반적으로 무역(trade)이란 한 나라의 거래주체(개인, 기업, 국가)와 외국의 거래주체(개인, 기업, 국가)간 물품 및 용역 거래를 의미한다. 쉽게 말하면 나라 간에 물건을 사고 팔고 교환하는 일을 의미한다. 국제간에 이루어지기 때문에 국제무역(international trade), 또는 대외무역이라고도 한다.

대외무역법 제2조에서 무역이란 물품, 대통령령으로 정하는 용역, 대통령령으로 정하는 전자적 형태의 무체물(無體物)의 수출과 수입이라고 규정하고 있다. 그리고 수출(export)은 자국에서 타국으로 물품 및 용역을 판매하는 것을 의미하며 수입(import)은 타국에서 자국으로 물품 및 용역을 사들이는 것을 의미한다.

2) 대외무역법상 수출의 정의

대외무역법시행령(제2조)에서 수출에 대하여 다음과 같이 구체적으로 규정하고 있다. ① 매매, 교환, 임대차, 사용대차, 증여 등을 원인으로 국내에서 외국으로 물품이 이동하는 것, ② 보세판매장에서 외국인에게 국내에서 생산된 물품을 매도하는 것, ③ 유상으로 외국에서 외국으로 물품을 인도하는 것, ④ 거주자가 비거주자에게 산업통상자원부장관이 정하여 고시하는 방법으로 용역을 제공하는 것, ⑤ 거주자가 비거주자에게 정보통신망을 통한 전송과 그 밖에 산업통상자원부장관이 정하여 고시하는 방법으로 전자적 형태의 무체물(無體物)을 인도하는 것 등 5가지로 규정하고 있다. 여기서 전자적 무체물이란 소프트웨어산업 진흥법 제2조 제1호에 따른 소프트웨어와 부호·문자·음성·음향·이미지·영상 등을 디지털 방식으로 제작하거나 처리한 자료 또

대외무역법상 수출 수입의 정의

수출	• 매매, 교환 등을 원인으로 외국으로 물품을 이동하는 것 • 보세판매장에서 외국인에게 국내 생산 물품을 매도하는 것 • 유상으로 외국에서 외국으로 물품을 인도하는 것 • 거주자가 비거주자에게 용역을 제공하는 것 • 거주자가 비거주자에게 전자적 형태 무체물을 인도하는 것
수입	• 매매, 교환 등을 원인으로 국내로 물품을 이동하는 것 • 유상으로 외국에서 외국으로 물품을 인수하는 것 • 비거주자가 거주자에게 용역을 제공하는 것 • 비거주자가 거주자에게 전자적 형태의 무체물을 인도하는 것

는 정보를 말한다.

3) 대외무역법상 수입의 정의

대외무역법시행령(제2조)에서 수입에 대하여 다음과 같이 구체적으로 규정하고 있다. ① 매매, 교환, 임대차, 사용대차, 증여 등을 원인으로 외국으로부터 국내로 물품이 이동하는 것 ② 유상으로 외국에서 외국으로 물품을 인수하는 것으로서 산업통상자원부장관이 정하여 고시하는 기준에 해당하는 것 ③ 비거주자가 거주자에게 산업통상자원부장관이 정하여 고시하는 방법으로 용역을 제공하는 것 ④ 비거주자가 거주자에게 정보통신망을 통한 전송과 그 밖에 산업통상자원부장관이 정하여 고시하는 방법으로 전자적 형태의 무체물을 인도하는 것 등 4가지로 규정하고 있다.

4) 무역의 분류

무역은 크게 상품무역(merchandise trade)과 서비스무역(service trade)으로 분류된다. 상품무역은 실체가 있고 눈으로 보이는(visible) 상품의 수출과 수입을 의미한다. 서비스무역은 실체가 없고 눈으로 보이지 않는(invisible) 서비스(운임, 여행, 건설, 지식재산권사용료, 가공서비스, 기타사업서비스)를 지급하거나 지급받는 것을 의미한다.

이 책에서 다루는 무역은 특별한 명시가 없는 한 상품무역을 지칭한다.

그러나 서비스무역의 비중이 점차 높아지는 추세에 있고 국민경제에 대한 영향력도 높아지고 있다.

03 현대무역의 특징

1) 산업 연관성이 높다.

상품 제조업과 공업화의 기반을 조성하고 고용 및 소득증대를 유발한다. 한편, 수입은 수입상품관련 국내산업과의 경쟁유발을 통하여 국내산업의 발전을 촉진한다. 상품 수입을 통하여 소비자는 자신의 소비 가치를 높임으로써 소비자 후생을 증진시킬 수 있다.

우리나라는 수출의존도가 높기 때문의 수출의 산업연관성은 어느 나라보다 높다고 할 수 있다. 한국의 대표 산업인 전자산업, 자동차산업, 조선산업뿐 아니라 모든 산업이 무역을 통해서 성장했다 해도 과언이 아니다. 무역의 고용유발효과를 살펴보면, 최근 생산성 향상과 자동화 진전 등으로 수출산업의 고용 기여도가 점차 하락하고는 있지만, 고용창출에도 크게 기여해 왔다.

2) 해상 의존성이 높다.

무역운송(trade transport)은 해상운송(marine transport), 육상운송(inland transport), 항공운송(air transport), 복합운송(multimodal transport) 등으로 분류할 수 있다. 그런데 육상운송은 바다를 사이에 둔 국가간에는 운송이 불가능하고 항공운송은 물동량이 적고 운송비가 비싼 단점이 있다. 따라서 세계무역 운송은 바다를 중심으로 한 해상운송과, 해상운송이 중심이 되고 있는 복합운송이 주된 운송수단으로 해상운송 의존성이 높다.

한국의 경우 최근 반도체, 휴대폰, LCD TV, 컴퓨터 등 경박단소형(輕薄短小形) IT제품의 수출증가로 인하여 항공운송의 비중이 증가하고 있는 것이 사실이다. 그러나 선박, 자동차, 철강 등 중후장대형(重厚長大形) 제품과 일반 공산품은 해상운송이 여전히 주된 운송수단이 되고 있다.

3) 리스크가 존재한다.

무역은 국가간의 거래이기 때문에 수출자와 수입자간의 시간적·공간적으로 떨어져 있다. 따라서 수출자(seller)는 수출대금회수에 대한 불안감, 즉 대금회수 리스크(credit risk)가 있으며, 반면에 수입자(buyer)는 상품인수에 대한 불안감, 즉 상품인수 리스크(mercantile risk)가 존재한다. 이러한 리스크를 회피하기 위하여 수출대금 결제방법으로 신용장(letter of credit)을 이용한다.

또한 무역은 가격변동 리스크가 있다. 수출입 가격은 국제환율, 국제원자재 가격, 국제원유 가격, 생산 인건비 등 여러 가지 요인에 의해 수시로 변동하며, 기업의 채산성에 직간접적으로 영향을 준다. 무역물품의 운송 중에 물품의 파손, 멸실, 화재, 도난, 해난 등의 위험이 상존한다. 이러한 위험은 적하보험을 통해 제3자에게 전가하는 것이 일반적이다.

4) 국제 상관습이 있다.

국제무역은 국경을 넘어 국제적으로 발생하는 상행위이므로 당사자간 상사분쟁 가능성이 높다. 그리고 상사분쟁 발생시 국내법규 등으로 이를 해결할 수 없다. 따라서 이러한 상사분쟁을 해결하기 위한 국제간의 통일규칙이 필요하다. 무역관련 국제 통일규칙을 국제 상관습이라 하며 무역관련 당사자는 국제상관습의 규칙을 준수하여야 한다. 무역관련 국제상관습에는 신용장통일규칙, 추심통일규칙, Incoterms, 비엔나 협약(Vienna Convention) 등이 있다.

신용장통일규칙(UCP: Uniform Customs and Practice for Commercial Documentary Credits)은 결제조건인 신용장(letter of credit)에 관한 통일규칙이고, 추심통일규칙(URC: Uniform Rules for Collection of the Commercial Paper)은 결제조건 D/A, D/P에 관한 관련 통일규칙이다. Incoterms(International Commercial Terms)는 상품의 수출입 가격조건(FOB, CIF, CFR 등)에 관한 통일규칙이다. UN의 비엔나 협약(Vienna Convention, CISG)은 국가간 매매계약 법규 및 관습 차이에 따른 규칙의 통일을 위해 제정되었다.

무역관련 국제상관습

신용장통일규칙(UCP)	• 신용장(letter of credit)에 관한 통일규칙
추심통일규칙(URC)	• D/A, D/P에 관한 통일 규칙
Incoterms	• 상춤의 수출입 가격조건(FOB, CIF, CFR 등)에 관한 통일규칙
비엔나협약(CISG)	• 국가간 매매계약 규칙 및 관습에 관한 통일규칙

04 무역의존도

1) 무역의존도의 의의

무역의존도(degree of dependence on trade)는 무역(수출, 수입)이 GDP에서 차지하는 비중을 의미한다. 앞에서 설명한 바와 같이 무역은 크게 상품무역과 서비스무역으로 분류되는데 무역의존도는 통상적으로 상품무역이 GDP(국내총생산)에서 차지하는 비중을 나타낸다.

2) 무역의존도의 최근 추세

FTA 증가 등 무역장벽의 축소, WTO 다자간 무역체제의 강화, 기업의 해외투자(FDI) 증가, 자본이동제한 철폐 등 세계화(globalization)의 영향으로 세계 무역규모가 크게 증대되고 있다. 이에 따라 GDP에서 차지하는 각국의 무역의존도는 점차적으로 확대되는 추세를 보이고 있다. 무역의존도는 한 나라 경제에 있어서 무역이 얼마나 중요한지를 나타내는 척도이며, 일반적으로 경제의 발전과 더불어 상승하는 경향이 있다. 따라서 경제발전의 지표로서도 사용된다.

일반적으로 무역은 주요 교역상대국의 GDP 성장률, 국제환율 동향, 국제원자재 시세 등 국제무역환경 변화에 좌우된다. 따라서 무역의존도가 높다는 것은 한 나라의 국민경제가 다른 나라의 경제 환경에 많이 의존하게 되어 그만큼 해당국가의 경제가 불안정하다는 것을 의미하기도 한다.

3) 주요국의 무역의존도

주요국의 무역의존도(상품수출입 합계가 명목 GDP에서 차지하는 비중)는 해당 국가의 무역 및 GDP 규모 변화에 따라 매년 변화된다. 2019년 세계 전체의 무역의존도는 43%로 50%를 하회하는 수준이다.

주요국별로 보면 한국, 독일, 멕시코 등의 무역의존도는 높은 수준(60~70%대 전후)이며, 중국, 영국, 프랑스, 러시아 등의 무역의존도는 중간정도 수준(30~40%대 수준), 그리고 미국, 일본, 인도, 브라질 등의 무역의존도는 상대적으로 낮은 수준(20%대 수준)이다.

무역의존도가 높은 한국, 독일, 멕시코 경제의 경우 대외무역환경 변화등 해외부문에 많은 영향을 받는 경제라는 것을 나타내고 있으며, 반면에 무역의존도가 낮은 미국, 일본 경제의 경우 무역 등 해외부문에 의한 영향보다는 국내소비, 투자 등 내수부문에 의존하는 경제체제라는 것을 나타내고 있다.

주요국의 무역의존도(2019년, 10억 달러)

국 명	수 출	수 입	수출입합계	명목 GDP	무역의존도 (수출입계/GDP)
세계	18,694	18,988	37,682	87,552	43.0%
미국	1,641	2,498	4,140	21,433	19.3%
중국	2,464	2,068	4,532	14,402	31.5%
일본	706	748	1,453	5,080	28.6%
한국	542	504	1,046	1,647	63.5%
독일	1,489	1,234	2,723	3,862	70.5%
영국	469	689	1,159	2,831	40.9%
프랑스	570	651	1,221	2,716	45.0%
러시아	420	243	662	1,665	39.8%
인도	322	483	805	2,869	28.1%
브라질	222	188	410	1,839	22.3%
멕시코	461	483	944	1,258	75.0%

자료: WTO, World Economic Outlook Database/www.wto.org
　　　 IMF, International Trade Statistics/www.imf.org

05 교역조건

1) 교역조건의 의의

교역조건(terms of trade)은 수출입상품의 교환비율을 의미한다. 순상품교역조건지수와 소득교역조건지수가 있다. 순상품교역조건지수는 수출상품 1단위 가격과 수입상품 1단위 가격간의 비율로 수출 1단위로 수입할 수 있는 상품의 양을 나타낸다. 이 지수는 수출입상품 가격변동이 수출입물량에 미치는 영향을 반영하지 못하는 한계가 있다.

한편, 소득교역조건지수는 순상품교역조건지수가 가격변동만을 고려하는 단점을 보완해 주는 지표로 수출총액으로 수입할 수 있는 상품의 양을 의미한다. 순상품교역조건지수와 소득교역조건지수를 동시에 고려하면 수출입상품의 가격변동뿐만 아니라 수출입물량변동까지 반영할 수 있어 교역조건을 보다 정확히 파악할 수 있게 된다.

2) 교역조건 악화의 의미

교역조건이 악화되면 실질소득은 감소한다. 즉, 수출재 산업에 특화하여 생산량이 증가하면 경제성장률이 높아지는데 수출재의 세계시장 공급이 증가하여 국제시장 가격이 하락하면 실질소득이 오히려 감소한다는 논리이다. 바그와티(Bhagwati)는 수출재 가격이 지나치게 하락하여 경제의 실질소득이 하락하는 현상을 궁핍화 성장(immiserizing growth)이라 하였다. 예를 들어 브라질이 커피에 과도하게 특화하여 세계시장에 수출 공급을 확대하는 경우에 세계시장에서 커피 가격이 하락하게 되면 브라질의 경제성장은 오히려 저해될 수도 있다는 의미이다.

3) 한국의 교역조건

교역조건이란 상품 한 단위를 수출한 돈으로 수입할 수 있는 상품의 양을 나타낸 것으로, 일반적으로 수출상품과 수입상품의 가격비율을 나타내는 순상품교역조건이 많이 사용된다. 지수 상승은 교역조건의 개선을 뜻하며 지

한국의 교역조건지수(전년비, %)

연도	순상품교역조건지수		소득교역조건지수	
	총지수	전년비	총지수	전년비
2015	100.00	11.1	100.00	13.9
2016	102.15	2.2	103.10	3.1
2017	101.33	-0.8	107.68	4.4
2018	95.57	-5.7	107.75	0.1
2019	91.81	-3.9	101.27	-6.0

자료: 한국은행, 교역조건지수

수 하락은 교역조건의 악화를 뜻한다. 예를 들면 우리나라가 수출하는 자동차, 선박 등의 수출가격이 상승하면 교역조건이 개선되며 우리나라가 수입하는 원유 등의 수입가격이 상승하면 교역조건이 악화된다.

　한국의 수출입 단가추이를 보면 수입단가의 경우 최근 국제원유가 등 주요 수입제품의 가격이 완만한 상승 추세를 보였으며, 수출단가의 경우 반도체, LCD, 스마트폰, 자동차 등 주요 수출제품의 가격도 완만한 상승 추세를 보이고 있다.

　이에 따라 순상품교역조건지수 및 소득교역조건지수로 나타나는 한국의 교역조건은 정체 상태 또는 마이너스 상태를 보이고 있다. 즉, 우리나라는 최근 외국과의 무역에서 별다른 이익을 보이지 못하고 있음을 나타내고 있다.

06 세계화

1) 세계화의 개념

　"세계화(Globalization)"는 "국제화", "지구화", "글로벌화"라고도 한다. "Globalization"이란 용어는 1983년 미국 하버드 비즈니스 스쿨의 데오도르 레빗(Theodore Levitt) 교수가 "하버드 비즈니스 리뷰(Harvard Business Review)"에 기고한 "Globalization of Markets(시장의 세계화)"에서 처음으로 등장하였다.

　세계은행(World Bank)의 정의에 따르면 세계화는 "상품(Product), 서비스(Service), 자본(Capital), 정보(Information), 아이디어(Idea), 인적자원(People)의

세계적인 교류"를 의미한다. 다시 말하면 세계화란 국가간 상품, 서비스, 자본, 노동, 정보 이동의 장벽을 제거하여 "세계 단일시장(Great World Market)"으로 통합되어 나가는 추세 및 과정을 의미한다. 이러한 여러 주장을 요약하면 세계화는 "국경 없는 세계(Borderless World)"를 창출해 나가는 과정이라고 할 수 있다.

2) 18세기 이전 세계화

고대 동서양 교역로인 실크로드(Silk Road)는 초기형태 세계화의 대표적인 현상으로 일컬어진다. 13세기의 몽골제국(Mongol Empire)은 세계 최초로 유라시아대륙을 지배하는 대제국이었으며 광역교통망을 구축하여 Pax Mongolica를 건설하였다.

15~16세기의 발견의 시대(The Age of Discovery)에는 콜럼버스(Columbus), 마젤란(Magellan), 바스코다가마(Vasco da Gama) 등의 세계적 탐험 활동을 통해 세계화를 확장했다. 신대륙 발견이라는 세계화로 인하여 인류 역사는 새로운 국면을 맞이하게 되었다. 또한 17세기 이후에는 동인도(인도 동쪽지역) 지역의 특산물(향신료, 커피, 설탕, 면화)을 확보하기 위해 영국, 네덜란드, 프랑스 등이 동인도회사(East India Company)를 설립하여 기업의 세계화를 촉진하였다.

3) 19세기 세계화

19세기 세계화는 19세기에 일어났던 세계화 현상으로 제1세대 세계화(The First Era of Globalization)라 일컬어진다. 19세기에 유럽 제국의 아프리카, 아시아, 남아메리카 지역 등에 대한 식민지 개척이 크게 증가하였다. 이에 따라 영국, 프랑스 등 서구열강과 아프리카, 아시아, 남아메리카 지역 등 피식민지 지역간 경제교류가 본격화되었다. 좋은 의미이든 나쁜 의미이든 서구열강과 피 식민지국간의 무역과 투자가 활발하게 이루어졌고 세계화가 크게 활성화되었다.

19세기에는 선박, 기차 등 운송수단의 발달과 운송비용 절감이 당시 무역 및 투자의 활성화 등 세계화의 추진력이 되었다는 평가이다. 19세기 세계화는 영국, 프랑스, 독일, 미국 등이 세계 열강으로 성장하는 데 결정적인 역할을 하였다. 19세기 세계화는 20세기 전반에 발생한 제1차 제2차 세계대전으로 말미암아 더 이상 앞으로 진전하지 못하고 수십년간 정체상태를 보였다.

4) 20세기 이후 세계화

20세기 이후 세계화(Modern Globalization)는 제2차 세계대전 종전 이후 성립된 브레튼우즈 체제(Bretton Woods System)에 의해 시작되었다. 1944년 세계 주요국들은 미국의 브레튼우즈에서 만나 자유무역질서를 추구하는 브레튼우즈 체제를 구축하였다.

브레튼우즈 체제는 국제경제기구 설립과 금환본위제 도입을 주요 내용으로 하고 있다. 그리고 자유무역체제라는 새로운 국제경제질서를 달성하기 위해 GATT(General Agreement on Tariffs and Trade), IMF(International Monetary Fund), IBRD(International Bank for Reconstruction and Development) 등 세 국제경제기구가 설립되었다.

1948년 3월에 출범한 GATT는 8차례의 다자간협상(Round)을 통하여 전후 자유무역중심의 세계경제질서, 즉 세계화를 이룩하는 데 결정적인 역할을 담당하였다. 1950년에 평균 40%이던 관세를 1994년 UR(우루과이라운드)이 타결되는 시점에는 3.9%로 인하하는 성과를 거두었으며, 비관세장벽 완화와 농산물 및 서비스 교역과 관련한 협상도 전개하였다. 이러한 제도적 뒷받침과 아울러 인터넷, 스마트폰 등 정보통신기술(Information & Communication Technology)의 발달과 비용절감이 20세기 이후 세계화의 추진력이 되고 있다. 그리고 20세기 이후 세계화는 규모나 참여도 측면에서 19세기보다 훨씬 광범위하게 추진되고 있다.

그러나 21세기 들어 2020년에 발생한 코로나 팬데믹(Corona Pandemic)으로 인하여 이러한 세계화 현상은 새로운 전기를 맞이하고 있다. 코로나 팬데믹을 극복하기 위한 세계여행 제한, 각국 경제의 봉쇄조치 등으로 인하여 그동안 확대일로를 걸었던 세계화 현상이 극심한 정체상태를 보이고 있다.

5) 토머스 프리드먼의 세계화 구분

세계화의 전도사로 알려져 있는 미국 뉴욕타임스 칼럼니스트 토머스 프리드먼(Thomas L. Friedman)은 세계화의 역사를 세계화 1(Globalization 1), 세계화 2(Globalization 2), 세계화 3(Globalization 3) 등 세 시기로 구분하였다.

그리고 세계화 1은 1492년(컬럼버스의 신대륙 발견)에서 1800년까지로 국가의 세계화(Globalization of Countries), 세계화 2는 1800년(산업혁명 시작 단계)에서 2000년까지로 기업의 세계화(Globalization of Companies), 그리고 세계화 3은 2000년 이후(21세기 이후)로 개인의 세계화(Globalization of Individuals)를 의미한다고 설명했다.

07 세계화와 한국무역

1) 세계화와 무역

세계화는 국제교류의 장벽을 제거하여 세계 단일시장(Great World Market)으로 통합되는 것을 의미하기 때문에 세계화의 진전은 무역을 확대하는 데 결정적인 영향을 미친다. 국제무역의 총괄기구인 GATT와 WTO는 다자간협상(Round)에 의한 무역장벽 완화를 통하여 이러한 역할을 지속적으로 수행하여 왔다.

GATT 체체에서 8차례의 다자간협상을 통하여 관세인하 등 무역장벽이 크게 완화되었고 이러한 무역장벽 완화로 말미암아 세계무역이 크게 증대되었다. GATT의 성과에도 불구하고 국가 간 분쟁해결능력 상실, 공산품 교역에 국한하는 한계를 해결하기 위하여 1995년 1월에 WTO를 출범시켰다. WTO 출범 이후 2001년에 새로운 다자간 협상인 DDA(Doha Development Agenda) 협상이 시작되었다. DDA는 선진국과 개도국간의 대립 등으로 인해 아직까지 타결되지 못하고 있다. 또한 FDI(Foreign Direct Investment) 유출 및 유입(outflow, inflow) 증가 등으로 나타나는 또 다른 측면의 세계화로 인하여 세계 각국의 무역에 긍정적인 영향을 미치고 있다.

2) 세계화의 우리나라에 대한 영향

2008년 글로벌금융위기(global financial crisis) 이후 신자유주의(Neo liberalism)의 부정적인 측면, 즉 세계화의 부정적인 측면이 부각되고 있지만 세계화의 긍정적인 측면이 여전히 더 높은 평가를 받고 있는 것이 사실이다.

우리나라는 무역의존도가 높은 나라이고 수출에 의한 성장 비중이 높은 나라이기 때문에 FTA 체결, WTO 다자간 협상의 진전, FDI 유입(FDI inflow) 증가 등 세계화 현상은 우리나라 무역에 지속적으로 긍정적인 영향을 미칠 것이다. 따라서 이러한 FTA 등 국제통상 협상에 더욱 적극적으로 대응하여야 한다.

한편, 우리나라의 현대기아차는 미국의 알라바마주(State of Alabama) 및 조지아주(State of Georgia), 그리고 중국 베이징 등에 현지 생산공장이 있다. 여기서 생산하는 자동차는 현지에 판매되거나 제3국으로 수출된다. 미국 및 중국에서 생산되어 제3국으로 수출되면 한국의 자동차 메이커에서 생산하였지만 한국의 수출이 아니고 미국 및 중국의 수출이 된다. 그러나 그것은 현대기아차의 해외투자수익이고 우리나라 경상수지 흑자요인이 된다.

 세계화 평가 •

세계화의 긍정적인 측면 / Pro-Globalization

- 경제성장 / 기술 진보
- 기업의 국제화 → Global Company
- 소비자효용 증대: "더 좋은 제품을 저렴한 가격으로"
- 문화발전: 韓流, 日流
- 글로벌 스탠더드 형성: 한국맥도날드 협력업체 빵 → 맥도날드 표본 제품으로 채택
- 세계평화 기여: 분쟁 방지의 황금 아치 이론(Golden Arches Theory of Conflict Prevention)
  * 미국 맥도널드 햄버거 체인점의 로고를 상징하는 M자형의 이른바 '골든아치'가 들어선 나라들 사이에 전쟁이 일어나지 않는다는 내용

- Pro-Globalization 관련 저서
  * 뉴욕타임스 칼럼니스트 토머스 프리드먼(Friedman) 저서
    • 렉서스와 올리브나무(The lexus and the olive tree)
    • 세계는 평평하다(The World Is Flat)

세계화의 부정적인 측면 / Anti-Globalization

- 무한경쟁, 치열한 국제경쟁 → 약육강식 → 비교열위산업 퇴출
- 신자유주의의 폐해(winner take all society) : 실업증가, 빈부격차 확대
- 세계경제에 대한 선진국의 패권적 지배 강화
- 고유문화 및 전통의식 약화
- 다양한 분쟁의 가능성이 더 높아짐 → 가까워진 만큼 충돌의 가능성이 높아짐
- Anti-Globalization 관련 저서
    • 인간 얼굴을 한 세계화(Making Globalization Work)/
      조셉 스티글리츠(Stiglitz) 저
    • 나쁜 사마리아인들(Bad Samaritans) / 장하준 저

01 품목별 수출입의 변화

1) 10대 수출품목 변화

우리나라의 1등 수출품목은 무엇인가? MTI(Ministry of Trade and Industry) 3단위 기준으로 2010년 5대 수출품목은 반도체(메모리), 선박, 자동차, 평판디스플레이, 석유제품 등이고, 10년 후 2019년 5대 수출품목은 반도체(메모리), 자동차, 석유제품, 자동차부품, 평판디스플레이 등으로 나타났다. 5대 수출품목의 구성에서 선박이 빠지고 7위로 떨어진 가운데 반도체(메모리)가 계속하여 수출 1위 품목을 고수하고 있다.

한국의 10대 수출품목 변화(백만 달러, %)

순위	2010			2019		
	품목명*	금액	비중	품목명*	금액	비중
	총계	466,384	100	총계	542,233	100
1	반도체	50,707	10.9	반도체	93,930	17.3
2	선박	49,112	10.5	자동차	43,036	7.9
3	자동차	35,411	7.6	석유제품	40,691	7.5
4	평판디스플레이	32,589	7.0	자동차부품	22,535	4.2
5	석유제품	31,531	6.8	평판디스플레이	20,657	3.8
6	무선통신기기	27,621	5.9	합성수지	20,251	3.7
7	자동차부품	18,963	4.1	선박	20,159	3.7
8	합성수지	17,051	3.7	철강판	18,606	3.4
9	철강판	16,589	3.6	무선통신기기	14,082	2.6
10	컴퓨터	9,116	2.0	플라스틱 제품	10,292	1.9

주: * MTI 3단위 기준
자료: 한국무역협회 무역통계/www.kita.net

반도체(메모리) 외에 자동차, 석유제품, 자동차 부품, 평판디스플레이 등이 우리나라 주요 수출품목으로 자리 잡고 있으며, 이들 제품은 동 10년 기간 중 세계시장에서 품질경쟁력 및 가격경쟁력 우위를 계속해서 유지하고 있음을 보여주고 있다.

2) 10대 수입품목 변화

우리나라의 1등 수입품목은 무엇인가? MTI 3단위 기준으로 2010년 5대 수입품목은 원유, 반도체(비메모리), 석유제품, 천연가스, 석탄 등이고, 10년 후 2019년 5대 수입품목은 원유, 반도체(비메모리), 천연가스, 석유제품, 석탄 등으로 나타났다. 5대 수입품목 구성에서 동 10년 기간 중 거의 별다른 변화가 없는 가운데 원유가 압도적인 비중으로 계속하여 수입 1위 품목을 고수하고 있다.

반도체의 경우 우리나라 수출은 정보를 저장하는 용도로 사용되는 메모리 반도체에 집중되어 있으나, 연산·논리 작업 등과 같은 정보처리를 목적으로 이용되는 비메모리 반도체의 경우는 우리나라는 대부분 수입에 의존하고 있다.

한국의 10대 수입품목 변화(백만 달러, %)

순위	2010			2019		
	품목명*	금액	비중	품목명*	금액	비중
	총계	425,212	100	총계	503,343	100
1	원유	68,662	16.1	원유	70,252	14.0
2	반도체	31,137	7.3	반도체	47,032	9.3
3	석유제품	17,928	4.2	천연가스	20,567	4.1
4	천연가스	17,006	4.0	석유제품	17,539	3.5
5	석탄	13,131	3.1	석탄	14,209	2.8
6	철강판	10,988	2.6	무선통신기기	13,626	2.7
7	컴퓨터	10,823	2.5	자동차	11,986	2.4
8	반도체제조장비	10,183	2.4	컴퓨터	11,345	2.3
9	정밀화학원료	7,041	1.7	정밀화학원료	11,334	2.3
10	철광	6,647	1.6	의류	10,891	2.2

주: * MTI 3단위 기준
자료: 한국무역협회 무역통계/www.kita.net

02 국별 수출입의 변화

1) 10대 수출국 변화

우리나라는 어느 나라로 수출을 많이 할까? 한국의 국별 수출순위는 2010년 중국 1위, 미국 2위, 일본 3위순에서 10년 후 2019년에 중국 1위, 미국 2위, 베트남 3위, 홍콩 4위, 일본 5위순으로 변화되었다. 중국시장에 대한 수출비중은 2010년, 2019년 모두 25%로 전체 수출의 1/4 수준을 계속하여 유지하고 있다. 미국시장에 대한 수출비중은 동 10년 기간 중 10.7%에서 13.5%로 증가한 반면 일본시장에 대한 수출비중은 동 10년 기간 중 6.0%에서 5.2%로 감소하였다. 베트남, 홍콩, 인도 등 아시아 지역에 대한 수출비중은 높아졌다.

한국의 10대 수출국 변화(백만 달러, %)

순위	2010			2019		
	국명	금액	비중	국명	금액	비중
	총 계	466,384	100	총 계	542,233	100
1	중 국	116,838	25.1	중 국	136,203	25.1
2	미 국	49,816	10.7	미 국	73,344	13.5
3	일 본	28,176	6.0	베트남	48,178	8.9
4	홍 콩	25,294	5.4	홍 콩	31,913	5.9
5	싱가포르	15,244	3.3	일 본	28,420	5.2
6	대 만	14,830	3.2	대 만	15,666	2.9
7	인 도	11,435	2.5	인 도	15,096	2.8
8	독 일	10,702	2.3	싱가포르	12,768	2.4
9	베트남	9,652	2.1	멕시코	10,927	2.0
10	인도네시아	8,897	1.9	말레이시아	8,843	1.6

자료: 한국무역협회 무역통계/www.kita.net

2) 10대 수입국 변화

한편, 우리나라는 어느 나라로 부터 수입을 많이 할까? 한국의 국별 수입순위는 2010년 중국 1위, 일본 2위, 미국 3위순에서 10년 후 2019년에 중국

한국의 10대 수입국 변화(백만 달러, %)

순위	2010			2019		
	국명	금액	비중	국명	금액	비중
	총　계	425,212	100	총　계	503,343	100
1	중　국	71,574	16.8	중　국	107,229	21.3
2	일　본	64,296	15.1	미　국	61,879	12.3
3	미　국	40,403	9.5	일　본	47,581	9.5
4	사우디	26,820	6.3	사우디	21,841	4.3
5	호　주	20,456	4.8	베트남	21,072	4.2
6	독　일	14,305	3.4	호　주	20,608	4.1
7	인도네시아	13,986	3.3	독　일	19,937	4.0
8	대　만	13,647	3.2	대　만	15,718	3.1
9	UAE	12,170	2.9	러시아	14,567	2.9
10	카타르	11,915	2.8	카타르	13,037	2.6

자료: 한국무역협회 무역통계/www.kita.net

1위, 미국 2위, 일본 3위순으로 변화되었다. 중국으로부터 원자재 및 소비재 등의 수입증가로 인하여 계속해서 중국이 제1수입국가이다. 동 10년 기간 중 미국으로부터의 수입비중도 높아졌다. 과거 한국의 가공무역형태 수출입구조로 말미암아 전통적으로 일본으로부터의 수입 비중이 높았으나 동 10년 기간 중에는 15.1%에서 9.5%로 감소하였다. 원유 수입으로 인하여 사우디아라비아로부터의 수입 순위는 4위이다.

03 항만·공항별 수출의 변화

외국으로 가는 우리나라의 수출상품은 선박에 의해 운송되는가? 혹은 항공기에 의해 운송되는가? 한국의 수출상품구조 변화에 따라 우리 상품의 해외 수출시 항만·공항별 수출비중이 변화되고 있다. 장기적 추세로 볼 때 한국의 항만수출 비중은 2010년 74.9%에서 2019년 69.0%로 감소하였다. 반면에 공항수출 비중은 동 기간 중 2010년 24.6%에서 2019년 30.3%로 증가하였다.

한국의 주종 수출상품인 반도체, 평판디스플레이, 무선통신기기, 컴퓨터 등 경박단소형(輕薄短小形) IT제품 수출이 선박, 자동차 등 중후장대형(重厚長

항만·공항별 수출의 변화(백만 달러, %)

구분	2010		2019	
	금액	비중	금액	비중
총 계	466,384	100	542,233	100
항 만	349,190	74.9	374,596	69.0
공 항	114,782	24.6	164,330	30.3
기 타	2,412	0.5	3,300	0.6

자료: 한국무역협회 무역통계/www.kita.net

大形) 제품보다 높은 증가율을 보이고 있다. 이에 따라 이들 경박단소형 IT제품 운송을 위해 해상운송보다 항공운송을 더 많이 활용할 수 있게 된 점을 반영하고 있다.

1) 항만별 동향

국내 항만별로 보면 부산항을 통한 수출실적 비중이 2010년 38.3%, 2019년 44.9%로 높은 비중을 나타내어 지속적으로 부산항이 우리나라 최대 항만으로서의 위치를 확고하게 지키고 있다. 그 외 울산항, 인천항, 광양항, 평택항 순으로 수출실적 비중이 높은 것으로 나타났다.

국제적으로 보면 부산항은 컨테이너(Container) 물동량 처리 실적에서 상하이(양산항), 싱가포르, 선전, 닝보·저우산, 홍콩에 이어 세계 6위를 기록하고 있다. 이들 항만은 컨테이너 물동량 연간 처리량이 1,000만개 이상에 달하여 세계 6대 슈퍼항만(Global Super Port)이라 부른다. 특히 중국 상하이가 양산항(洋山港)을 대대적으로 확장하였고 선전 역시 주장(珠江) 삼각주지역의 중심 무역항으로 성장하고 있다.

그리고 그동안 중화권의 항만에 비해 상대적으로 성장세가 주춤하였던 부산항 물동향이 최근 들어 회복추세를 보이고 있다. 이는 부산항의 최대 고객인 중국과 미국의 물동량이 꾸준한 증가세를 보이고 있고 러시아·인도·동남아시아 등 신흥시장의 수출입화물이 회복세를 보이고 있기 때문이다.

주요항만별 수출의 변화(백만 달러, %)

순위	2010			2019		
	항만명	금액	비중	항만명	금액	비중
	총계	349,190	100	총계	374,596	100
1	부산항	133,575	38.3	부산항	168,245	44.9
2	울산항	40,557	11.6	울산항	43,374	11.6
3	인천항	40,158	11.5	인천항	39,663	10.6
4	광양항	24,685	7.1	광양항	23,751	6.3
5	평택항	16,816	4.8	평택항	22,004	5.9

자료: 한국무역협회 무역통계 / www.kita.net

세계의 주요항만

2) 공항별 동향

국내 공항별로 보면 인천공항 수출비중이 99.4%로 압도적인 비중을 차지하고 있다. 김해공항, 김포공항 등에서 아주 미미한 수준의 물량을 수출하고 있다. 인천공항 수출비중이 높은 이유는 인천공항이 국내외에서 독보적인 경쟁력을 갖추고 있을 뿐만 아니라 항공운송으로 수출할 수 있는 IT 제품(반도체, 무선통신기기, LCD 등)을 생산하는 수출기업이 주로 수도권에 집중되어 있기 때문이다.

주요공항별 수출의 변화(백만 달러, %)

순위	2010			2019		
	공항명	금액	비중	공항명	금액	비중
	총계	114,782	100	총계	164,330	100
1	인천공항	113,824	99.2	인천공항	163,262	99.4
2	김해공항	866	0.8	김해공항	644	0.4
3	김포공항	74	0.1	김포공항	407	0.2

자료: 한국무역협회 무역통계/www.kita.net

국제적으로 보면 인천공항 및 인천항은 항공운송과 해상운송이 결합된 해공복합운송시스템(Sea & Air운송 시스템)의 주요 환적항 중의 하나이다. 한국의 인천공항은 중국 및 일본화물의 Sea & Air 환적항으로서 장점을 가지고 있다. 그 이유는 중국의 경우 수출화물의 주목적지인 북미와 유럽지역으로 향하는 중국발 항공편이 부족하기 때문이고 일본은 한국보다 화물 운송료가 비싸기 때문이다. 통계적으로 보아도 한국 인천공항의 화물처리량은 세계 2~3위를 기록하고 있다.

04 결제형태별 수출입의 변화

1) 결제형태별 수출의 변화

무역업체는 외국과 무역거래시 어떠한 방법으로 수출입 대금을 결제하는가? 우리나라의 수출대금 결제형태가 변화되고 있다. 송금방식(T/T, M/T, COD, CAD) 비중이 2000년 43.0%에서 2010년 60.2%, 2019년 68.7%로 점차적으로 증가한 반면, L/C방식(일람출급 L/C, 기한부 L/C) 비중은 2000년 27.6%에서 2010년 15.6%, 2019년 9.2%로 크게 감소하였다. 추심결제 방식(D/A, D/P) 비중도 2000년 22.7%에서 2010년 7.3%, 2019년 9.0%로 감소 추세를 보였다.

신용장 수출비중이 높았던 1970년대, 1980년대에 한국은행은 신용장내도액을 근거로 하여 향후 우리나라의 수출전망을 발표한 적이 있었다. 신용장내도액이란 외국 수입업자가 우리나라 은행에 통지(advice)한 신용장 금액을

결제형태별 수출의 변화(백만 달러, %)

구분	2000		2010		2019	
	금액	비중	금액	비중	금액	비중
총 계	172,268	100	466,384	100	542,233	100
송금방식(T/T, M/T)	48,330	28.1	218,967	46.9	319,278	58.9
COD, CAD	25,605	14.9	61,815	13.3	53,094	9.8
일람출급 L/C(at sight L/C)	39,600	23.0	55,339	11.9	29,210	5.4
기한부 L/C(Usance L/C)	7,908	4.6	17,270	3.7	20,700	3.8
D/A	33,731	19.6	29,270	6.3	43,697	8.1
D/P	5,278	3.1	4,816	1.0	4,953	0.9
위탁(수탁)가공무역	5,455	3.2	35,641	7.6	38,870	7.2
기타 유상	2,455	1.4	35,168	7.5	23,091	4.3
기타 무상	1,711	1.0	6,265	1.3	7,584	1.4
분할영수(지급)방식	41	0.0	1,319	0.3	141	0.0
계좌이체	2,154	1.3	514	0.1	1,615	0.3

자료: 한국무역협회 무역통계/www.kita.net

의미한다. 그러나 상기와 같이 신용장 수출 비중이 낮아졌기 때문에 이러한 수출전망은 실효성이 떨어지게 되었다.

2) 결제형태별 수입의 변화

결제형태별 수입의 변화도 수출의 경우와 유사한 양상을 보이고 있다. 송금방식(T/T, M/T, COD, CAD) 비중이 2000년 28.5%에서 2010년 66.2%, 2019년 72.5%로 가파르게 증가한 반면, L/C방식(일람출급 L/C, 기한부 L/C) 비중은 2000년 54.3%에서 2010년 23.6%, 2019년 15.5%로 크게 감소하였다. 추심결제 방식(D/A, D/P) 비중도 2000년 10.1%에서 2010년 3.5%, 2017년 2.5%로 크게 감소하였다.

결제형태별 수입의 변화(백만 달러, %)

구분	2000 금액	2000 비중	2010 금액	2010 비중	2019 금액	2019 비중
총계	160,481	100	425,212	100	503,343	100
단순송금방식(T/T, M/T)	38,224	23.8	232,771	54.7	327,379	65.0
COD, CAD	7,543	4.7	48,824	11.5	37,808	7.5
일람출급 L/C	38,526	24.0	36,920	8.7	31,726	6.3
기한부 L/C	48,573	30.3	63,196	14.9	46,466	9.2
D/A	11,126	6.9	9,196	2.2	10,487	2.1
D/P	5,171	3.2	5,589	1.3	1,794	0.4
위탁(수탁)가공무역	3,117	1.9	9,948	2.3	23,469	4.7
기타 유상	192	0.1	825	0.2	1,083	0.2
기타 무상	7,583	4.7	17,630	4.1	22,373	4.4
분할영수(지급)방식	34	0.0	117	0.0	52	0.0
계좌이체(상호계산방식)	386	0.2	196	0.0	705	0.1

자료: 한국무역협회 무역통계/www.kita.net

3) 변화요인

■ L/C 이용상의 한계

L/C 방식은 은행의 지급보증이 있어 수출자 입장에서 안전한 거래이지만, 수입자 입장에서는 소요비용이 만만치 않고 여러 가지 절차가 필요한 다소 불편한 거래이다. 그러나 송금방식은 은행의 지급보증이 없어 수출자의 대금회수 리스크가 있으나, 일단 신용도가 확보되면 단순송금거래이기 때문에 편리한 거래이다. 따라서 송금방식이 증가하고 있다. 수수료의 경우 10만 달러 수출시, 일람불 L/C(at sight L/C) 거래 수수료는 전체 수출대금의 약 0.1%를 차지하고 있다. 이는 송금방식거래 송금수수료의 10배에 달하는 금액이다. 또한 신용장거래시 수출자의 신용장 매입(negotiation)과정에서 하자가 발생하거나, 외국환은행간 수수료 담합 인상시 거래비용 부담이 가중된다.

■ 기업내 수출입의 증가

대기업의 경우 과거에는 해외바이어와의 직거래가 많았으나 최근 들어서 기업내 수출입(intra firm trade)이 증가하고 있다는 점이다. 기업내 수출입은 본사와 해외법인간의 Stock 거래를 의미한다. WTO에 따르면 세계전체 기업내 수출입규모는 세계전체 수출입의 1/3에 달하는 것으로 추정된다. 즉, 자사 해외현지법인과의 기업내 거래이기 때문에 굳이 비용이 들어가고 불편한 L/C 방식을 선택할 필요성이 없어지게 되었고 대신에 송금방식을 선호하게 된 것이다.

■▪ 국제상품시장의 변화

현재 세계시장은 BRICs 등 이머징 마켓에서 생산되는 상품의 공급이 넘치고 있는 상황이다. 즉, 국제상품시장의 수급 상황은 공급자 시장(seller's market)이 아니라 구매자 시장(buyer's market)인 것이다. 이는 구매자의 파워(buyer's power)가 공급자의 파워(seller's power)보다 강력함을 의미한다. 따라서 구매자 입장에서는 소요비용이 만만치 않고 절차가 복잡한 L/C 방식을 회피하고 단순한 송금방식을 선호하고 있는 것이다. 이러한 상황이 반영되어 송금방식의 비중이 높아졌다.

05 무역거래 주체의 변화

1) 무역업 제도의 변화

우리나라에서 무역업을 하기 위해서는 어떠한 자격조건이 필요한가? 특별한 자격조건이 없다. 종전에는 효과적인 무역관리를 위해 일정한 자격조건(자본금 요건 등)이 갖추어진 업체에 대해서만 무역업을 할 수 있도록 하는 무역업 등록 및 신고제도를 운영하였다. 그러나 규제철폐 및 완화를 목적으로 2000년부터 무역업 제도를 완전 자유화하여 세무서 발행 사업자등록증만 있으면 누구든지 무역업을 할 수 있다.

다만, 수출입질서유지 및 효율적인 수출진흥을 위해 무역거래자에 대한 최소한의 규제를 유지하고 있다. 대외무역법 시행령(제21조)에 의거 산업통상자원부 장관은 무역거래자별 무역업고유번호를 부여할 수 있도록 규정하고 있고, 대외무역관리규정(제24조)에서 한국무역협회장은 무역업고유번호의 부여 및 변경사항을 확인하고 무역업고유번호 관리대장 또는 무역업 데이터베이스에 이를 기록 및 관리하여야 한다고 규정하고 있다. 따라서 무역거래자는 한국무역협회에서 무역업고유번호를 부여받고 무역업 업무를 체계적, 효과적으로 수행할 수 있다.

2) 종합무역상사의 변화

종합무역상사 수출이 우리나라 전체 수출에서 차지하는 비중이 1995년에 50%에 육박하는 등 한국무역의 중추적 역할을 수행하였으나 그 기능 및 역할이 축소되어 2009년 수출비중은 5% 이하로 축소되었다. 이와 같이 종합무역상사의 수출기능이 약화된 것은 전문 대기업(삼성전자, 현대자동차)의 자체 수출 증가, 계열사 대행수출 축소(또는 계열분리), 종합무역상사의 수익성 위주의 내실경영, 중소기업의 마케팅능력 강화에 따른 종합상사 대행수출의존도 축소 등에 기인하는 것으로 분석된다.

기존의 종합무역상사 제도의 폐지와 동시에 발족한 새로운 수출진흥 모델로서 수출 Know-how가 풍부한 전문무역상사를 선정하여, 수출 능력이 부족한 중소(제조)기업을 지원하고자 새로운 제도가 도입되었다. 전문무역상사는 산업통상자원부(MOTIE), 한국무역협회(KITA), 중소벤처기업진흥공단(SBC), 대한무역투자진흥공사(KOTRA) 등이 공동으로 운영하고 있는 제도이다.

06 전자무역의 활성화

1) 전자무역의 개념

전자무역(Electronic Trade/E-Trade)은 쉽게 말하면 수출입절차 및 서류를 인터넷을 통하여 처리하는 것을 의미한다. 종전과 같이 직접적으로 은행, 세관 등 관련 기관에 수출입절차별로 서류 제출이 필요하지 않다는 의미에서 "서류없는 무역(paperless trade)"이라 한다.

전자무역촉진에 관한 법률 제2조는 "전자무역은 물품, 용역, 전자적 무체물 등의 일부 또는 전부가 전자무역문서로 처리되는 거래"라고 규정하고 있다. 여기서 전자적 무체물이란 소프트웨어산업 진흥법 제2조 제1호에 따른 소프트웨어와 부호·문자·음성·음향·이미지·영상 등을 디지털 방식으로 제작하거나 처리한 자료 또는 정보를 말한다(대외무역법 시행령 제4조). 또한 전자무역문서란 전자무역에 사용되는 전자문서 및 전자거래 기본법 제2조 제1호에 따른 전자문서(정보처리시스템에 의하여 전자적 형태로 작성, 송신·수신 또는 저장된 정보)를 의미한다.

좀 더 쉽게 설명하면 전자무역이란 거래선 발굴, 상담, 계약, 원자재 조달, 운송, 통관, 대금결제에 이르는 제반 무역 업무를 인터넷 등 최신 IT기술을 활용해 시간과 공간의 제약 없이 처리하는 인터넷 무역거래 형태를 말한다.

전자무역은 협의의 전자무역과 광의의 전자무역으로 구분하기도 한다. 전자는 무역계약 이전의 수출입절차를 인터넷을 통하여 거래하는 것을 의미하며, 후자는 무역계약 이후의 수출입절차도 포함하여 인터넷을 통하여 거래하는 것을 의미한다.

2) 전자무역의 특징

■ 효과적인 마케팅 수단

전자상거래는 인터넷과 통신 네트워크(Communication Network)에 의하여 이루어지기 때문에 거래 당사자간의 교섭 방식과 거래방식에 상당한 변화를 가져왔다. 종전까지는 거래당사자간에 서신, 팩스, 전화 등을 이용하여 직접 교섭하는 방식이 주를 이루었으나 이제는 거래당사자가 웹 사이트를 구축하고 여기에 수출입정보를 제공하거나 데이터베이스를 연결하여 상호 편리한 의사소통과 계약 체결을 수행할 수 있도록 변화되었다.

■ 글로벌 전자상거래시장 구현

전자무역은 국가별로 독립되어 운영되던 세계시장을 하나의 글로벌 전자상거래시장(Global e-Market Place)으로 통합시켰다. 세계 여러 지역에서 열리는 시장이 인터넷과 무역정보시스템(Trade Information System)을 통하여 전자방식으로 통합됨에 따라 글로벌 단일 전자상거래시장이 출현하게 되었다. 지구촌의 각국에서는 자기 나라의 집에서 컴퓨터로 글로벌 단일상전자거래 시장에 접속하여 전 세계에서 생산되는 상품을 사고 팔 수 있게 되었다.

■■ 세계 각국 거래당사자와의 무역거래

전자무역은 인터넷 및 관련 정보통신기술을 기반으로 세계 각국의 구매자 및 공급자를 대상으로 무역거래가 이루어진다. 즉, 전자무역에서는 거래상대방과 직접 만나지 않고서도 인터넷과 컴퓨터, 기타 통신망을 이용하여 거래 상대방을 물색하고 협상하여 계약을 체결하고 이행하는 방식으로 이루어진다. 따라서 전자무역은 기존 무역과 달리 시간적 공간적 제약을 비교적 용이하게 극복할 수 있고, 세계 각국의 거래당사자와 만날 수 있다.

■■ 전자적 무체물 및 서비스의 거래 가능

전자무역이 전통적 무역과 차별화되는 부분으로 전자적 무체물과 서비스의 거래를 들 수 있다. 즉, 전자무역에서는 상품거래뿐 아니라 소프트웨어, 디지털 컨텐츠, 게임, 영상, 음악, 교육, 컨설팅 등의 디지털 제품(Digital Goods) 및 서비스도 거래 대상으로 하고 있다. 특히 이 분야는 지식집약산업(Knowledge Intensive Industry) 분야로서 기존 재래 산업에 비하여 부가가치가 매우 높은 것으로 평가되고 있다. 또한 한류 확산과 더불어 해외진출이 활발한 K－Pop, K－Movie, K－Drama 등의 수출입거래시 활용이 가능하다.

■■ EDI 활용

무역업무 처리방식은 무역절차 간소화 및 무역서류 표준화 등의 오랜 기간 동안의 준비를 거쳐 인터넷 서비스까지 발전해 왔다. 예전에는 무역관련 문서를 작성하여 직접 제출하거나 우편 및 팩스로 문서를 제출했다. 이러한 문제를 해결한 것이 EDI(전자문서교환: Electronic Data Interchange) 시스템이다. EDI 시스템은 수출입 거래에 관한 데이터와 문서를 표준화하여 컴퓨터 통신망으로 거래 당사자가 직접 전송·수신하는 정보전달 시스템이다.

3) 유트레이드 허브(u-Trade Hub)

산업통상자원부와 한국무역협회는 전자정부과제의 일환으로 지난 2003년부터 "전자무역서비스" 구축사업을 추진해 왔다. 시장조사(Market Research),

신용평가(Credit Inquiry), 시중은행, 금융결제원, 관세청, 선사/항공사 등 마케팅에서부터 결제에 이르는 수많은 무역절차별 유관기관과 연계되어 있다. 이를 기반으로 무역업무 전반을 단절 없이 처리할 수 있는 新개념의 국가 전자무역 허브인 유트레이드 허브를 구현하였다.

실무적으로 보면 u-Trade Hub(Ubiquitous Trade Hub)는 무역업무 단일창구 포탈을 의미한다. 즉, u-Trade Hub는 무역포탈, 물류포탈, 은행포탈, 통관포탈, 마케팅포탈 등으로 구성되어 있으며 무역 관련 당사자 누구나 회원가입하여 활용할 수 있다(www.utradehub.or.kr).

무역업체는 인터넷을 통해 한번 접속으로 마케팅, 상역, 외환, 통관, 물류, 결제까지 모든 무역 업무 프로세스를 신속하고 편리하게 원-스탑(one-stop)으로 처리할 수 있다. 이제 은행이나 수출입 관련기관을 방문할 필요가 없이 언제 어디서나 복잡한 무역 업무를 볼 수 있다.

4) 전자무역 추진기관

u-Trade Hub 추진기관은 산업통상자원부, 한국무역협회, 한국무역정보통신(KTNET), 관세청, KOTRA, 금융결제원 등이 있으며, 이 중 실질적인 전담 추진기관은 한국무역정보통신(KTNET)이다. u-Trade Hub는 세계적으로 경쟁력 있는 전자무역 시스템으로 평가되고 있으며 몽골, 르완다, 탄자니아, 칠레, 페루 등 30여 개 국가에 동 시스템을 수출하였다.

유트레이드 허브(u-Trade Hub)

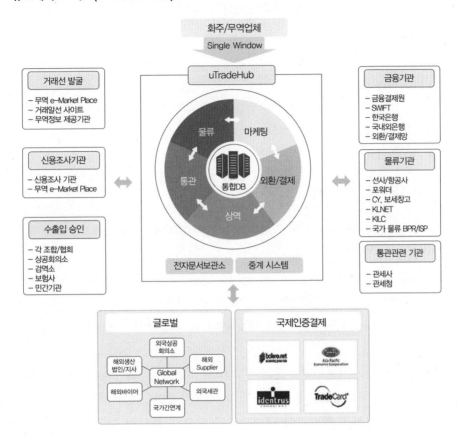

01 무역관리체계

1) 대외무역법 개요

우리나라 무역은 어떠한 법체계에 의해 이루어지는가? 대외무역과 관련된 내용을 규정하는 법규는 대외무역법, 관세법, 외국환관리법 등이 있으며 이 법규들을 대외무역관련 3대 법규라고 한다. 대외무역법은 대외무역 주체, 객체 및 행위를 직접 규정하는 법규이고, 관세법은 관세 및 수출입통관을 규정하는 법규이며, 외국환거래법은 수출입관련 외환 및 결제방법을 규정하는 법규이다.

이 중에서 무역관리의 기본법은 대외무역법이다. 그 하위법규로서 대외무역법시행령, 대외무역관리규정이 있다. 대외무역법은 대외 무역을 진흥하고 공정한 거래 질서를 확립하여 국제수지의 균형과 통상의 확대를 도모함으로써 국민 경제를 발전시키는 데 이바지함을 목적으로 한다(대외무역법 제1조).

2) 대외무역법 체계

대외무역법은 7장 59조로 구성되어 있다. 대외무역법 체계는 크게 첫째, 주체에 관한 관리(인적 관리), 둘째, 객체에 관한 관리(물적 관리), 셋째, 행위에 관한 관리, 넷째, 원산지에 관한 관리 등 네 가지로 분류된다.

첫째, "수출입 주체에 관한 관리(인적 관리)"는 무역업 행위를 직접 및 간접적으로 수행하는 무역거래자에 관한 내용을 규정하고 있다. 직접적으로 수출입 거래를 수행하는 무역업자, 외국의 수입자 또는 수출자에게서 위임을 받아 수출입 거래 알선행위를 수행하는 자 등에 관하여 규정하고 있다.

둘째, "수출입 객체에 관한 관리(물적 관리)"는 수출입 객체(대상)인 수출입물품의 제한여부에 관한 내용을 규정하고 있다. 수출입물품 거래는 아무런 제한이 없는 것이 아니라 국제법규 및 통상정책상 필요에 따라 일정한 제한이 필요하다. 수출입공고, 수출입통합공고, 전략물자수출입 규정 등은 이러한 수출입물품의 제한에 관한 내용을 규정하고 있다.

셋째, "수출입 행위에 관한 관리"는 수출입 행위를 제한하는 내용에 관하여 규정하고 있다. 공정한 무역거래질서와 수출입관리를 위하여 수출입행위에 대하여 제한할 필요가 있다. 수출입승인제도, 특정거래형태의 수출입, 전략물자 수출입관리제도, 외화획득용 원료·기재의 수입 등에 관하여 규정하고 있다.

넷째, "원산지에 관한 관리"는 수출입물품의 원산지 표시에 관한 내용이다. 수입물품의 원산지 판정, 원산지표시 대상물품, 원산지표시의 일반원칙 등을 규정하고 있다. 원산지관련 규정은 공정한 거래 질서의 확립과 생산자 및 소비자 보호를 위하여 필요한 규정이다. 최근 FTA 체결 증가 등에 따라 그 중요성이 더욱 높아지고 있다.

3) 무역관련 기관

한국의 무역관련 기관은 산업통상자원부(MOTIE: Ministry of Trade, Industry and Energy), 무역위원회(KTC: Korea Trade Commission), 외교부(MOFA: Ministry of Foreign Affairs), 한국무역협회(KITA: Korea International Trade Association), 대한무역투자진흥공사(KOTRA: Korea Trade-Investment Promotion Agency), 한국수출입은행(Export Import Bank of Korea), 한국무역보험공사(Korea Trade Insurance Corporation) 등이 있다.

산업통상자원부는 산업 정책을 통합 조정하고 무역·통상과 자원·에너지 정책을 관장하는 정부 부처로서 무역관련 총괄기관이다. 무역위원회는 외국 물품의 수입 및 불공정 무역으로부터 국내산업의 피해를 구제하기 위해 설립된 행정기관이다. 외교부는 통상관련 대외협상창구 역할을 수행한다.

한국무역협회는 무역업계의 의견을 수렴 및 조정하며 무역진흥에 필요한 제반 사업을 수행하는 민간 경제단체이다. 한국무역협회는 무역업체를 회원으로 하여 조직·운영된다. 대한무역투자진흥공사는 무역진흥과 국내외 기업 간의 투자 및 산업기술 협력 업무를 수행하기 위해 설립된 정부기관이다. 한국수출입은행은 수출입관련 금융 업무를 수행하며 한국무역보험공사는 수출입관련 보험 업무를 수행한다.

02 무역거래자 관리

"무역거래자"란 수출 또는 수입을 하는 자, 외국의 수입자 또는 수출자에게서 위임을 받은 자 및 수출과 수입을 위임하는 자 등 물품 등의 수출행위와 수입행위의 전부 또는 일부를 위임하거나 행하는 자를 말한다(대외무역법 제2조).

즉, 무역거래자는 수출입 거래를 직접적으로 수행하는 무역업자, 수출입 거래 알선행위를 하는 무역대리업자 등 두 가지 유형으로 대별된다. 그리고 수출입 노하우·해외네트워크 조직망을 갖춘 종합무역상사와 이를 대체하는 전문무역상사가 직접적 무역업자로서의 역할을 수행하고 있다.

1) 무역업자

무역업자(trading company)는 직접 무역업 행위를 하는 자를 말한다. 종전 무역업 허가 및 승인제도하에서는 일정한 조건(일정 자본금 및 신용장수취요건)을 충족하여야만 무역업을 할 수 있었으나 2000년 무역업 완전자유화 조치 이후 사업자 등록증만 있으면 누구나 무역업을 할 수 있게 되었다.

그러면 수출입 거래를 직접적으로 수행하는 무역거래자 수는 얼마나 될까? 우리나라의 무역업자는 삼성, LG 등 대기업보다는 중소기업이 훨씬 더 많다. 2000년 이후 한국무역협회 가입이 임의사항으로 바뀌면서 무역거래자 전체를 정확하게 파악하는 것이 어렵게 되었지만 2020년 현재 약 20만 개 상사로 파악되고 있다. 국내외 무역환경의 변화에 따라 수출입 거래를 직접적으로 수행하는 무역거래자 수는 매년 증가와 감소를 반복하고 있다.

2) 무역거래 알선행위자

수입알선행위를 하는 자(import agent)는 외국 수출업자의 국내지사 또는 대리점으로 국내에서 외국수출업자를 대리하여 물품매도확약서(offer sheet)를 발행하는 자를 말한다. 예를 들면 일본 도요타 자동차(Toyota Motor)의 한국 내 대리점은 도요타 자동차의 한국에 대한 수입알선행위를 수행한다. 한국수입업협회(KOIMA: Korea Importers Association)에서 관리하고 있다.

수출알선행위를 하는 자(export agent)는 외국 수입업자의 위임을 받은 자 또는 외국수입 업자의 지사 또는 대리점으로 국내에서 수출할 물품을 구매하거나 이에 부대되는 행위를 업으로 하는 자를 말한다. 예를 들면 미국 월마트(Walmart)의 한국 내 에이전트(agent)는 한국의 수출물품에 대한 구매알선행위를 수행한다. 한국외국기업협회(Korea Foreign Company Association)에서 관리한다.

우리나라 무역거래자 유형

무역업자	• 직접 무역업 행위를 하는 자(trading company) • 무역업고유번호 부여(한국무역협회)
무역거래 알선행위자	• 수입알선행위를 하는 자(import agent) • 수출알선행위를 하는 자(export agent)
전문무역 상사	• 수출 노하우가 풍부한 전문적인 무역상사 • 3년간 평균 수출실적 100만 달러 이상 조건

3) 전문무역상사

한국의 종합무역상사(general trading company) 제도는 1975년 이후 일본의 총합(總合)상사를 벤치마킹하여 도입하였다. 신청자격은 상장법인으로서 총수출의 2% 이상인 기업이었으며 한국무역의 성장에 지대한 공헌을 하였다.

그러나 전문 대기업의 수출비중 증가, 종합상사의 계열사 대행수출 축소(또는 계열분리), 종합상사의 수익성위주의 내실경영, 중소기업의 마케팅능력강화 등으로 종합상사의 수출기능이 약화되었다. 7대 종합상사(삼성물산, 현대상사, LG상사, 대우, SK, 쌍용, 효성)의 수출비중이 1995년에 50% 육박하는 수준에서 2009년에 5% 이하로 축소되었다.

이에 따라 2009년 10월에 종합상사제도가 폐지되고 전문무역상사제도가 도입되었다. 전문무역상사 제도는 새로운 수출진흥 모델로서 수출 노하우가 풍부한 전문적인 무역상사를 선정(한국무역협회)하여, 수출 능력이 부족한 중소(제조)기업을 지원하는 제도이다. 지정요건(대외무역법시행령 제12조의 2)은 전년도 수출실적 또는 직전 3개 연도 연평균 수출실적 100만 달러 이상, 타사 중소·중견제품 수출비중 30% 이상인 기업(두 가지 요건을 모두 충족 필요)이다. 이 제도는 2009년 12월부터 시행되고 있으며 2020년 현재 약 300개사가 지정되어 활동하고 있다.

03 수출입품목 관리

1) 수출입공고

지구상의 모든 상품이 수출입 거래대상인가? 그렇지 않다. 어느 나라든 마약이나 무기 등에 대해서는 수출입을 엄격하게 규제하고 있다. 이와 같이 수출입 거래 대상물품은 아무런 제한 없이 거래되는 것이 아니고 국제법규 및 통상정책상 필요에 따라 일정한 제한이 필요하다. 대외무역법에서 이러한 내용을 규정하고 있는데 이것을 수출입공고라 한다.

산업통상자원부장관은 헌법에 따라 체결·공포된 조약과 일반적으로 승인된 국제법규에 따른 의무의 이행, 생물자원의 보호 등을 위하여 필요하다고 인정하면 물품 등의 수출 또는 수입을 제한하거나 금지할 수 있다(대외무역법 제11조 ①항).

그리고 산업통상자원부장관은 필요하다고 인정하면 상기 규정의 대상 물품 등의 품목별 수량·금액·규격 및 수출 또는 수입지역 등을 한정할 수 있으며 제한·금지, 승인, 신고, 한정 및 그 절차 등을 정한 경우에는 이를 공고하여야 한다.

2) 수출입공고의 표시방법

수출입공고상에 수출입제한 여부를 표시하는 방법에서 우리나라는 1967년 7월 이전까지 수출입이 허용되는 품목만 표시하는 포지티브 리스트 시스템(Positive List System)을 채택하였으나, 1967년 GATT에 가입한 것을 계기로 수출입이 금지되는 품목만 표시하는 네거티브 리스트 시스템(Negative List System)으로 전환하였다.

포지티브 리스트 시스템은 주로 후진국에서 채택하는 제도이며 네거티브 리스트 시스템은 수출입 자유화가 원칙적으로 인정된 무역 시스템에서 예외적으로 특수한 품목의 수출입을 제한 또는 금지하는 방식을 취하는 제도로서 주로 선진국에서 채택하고 있다. 따라서 우리나라의 경우 수출입 공고에 표시되지 않은 품목은 자유롭게 수출입이 가능하다.

수출입공고상의 품목분류는 세계 대부분의 국가가 사용하고 있는 상품분류체계인 HS(6단위)를 기준으로 하고 있다. 즉, HS를 기준으로 수출입제한여부, 관세 등에 관한 내용을 표시하고 있다.

3) 품목분류

■ HS

모든 수출입 상품에는 일정한 번호가 부여되어 있고 그 번호는 국제적으로 통일되어 있다. 현재 무역거래 및 관세부과 등에서 세계 대부분의 나라들이 사용하고 있는 상품분류체계는 HS(Harmonized Commodity Description and Coding System) 분류체계이다. 세계관세기구(WCO: World Customs Organization) 회원국을 포함한 약 200여 개국이 HS를 사용하고 있다.

HS는 1988년 WCO의 전신인 관세협력이사회(CCC: Customs Cooperation Council)가 과학기술 발달로 인한 새로운 상품 개발을 반영하기 위하여 기존의 CCCN을 대체하여 만든 상품분류체계이다. HS 분류체계는 21부(section/품목의 그룹핑 개념), 97류(chapter/앞 2단위), 1,244호(heading/앞 4단위), 5,225소호(subheading/앞 6단위)로 구성되어 있다. 6단위까지 세계 공통이고 6단위 미만은 각국별로 상이하다. 단위수가 작을수록 대단위 분류이고 클수록 소단위 분류이다.

우리나라에서 HS 품목분류를 어디에서 어떻게 활용하는가? 수출입공고의 품목분류(산업통상자원부), 관세율표의 품목분류(관세청), 한국 및 주요국 무역통계(관세청, 한국무역협회), 개별 무역업자의 수출입거래 품목 표시 및 수출입실적 확인 등에서 활용한다.

■■ SITC

표준국제무역분류 SITC(Standard International Trade Classification)는 1938년 UN에서 무역통계의 국제적 비교를 위하여 제정된 상품 분류방식을 말한다. 주로 경제분석 및 무역통계 분석에 이용된다. 1963년에 개정되었으며 약 45,000개 품목을 1,312개의 기본항목, 177개의 group, 625개의 sub group, 56개의 division, 10개의 section으로 구분하고 있다.

■■ MTI

MTI(Ministry of Trade and Industry) 코드는 산업통상자원부(MOTIE)와 한국무역협회(KITA)에서 1988년 제정한 수출입품목 분류기준이다. 주로 무역통계 분석에 활용되며 HS보다 품목이름 표기가 알기 쉽고 일반적이다. MTI는 현 산업통상자원부의 과거 명칭인 상공부(Ministry of Trade and Industry)에서 나온 것이다.

04 거래형태별 수출입 관리

수출입 거래는 신용장(L/C) 또는 송금방식 등 일반적으로 알려진 거래형태 및 결제방법에 의해 이루어진다. 그러나 무역환경 변화에 따라 특수한 거래형태가 발생하기 때문에 대외무역법은 수출입의 효율적 관리를 위하여 특정거래형태의 수출입을 인정하는 절차를 마련하고 이를 관리하고 있다.

즉, 산업통상자원부장관은 물품 등의 수출 또는 수입이 원활히 이루어질 수 있도록 대통령령으로 정하는 물품 등의 수출입 거래 형태를 인정할 수 있다(대외무역법 제13조 ①항). 그리고 대외무역관리규정(제2조)에서 특정거래 형태가 무엇인지를 구체적으로 규정하고 있는데 이들 각각에 대하여 설명하면 다음과 같다.

거래형태별 수출입 요약

위탁판매수출, 수탁판매수입	• 판매된 범위 안에서 대금을 결제
위탁가공무역, 수탁가공무역	• 원자재 공급 및 수입 후 가공 수출입
임대수출, 임차수입	• 임대차 계약에 의해 물품 수출입
연계무역	• 구상무역, 대응구매, 제품환매, 절충교역
중계무역	• 수출 목적으로 수입하여 제3국에 수출
외국인수수입, 외국인도수출	• 해외건설, 해외투자시 활용하는 거래
무환수출입	• 외국환 거래가 수반되지 아니하는 거래

1) 위탁판매수출 및 수탁판매수입

"위탁판매수출"이란 물품 등을 무환으로 수출하여 해당 물품이 판매된 범위 안에서 대금을 결제하는 계약에 의한 수출을 말한다. "수탁판매수입"이란 물품 등을 무환으로 수입하여 해당 물품이 판매된 범위안에서 대금을 결제하는 계약에 의한 수입을 말한다.

유사한 거래형태로서 보세창고도거래(BWT: Bonded Warehouse Transaction)가 있다. 이는 수출업자가 자기 책임하에 외국의 일정한 보세구역에 물품을 반입시킨 상태에서 외국의 수입업자에게 물품을 판매하는 거래형태이다. 여기서 보세창고(Bonded Warehouse)란 관세법에 의하여 수입물품에 대한 관세 부과가 유보되는 창고를 말한다.

2) 위탁가공무역 및 수탁가공무역

"위탁가공무역"이란 가공임을 지급하는 조건으로 외국에서 가공(제조, 조립, 재생, 개조를 포함한다. 이하 같다)할 원료의 전부 또는 일부를 거래 상대방에게 수출하거나 외국에서 조달하여 이를 가공한 후 가공물품 등을 수입하거나 외국으로 인도하는 수출입을 말한다. 우리나라와 중국 및 동남아 지역 국가와의 무역 또는 북한과의 남북교역 등에서 흔히 이용되는 무역형태이다.

"수탁가공무역"이란 가득액을 영수(領收)하기 위하여 원자재의 전부 또는 일부를 거래 상대방의 위탁에 의하여 수입하여 이를 가공한 후 위탁자 또는 그가 지정하는 자에게 가공물품 등을 수출하는 수출입을 말한다. 우리나라가 과거 개도국시절에 선진국과의 무역거래시 이용되었던 거래형태이다.

여기서 가공무역은 "자르고, 만들고, 다듬는다"는 의미를 포함하고 있으므로 가공무역계약서를 CMT 계약서(Cutting, Making, Trimming Contract) 또는 Consignment Processing Contract라고 한다.

3) 임대수출 및 임차수입

"임대수출"이란 임대(사용대차를 포함) 계약에 의하여 물품 등을 수출하여 일정기간 후 다시 수입하거나 그 기간의 만료 전 또는 만료 후 해당 물품 등의 소유권을 이전하는 수출을 말한다. 임대수출은 대부분 해외건설업체 중장비 임대차계약에 따른 수출의 경우에 발생한다. 해외건설업자가 소유권 이전 없이 건설장비 등을 임대(국외제공용역) 목적으로 국외로 반출하는 경우 임대수출 방식이 이용된다.

"임차수입"이란 임차(사용대차를 포함) 계약에 의하여 물품 등을 수입하여 일정기간 후 다시 수출하거나 그 기간의 만료 전 또는 만료 후 해당 물품의 소유권을 이전받는 수입을 말한다. 생산시설과 새로운 기술 확보를 위해서는 막대한 자금이 소요되기 때문에 이러한 문제를 해결하기 위하여 임차방식 수입이 이용된다.

4) 연계무역

"연계무역"이란 수출 수입이 연계되어 이루어지는 수출입 형태를 의미한다. 물물교환(Barter Trade), 구상무역(Compensation Trade), 대응구매(Counter Purchase), 제품환매(Buy Back), 절충교역(Off Set Trade) 등의 유형이 있다.

물물교환(Barter Trade)은 환거래가 발생하지 않고 상품을 1대1로 교환하는 거래형태이며 구상무역(Compensation Trade)은 원칙적으로 수출 수입거래를 하나의 계약서로 작성하는 거래형태이다. 대응구매(Counter Purchase)는 수출, 수입거래가 각각 별도의 계약서에 의해 수행되며 제품환매(Buy Back)는 수출자가 플랜트, 장비, 기술 등을 수출하고 이에 대응하여 동설비나 기술로 생산된 제품을 다시 구매하는 거래형태이다. 한편, 절충교역(Off Set Trade)은 국외로부터 무기 또는 장비 등을 구매할 때 국외의 계약상대방으로부터 관련 지식 또는 기술 등을 이전받거나 국외로 국산무기·장비 또는 부품 등을 수출하는 등 일정한 반대급부를 제공받을 것을 조건으로 하는 교역을 말한다. 한국이 미국과의 무기수입 거래에서 자주 사용되고 있는 거래형태로 연계무역의 일종이다.

5) 중계무역

"중계무역(Intermediary Trade)"이란 수출할 것을 목적으로 물품 등을 수입하여 「관세법」 제154조에 따른 보세구역 및 같은 법 제156조에 따라 보세구역외 장치의 허가를 받은 장소 또는 「자유무역지역의 지정 등에 관한 법률」 제4조에 따른 자유무역지역 이외의 국내에 반입하지 아니하고 수출하는 수출입 형태를 말한다.

다시 말하면 수출할 것을 목적으로 물품을 수입하여, 가공을 하지 않고 원형 그대로 수출하여 수출입 대금의 차익 취득을 목적으로 하는 거래방식이다. 세계적인 중계무역항은 외환거래가 자유롭고 관세가 부과되지 않는 자유무역항으로 아시아 지역의 싱가포르와 홍콩, 유럽 지역의 함부르크, 중동 지역의 두바이 등이 있다.

6) 외국인수수입과 외국인도수출

"외국인수수입"이란 수입대금은 국내에서 지급되지만 수입 물품 등은 외국에서 인수하거나 제공받는 수입을 말한다. 외국인수수입은 산업설비수출, 해외건설, 해외투자, 위탁가공무역 등에 필요한 기자재 또는 원자재를 현지(외국)에서 수입하는 경우에 이용된다.

"외국인도수출"이란 수출대금은 국내에서 영수하지만 국내에서 통관되지 아니한 수출 물품 등을 외국으로 인도하거나 제공하는 수출을 말한다. 외국인도수출은 산업설비수출, 해외건설, 해외투자 등 해외산업현장에서 필요한 기자재를 외국인도수입 형태로 구입하여 사용한 후 국내로 반입하지 않고 다시 매각하는 경우 또는 항해중이거나 어로작업중인 선박을 현지에서 매각하는 경우 등에 이용된다.

7) 무환수출입

"무환수출입"이란 외국환 거래가 수반되지 아니하는 물품 등의 수출·수입을 말한다. 무환수출이란 상품 견본(Sample), 전시회 참가제품, 여행자의 휴대품, 클레임의 처리를 위한 대체품의 수출 등과 같이 대금이 결제되지 않는 순수한 수출거래형태를 말한다. 무환수출은 송금 및 증권의 형태에 의한 자본유출과 함께 상품의 형태에 의한 자본유출이 된다. 따라서 자본도피나 투기의 수단으로 사용될 수 있으므로 무역거래형태로서 규제대상이 된다.

무환수입이란 무환수출의 반대개념으로 상품 견본과 선전용품, 외국인의 사무용품, 입국자의 휴대품, 전시회 참가제품, 수출품의 반송화물, 위탁가공계약에 의한 화물 등 대가를 지불하지 않는 수입거래형태를 말한다.

05 전략물자관리제도

1) 용어 및 정의

전략물자(Strategic Item)란 대량파괴무기(WMD: Weapons of Mass Destruction), 재래식무기(Conventional Weapons), 그 운반 수단인 미사일 및 이들의 제조·개발·사용 또는 보관 등의 용도로 전용될 수 있는 물품 및 기술을 의미한다.

이러한 전략물자의 대외무역을 통제하기 위한 정부의 규제조치를 전략물자관리제도라 한다. "전략물자 관리"라는 용어는 "전략물자 수출통제"(Export Control), "전략물자 비확산"(Nonproliferation) 등의 용어와 같은 의미로 통용되고 있다.

2) 경과

동서 냉전시대에 공산권의 국방력 증강을 견제하고자 미국을 중심으로 한 서방국가들이 대(對)공산권수출통제위원회(COCOM)를 결성하면서 전략물자의 수출통제가 시작되었다. 이후 냉전시대가 막을 내리고 COCOM이 1994년 폐지되었으나 대량살상무기 보유국이 늘어나고 국제적인 테러리즘이 증가하였다. 그리고 1996년 바세나르체제(WA: Wassenaar Arrangement)가 성립되면서 다시 전략물자의 수출통제가 강화되었다.

특히 2001년 미국에서 발생한 9·11테러 사건 이후 대량파괴무기 비확산 및 통제 문제가 국제안보분야의 핵심현안으로 등장하였다. 이를 반영하여 유엔안전보장이사회는 모든 유엔 회원국들에게 대량파괴무기 및 그 운반수단 등의 확산 방지를 위한 수출통제체제를 구축하도록 요구하고 있다.

3) 다자간 국제수출통제체제

다자간 국제수출통제체제란 전략물자 품목을 지정하여 회원국들을 중심으로 전략물자의 국가 간 거래를 통제하는 시스템을 의미한다. 이와 관련한 그룹 및 협약에 가입한 국가를 중심으로 전략물자의 통제를 실시하고 있다.

다자간 국제수출통제체제에 속하는 그룹 및 협약은 바세나르체제(WA), 핵공급국그룹(NSG), 미사일기술통제체제(MTCR), 오스트레일리아그룹(AG), 화학무기의 개발·생산·비축·사용 금지 및 폐기에 관한 협약(CWC), 세균무기(생물무기) 및 독소무기의 개발·생산·비축 금지 및 폐기에 관한 협약(BWC) 등이 있으며 앞의 네 개를 4대 다자간 국제수출통제체제라 한다.

4) 한국의 전략물자관리제도

우리나라에서는 1992년에는 대외무역법에 그 근거조항을 신설하여 전략물자의 수출시에 반드시 정부의 허가를 받도록 하고 있다. 2003년부터는 다자간 국제수출통제체제에서 정하는 전략물자 이외에 대량파괴무기(WMD)로의 전용 우려가 있는 품목에 대해서도 수출제한조치를 하고 있다.

우리나라의 전략물자 수출통제는 전략물자관리원(Korea Strategic Trade Institute)이 담당하고 있다. 주요업무로는 기업이 취급하는 품목에 대한 전략물자 해당여부 판정, 전략물자 관리 시스템 운영, 전략물자 수출통제제도에 대한 교육, 홍보 및 기업 자율준수 지원 업무 등이다.

산업통상자원부장관은 관계 행정기관의 장과 협의하여 대통령령으로 정하는 다자간 국제수출통제체제의 원칙에 따라 국제평화 및 안전유지와 국가안보를 위하여 수출허가 등 제한이 필요한 물품 등을 지정하여 고시하여야 하며, 지정·고시된 물품 등을 수출하려는 자는 산업통상자원부장관이나 관계 행정기관의 장의 허가를 받아야 한다.

또한 전략물자에는 해당되지 아니하나 대량파괴무기와 그 운반수단인 미사일의 제조·개발·사용 또는 보관 등의 용도로 전용될 가능성이 높은 물품 등을 수출하려는 자는 그 물품 등의 수입자나 최종 사용자가 그 물품 등을 대량파괴무기 등의 제조·개발·사용 또는 보관 등의 용도로 전용할 의도가 있는 경우에도 산업통상자원부장관이나 관계 행정기관의 장의 허가를 받아야 한다.

06 수입물품 원산지표시제도

1) 개요

수입물품 원산지표시제도는 공정한 거래 질서의 확립과 생산자 및 소비자 보호를 위하여 수입되는 물품에 원산지를 표시하는 제도이다. 우리나라 대외무역법에서는 수입물품에 대한 원산지표시 의무를 부과(대외무역법 제33조 ①항)하고 원산지 판정기준(대외무역법 제34조 ①항)과 표시방법을 규정하고 있다.

원산지표시제도는 FTA 증가 등에 따라 그 중요성이 더욱 부각되고 있다. FTA는 체결당사국간 관세철폐가 주요한 내용이기 때문에 이의 효과적인 활용을 위해서는 체결국가간 수출입되는 물품의 정확한 원산지 기준 및 적용이 대단히 중요하다.

한미 FTA 협상시 쟁점사항중의 하나가 북한 개성공단에서 생산되는 제품에 대하여 한국산 제품으로 즉, "Made in Korea"로 인정하느냐 하는 것이었다. 결론적으로 "Made in Korea"로 인정될 수 있는 여지를 남기는 것으로 합의가 되었는데 결국 원산지 문제가 관세혜택여부를 결정하므로 매우 중요한 포인트인 것이다.

2) 수입물품의 원산지 판정

원산지표시제도에서 원산지를 어떻게 판정하여야 하느냐가 매우 중요한 포인트이다. 수입물품에 대한 원산지 판정은 다음 세 가지 중 어느 하나의 기준에 따라야 한다(대외무역법시행령 제61조 ①항).

❶ 수입 물품의 전부가 하나의 국가에서 채취되거나 생산된 물품인 경우에는 그 국가를 그 물품의 원산지로 할 것

❷ 수입 물품의 생산·제조·가공 과정에 둘 이상의 국가가 관련된 경우에는 최종적으로 실질적 변형을 가하여 그 물품에 본질적 특성을 부여하는 활동을 한 국가를 그 물품의 원산지로 할 것

❸ 수입 물품의 생산·제조·가공 과정에 둘 이상의 국가가 관련된 경우 단순한 가공활동을 하는 국가를 원산지로 하지 아니할 것 등이다.

이 중에서 첫 번째 1의 "하나의 국가에서 채취되거나 생산된 물품", 즉 "완전생산물품"(Wholly Obtained or Produced Products)에 해당하는 경우는 다음과 같다.

• 해당국 영역에서 생산한 광산물, 농산물 및 식물성 생산물
• 해당국 영역에서 번식, 사육한 산동물과 이들로부터 채취한 물품
• 해당국 영역에서 수렵, 어로로 채포한 물품
• 해당국 선박에 의하여 채포(採捕)한 어획물, 그 밖의 물품
• 해당국에서 제조, 가공공정 중에 발생한 잔여물
• 해당국 또는 해당국의 선박에서 상기 물품을 원재료로 하여 제조·가공한 물품

그리고 두 번째 2의 "실질적 변형"(Substantial Transformation)이란 실무적으로 해당국에서의 제조·가공과정을 통하여 원재료의 HS 번호와 상이한 HS

번호(6단위 기준)의 제품을 생산하는 것을 의미한다.

3) 원산지표시 대상물품

원산지표시 대상물품은 대외무역관리규정 별표에 게기된 물품이다. 전체 물품의 약 60% 정도가 원산지표시 대상물품이며 나머지 약 40%는 원산지비 표시 대상물품이다. 원산지비표시 대상물품은 산동물, 석탄·원유 등 원자재, 전문가 사용물품 등으로 원산지 표시의 실익이 없는 물품들이다.

07 무역구제제도

무역구제제도(Trade Remedies)란 불공정무역(unfair trade)으로부터 국내산 업을 보호하기 위해 마련된 제도를 말한다. 특정 물품의 덤핑 수입이나 외국 정부로부터 보조금을 받고 생산된 제품의 수입이 급증하여 국내 산업이 손해 를 입거나 입을 우려가 있을 경우 해당 수입 물품에 대해 관세 및 비관세조 치 등의 수입규제 조치를 하게 된다. 주요한 무역구제제도로는 반덤핑관세제 도, 상계관세제도, 세이프가드제도, 불공정무역행위에 대한 규제, 국제무역규 범위반 조사제도 등이 있다. 우리나라에서는 무역위원회(KTC: Korea Trade Commission)에서 무역구제제도를 담당하고 있다.

1) 덤핑방지관세제도

덤핑방지관세제도(Anti−Dumping Duty System)는 해외의 수출자가 정상가 격(자국내판매가격 등)보다 낮은 가격으로 수출하여 국내 산업에 피해를 주는 경우 이를 구제하기 위해 덤핑방지 관세 부과 등의 조치를 취하는 제도이다. 국제법적으로는 GATT 제6조, WTO 반덤핑협정에 근거하고 있고, 국내법적 으로는 관세법, 불공정무역행위 조사 및 산업피해구제에 관한 법률에 근거하 고 있다.

조사내용으로는 수입물량 면에서는 무역피해품목의 동종여부 및 수입증가여부를 조사하고, 국내 산업이 실질적 피해를 받거나 받을 우려가 있는지, 국내산업 발전이 실질적으로 지연되었는지 여부를 점검한 후, 해당 품목의 수입증가와 국내 산업의 피해 사이에 인과관계가 있음이 입증되어야 한다.

2) 상계관세제도

상계관세제도(Countervailing Duty System)는 외국에서 특정산업 또는 특정기업을 대상으로 보조금을 지급하고, 그 보조금을 지급받아 생산된 제품이 국내에 수입되어 국내 산업에 실질적 피해를 주거나 피해를 줄 우려가 있을 때 반보조금 조치로 상계관세를 부과하는 제도이다. 외국의 정부 또는 공공기관에 의해 재정적인 기여행위가 있거나, 소득·가격지원 형태의 지원이 있는 경우 보조금이 존재한다고 간주하며, 이 보조금이 특정 기업 또는 특정 산업에 제한적으로 제공된 경우 반보조금 조치로써 상계관세를 부과하게 된다.

조사내용으로는 수입물량 면에서는 무역피해품목의 동종여부 및 수입증가여부를 조사하고, 국내 산업이 실질적 피해를 받거나 받을 우려가 있는지, 국내산업 발전이 실질적으로 지연되었는지 여부를 점검한 후, 해당 품목의 수입증가와 국내 산업의 피해 사이에 인과관계가 있음이 입증되어야 한다.

3) 세이프가드제도

세이프가드제도(Safeguard System)는 특정한 물품의 수입증가로 국내 산업이 심각한 피해를 입고 있거나 피해를 당할 우려가 있을 때 국내 산업을 보호하기 위해 수입물량을 제한하거나 관세를 인상하는 수입구제조치이다. 세이프가드의 경우 불공정무역이 아니라 공정무역에 대해 수입을 규제하는 제도이기 때문에 덤핑과 보조금 등 불공정무역을 규제하는 제도보다 발동요건이 엄격한 것이 특징이다.

세이프가드 신청요건은 특정 물품이 일정기간 동안에 수입량이 절대적으로 증가하거나 국내생산과 비교하여 상대적으로 증가하고, 동종 또는 직접경쟁 물품을 생산하는 국내 산업에 심각한 피해(우려)가 있어야 하며, 수입증가와 국내 산업피해 간에 인과관계가 있어야 한다.

우리나라 무역구제제도

덤핑방지관세 제도	• 수출자가 정상가격보다 낮은 가격으로 수출하여 국내 산업에 피해를 주는 경우
상계관세 제도	• 보조금을 지급받아 생산된 제품이 수입되어 국내 산업에 피해를 주는 경우
세이프가드 제도	• 특정 물품의 수입증가로 국내 산업이 심각한 피해를 주는 경우
불공정 무역행위 규제	• 지식재산권 침해, 원산지표시 위반행위 등 불공정 무역행위 규제 제도
국제무역규범 위반 조사제도	• 교역상대국의 무역에 관한 법령·제도·관행 등이 국제무역규범을 위반하는 경우

4) 불공정무역행위에 대한 규제

불공정무역행위에 대한 규제는 지식재산권 침해, 원산지표시 위반행위, 허위·과장표시행위, 수출입질서 저해행위 등 불공정무역행위를 규제하는 제도이다. 위반업체에 시정명령을 내리거나 과징금을 징수하여 공정한 무역질서를 확립하고 국내 산업을 보호하는 제도이다.

지식재산권 침해로 인한 법원 소송의 경우 장시간이 소요되어 피해가 커지거나 보호받기 어려운 경우가 많으나 무역위원회를 통한 제소의 경우에는 조사개시 후 판정까지 소요기간이 6개월 이내로, 법원 소송에 비해 단기간 저비용으로 신속한 권리보호가 가능하다.

5) 국제무역규범위반 조사제도

국제무역규범 위반행위규제란 교역상대국의 무역에 관한 법령·제도·관행 등이 국제무역규범을 위반함에 따라 국내 산업이 피해를 입은 경우 관세조치 및 비관세조치 등 법령이 허용하는 보복조치를 취할 수 있는 제도이다.

조사요건으로는 교역상대국의 제도 및 관행이 국제무역규범을 위반하고, 당해물품 또는 서비스를 생산하는 국내 산업이 피해를 입거나 입을 우려가 있으며, 국제무역 규범위반사실과 산업피해 간에 인과관계가 있는 경우에 조사를 시행한다.

CHAPTER 04 세계경제 및 세계무역의 이해

01 세계시장의 구분

1) 선진국 및 개도국

내가 만든 상품의 목표시장(target market)을 미국으로 해야 하는가? 아니면 중국으로 해야 하는가? 효과적인 해외시장조사를 위해서 세계시장을 구분하고 개념화하는 것이 대단히 중요하다. 일반적으로 세계시장을 경제그룹별로 분류하면 크게 선진국(advanced economies)과 개도국(developing economies)으로 구분할 수 있다.

선진국은 주로 지구의 북쪽에 위치하며 유럽과 북미지역에 속하는 나라들이다. 국제기구 OECD(경제협력개발기구)는 선진국 그룹을 의미하며 현재 회원국은 37개국이다. 세계경제에 대한 영향력이 막강한 G7은 미국, 일본, 영국, 프랑스, 독일, 이탈리아, 캐나다 등 선진 7개 국가를 지칭한다.

개도국은 주로 지구의 남쪽에 위치하며 아시아, 아프리카, 남미지역 국가들이다. OECD 분류에 따르면 개도국(developing economies)은 최빈국(LDC: Least Developed Country), 저소득국(LIC: Low Income Country), 저중소득국(LMIC: Low Middle Income Country), 고중소득국(UMIC: Upper Middle Income Country)으로 구분된다.

2) 이머징 마켓

이머징 마켓(emerging market)은 "떠오르는 시장"을 의미하며 신흥시장이라고도 한다. 이는 개도국 중에서도 성장속도가 빠른 나라로서 세계경제 및 세계무역에 대한 영향력이 높아지고 있는 국가들을 지칭한다. 1981년 세계은행(World Bank)에서 아시아 지역에 투자하기 위하여 조성한 사모펀드인 "이머징마켓 성장펀드(Emerging Markets Growth Fund)"에서 유래한다. 이 용어가 나오기 이전에는 "제3세계(the Third World)" 또는 "개발도상국(Developing country)"이라는 용어가 광범위하게 사용되었다.

한편, 이머징 마켓 중에서 경제수준 및 국가성격이 유사한 나라끼리 묶어서 하나의 용어를 만들어 사용하는 것이 유행처럼 나타나고 있다. 골드만삭스(Goldman Sachs) 등 세계적인 금융기관 및 유명 경제학자가 처음으로 사용하여 그 이후 그 용어 사용이 전 세계에 알려지고 있다. 이에 대한 세부 내용은 다음 항목에서 소개한다.

3) 주요 이머징 마켓

BRICs는 골드만삭스(Goldman Sachs)가 2001년에 처음으로 명명하였는데 브라질(Brazil) · 러시아(Russia) · 인도(India) · 중국(China) 등 경제규모, 인구, 면적 등이 큰 국가로서 경제성장이 활발한 국가를 지칭한다. BRICs의 등장은 세계경제의 파워가 G7에서 BRICs로 상당부분 이동하고 있음을 나타낸다.

2011년에 이들 4개국에 아프리카를 대표하는 남아프리카(South Africa)가 포함되어 5개국 BRICS가 탄생하였다. 기존 영문 약자 BRICs의 소문자 에스(s)가 대문자 에스(S)로 바뀌었다. 이에 따라 BRICS는 아시아 · 유럽 · 미주 · 아프리카의 네 대륙에 각각 위치하게 되었다.

한편, 2010년에 하버드대 조지프 나이(Joseph Nye) 교수는 "러시아의 침체를 뚫고 인도네시아 시대가 오고 있다"며 러시아 대신 아시아 국가 인도네시아를 넣어 BIICs(Brazil, Indonesia, India, China)라는 용어를 만들어 냈다.

그 외 이머징 마켓 용어를 보면 Next 11(한국, 멕시코, 베트남, 이란, 이집트, 터키, 인도네시아, 필리핀, 파키스탄, 방글라데시, 나이지리아), MIKT(Mexico, Indonesia, Korea, Turkey), MAVINS(Mexico, Australia, Vietnam, Indonesia, Nigeria, South Africa), VISTA(Vietnam, Indonesia, South Africa, Turkey, Australia) 등이 있다.

02 세계 주요경제그룹의 GDP

1) 최근 동향

달러기준 명목 GDP(Nominal GDP)는 각국의 자국통화기준 명목 GDP 금액을 단순히 각국의 달러환율로 환산한 GDP를 의미한다. IMF의 세계경제 데이터베이스(World Economic Outlook Database)에 따르면 2019년 선진국(Advanced economies)의 명목 GDP 규모는 약 52조 달러로 세계전체의 59.8%를 차지하고 있으며 개도국의 GDP 규모는 35조 달러로 세계전체의 40.2%를 차지하고 있다.

선진국중에서도 G7(서방 선진 7개국: 미국, 캐나다, 일본, 독일, 영국, 프랑스, 이탈리아)의 GDP 비중이 세계전체의 45.8%를 차지하고 있으며, 개도국 중에서는 아시아 개도국(Developing Asia)의 비중이 세계전체의 23.5%를 차지하여 상대적으로 높다.

2) 향후 전망

IMF의 전망에 따르면 2024년에 선진국의 명목 GDP 비중은 다소 감소(59.8% → 56.0%)하고, 대신에 개도국의 비중이 다소 증가(40.2% → 44.0%)하는

세계 주요경제그룹의 GDP(10억 달러)

경제그룹별	2019		2024 전망	
	금액	비중	금액	비중
세계전체	86,599	100	111,569	100
선진국	51,744	59.8%	62,472	56.0%
EURO 지역	13,314	15.4%	15,950	14.3%
G7	39,627	45.8%	47,577	42.6%
유럽연합(EU)	18,292	21.1%	22,045	19.8%
개도국	34,855	40.2%	49,097	44.0%
아시아 개도국	20,318	23.5%	30,289	27.1%
라틴 아메리카	5,188	6.0%	6,547	5.9%
중동 및 북아프리카	3,829	4.4%	4,805	4.3%

자료: IMF, World Economic Outlook Database/www.imf.org

것으로 나타났다. 이는 BRICs 국가 등 주요 개도국의 GDP 경제규모 및 세계 경제에 대한 영향력이 커지고 있음을 의미한다.

특히 선진 7개국의 명목 GDP 비중은 2010년 세계 전체의 절반수준에서 2019년 45.8%, 2024년 42.6% 등으로 점차적으로 감소하는 것으로 예측되었다. 반면에 아시아 개도국의 명목 GDP 비중은 2019년 세계 전체의 23.5%에서 2024년 27.1%로 점차적으로 확대되는 것으로 예측되었다.

 G7과 NEW G7 ·······················

세계경제에 대한 영향력이 막강한 G7은 미국, 일본, 영국, 프랑스, 독일, 이탈리아, 캐나다 등 선진 7개 국가를 지칭한다. 영국의 파이낸셜타임즈(FT)는 기존 G7에 착안하여 브라질, 러시아, 인도, 중국 등 BRICs 4개국에 멕시코, 인도네시아, 터키를 포함하여 이를 "신G7(New G7)"이라고 명명하였다.

그런데 New G7의 경제 규모가 기존 G7보다 앞서는 것으로 나타났다. IMF의 세계 경제 전망(WEO: World Economic Outlook) 통계에 따르면, BRICs를 포함한 New G7의 PPP 기준 명목 GDP가 기존 G7의 그것을 상회하는 것으로 나타났다.

왜 이렇게 역전되었을까? 중국, 인도 등 BRICs의 PPP 기준 명목 GDP 약진이 두드러졌기 때문이다. 특히 중국의 명목 GDP는 세계 제2위이지만 이를 PPP 기준으로 환산하면 미국보다 오히려 높다. 인도, 브라질, 러시아 등의 PPP 기준 GDP도 역시 마찬가지로 높게 나타나고 있는 것이다.

PPP 기준 GDP는 각국의 통화단위로 산출된 GDP를 달러로 환산하고 여기에 각국의 물가 수준을 반영하는 수치다. 이는 세계 여러 나라에서 판매하는 맥도널드 햄버거를 구입하는 데 드는 비용을 근거로 환율을 계산하는 "빅맥지수(Big Mac index)"와 유사한 개념이다. 즉, PPP 기준 GDP는 각국의 실질 구매력을 평가하는 데 유용한 계산 방식으로, 주로 물가가 낮은 후진국의 GDP가 크게 높아지는 경향이 있다.

세계 주요국의 GDP

1) 최근 동향

명목 GDP 규모를 국별로 보면 2017년 미국 1위, 중국 2위, 일본 3위 순이다. 미국은 2019년 세계 GDP 전체의 24.8%를 차지하여 독보적인 1위를 고수하고 있지만 그 비중은 점차적으로 감소 추세를 보이고 있다.

중국과 일본은 2010년부터 순위가 바뀌어 중국이 세계 제2위 경제대국이 되었다. 이후 중국 GDP 규모는 급속도로 증가하고 있으며 2019년 세계전체의 16.3%를 차지하고 있다. 이어서 3위 일본, 4위 독일, 5위 인도, 6위 영국 순으로 나타났다. 우리나라의 명목 GDP 규모는 2019년 1조 6천억 달러 수준으로 세계 12위(세계 GDP 전체의 1.9%)를 기록하였다.

세계 주요국의 GDP(10억 달러)

2019 순위	국명	2019		2024 전망	
		금액	비중	금액	비중
	세계전체	86,599	100	111,569	100
1	미 국	21,439	24.8%	25,793	23.1%
2	중 국	14,140	16.3%	20,979	18.8%
3	일 본	5,154	6.0%	6,260	5.6%
4	독 일	3,863	4.5%	4,675	4.2%
5	인 도	2,936	3.4%	4,632	4.2%
6	영 국	2,744	3.2%	3,150	2.8%
7	프 랑 스	2,707	3.1%	3,215	2.9%
8	이탈리아	1,989	2.3%	2,246	2.0%
9	브 라 질	1,847	2.1%	2,296	2.1%
10	캐 나 다	1,731	2.0%	2,238	2.0%
11	러 시 아	1,638	1.9%	1,940	1.7%
12	한 국	1,630	1.9%	1,988	1.8%
13	스 페 인	1,398	1.6%	1,695	1.5%
14	호 주	1,376	1.6%	1,670	1.5%
15	멕 시 코	1,274	1.5%	1,579	1.4%

자료: IMF, World Economic Outlook Database/www.imf.org

2) 향후 전망

IMF의 세계 경제 전망(WEO: World Economic Outlook)에 따르면 2024년 미국, 독일, 일본 등 주요 선진국의 명목 GDP 비중이 각각 감소하는 반면 중국, 인도 등의 명목 GDP 비중은 각각 확대되는 것으로 예측되었다.

미국 등 서방 선진국의 세계경제에 대한 영향력이 점차적으로 작아지고 있으나 여전히 그 존재감을 유지하고 있는 것으로 나타났다. 2024년 한국의 명목 GDP 규모는 약 2조 달러 수준으로 확대되고, 세계 순위도 2019년 12위에서 2020년에는 러시아를 제치고 11위를 기록하는 것으로 예측되었다.

04 세계 주요국의 실질 GDP 성장률

1) 최근 동향

주요국의 실질 GDP 성장률 동향을 보면 2019년에 OECD 국가 중 미국만이 2%를 상회하는 성장률을 기록한 반면, 유럽의 선진국인 독일, 영국, 프랑스 등은 1% 내외의 낮은 성장률을 나타냈다. OECD 선진국인 한국은 2019년 2% 성장률을 간신히 달성하였다.

중국은 1980년대 개혁개방 이후 지속적으로 유지하였던 두 자릿수 성장에서 2011년 이후 한 자릿수 성장으로 떨어졌으며 2019년에도 6.1% 성장으로 성장세가 둔화되었다. 그러나 여전히 높은 성장률이다. 인도는 2018년 6.1% 성장하여 높은 성장률을 지속적으로 유지하고 있다.

그리고 2020년에는 전세계적으로 유행한 코로나 팬데믹(Corona Pandemic)의 영향으로 세계 대부분 국가의 경제성장률이 마이너스로 전환하였다. 특히 코로나 팬데믹 영향이 큰 미국, 유럽국가, BRICs 등 거대경제권의 경제 피해가 아주 심각한 것으로 나타났다.

2) 향후 전망

IMF 세계경제 전망(WEO: World Economic Outlook)의 2020~2024년 GDP

세계 주요국의 실질 GDP 성장률(%)

국 별	2017	2018	2019	2020	2021	2022	2023	2024
미 국	2.4	2.9	2.4	2.1	1.7	1.6	1.6	1.6
중 국	6.8	6.6	6.1	5.8	5.9	5.7	5.6	5.5
일 본	1.9	0.8	0.9	0.5	0.5	0.5	0.5	0.5
한 국	3.2	2.7	2.0	2.2	2.7	2.9	2.9	2.9
독 일	2.5	1.5	0.5	1.2	1.4	1.3	1.2	1.2
영 국	1.8	1.4	1.2	1.4	1.5	1.5	1.5	1.5
프랑스	2.3	1.7	1.2	1.3	1.3	1.4	1.4	1.4
인 도	7.2	6.8	6.1	7.0	7.4	7.4	7.4	7.3
러시아	1.6	2.3	1.1	1.9	2.0	2.0	1.9	1.8
브라질	1.1	1.1	0.9	2.0	2.4	2.4	2.4	2.3

자료: IMF, World Economic Outlook Database/www.imf.org

성장률 전망을 보면 세계경제를 리드하는 미국과 유럽의 독일, 영국, 프랑스, 그리고 일본의 성장세는 둔화되어 1% 내외의 성장률을 기록할 것으로 예상된다.

BRICs 국가 중 중국의 성장세는 5% 대로 다소 둔화되는 것으로 나타났으며, 인도, 러시아, 브라질의 성장세는 계속해서 높아질 것으로 예상된다. 한국의 성장률은 2024년까지 점차적으로 2019년보다 다소 높아질 것으로 예상된다.

05 세계 주요국의 1인당 GDP

1) 달러기준 1인당 GDP

달러기준 1인당 GDP(per capita GDP)를 국별로 보면 2019년 미국이 약 65,000달러를 기록하여 주요 선진국 중에서도 1위를 나타내고 있다. 주요 선진국인 독일, 영국, 프랑스, 일본의 1인당 GDP는 각각 4~5만 달러 수준을 보이고 있다.

한국의 1인당 GDP는 2019년 31,431달러로서 3만 달러를 상회하였다. BRICs 국가 중 러시아, 중국의 1인당 GDP가 1만 달러 수준을 상회하였고,

브라질은 9천 달러 수준, 인도는 2천 달러 정도를 나타내고 있다.

2) PPP 기준 1인당 GDP

구매력평가(PPP: Purchasing Power Parity)환율 기준 GDP는 각국의 자국통화기준 명목 GDP를 각국의 구매력평가 환율로 환산한 GDP를 의미한다. 다시 말하면 국제외환시장의 공식환율이 아닌 구매력평가 환율에 의해 환산한 GDP이다. 구매력평가 환율은 각국 통화의 실질 구매력을 비교해 결정하는 환율이며 IMF, OECD, UN, World Bank, 영국 Economist지 등에서 산출한다.

IMF에 따르면 2019년 구매력평가(PPP) 기준 1인당 GDP는 공식환율에 의한 1인당 GDP와 비교할 때 확연하게 다른 모습을 보이고 있다. 일본, 독일, 영국, 프랑스 등 주요 선진국에 비하여 한국과 BRICs 국가들의 구매력평가 기준 1인당 GDP 규모가 크게 확대되는 것으로 나타났다. 특히 2024년 예측에서는 한국의 구매력평가 기준 1인당 GDP가 일본, 영국, 프랑스를 상회하는 것으로 나타났다.

세계 주요국의 1인당 GDP(달러)

국 별	2019		2024 전망	
	1인당 GDP	PPP 기준	1인당 GDP	PPP 기준
미 국	65,112	65,112	76,252	76,252
중 국	10,099	19,504	14,812	28,110
일 본	40,847	45,546	50,637	52,637
한 국	31,431	44,740	37,576	55,418
독 일	46,564	53,567	56,528	63,281
영 국	41,030	46,827	45,935	54,378
프랑스	41,761	47,223	48,913	55,065
인 도	2,172	8,378	3,210	12,354
러시아	11,163	29,642	13,315	36,316
브라질	8,797	16,462	10,606	19,751

자료: IMF, World Economic Outlook Database/www.imf.org

06 세계 주요지역의 수출입

1) 세계 주요지역별 수출

IMF 무역통계(International Trade Statistics)에 따르면 세계 주요지역별 수출은 유럽지역, 북미지역, 중남미지역, 아프리카 지역의 세계수출비중이 하락 추세인 반면 아시아지역, 중동지역의 비중은 상승 추세인 것으로 나타났다.

유럽지역의 세계수출 비중은 1970년대 50% 전후의 비중에서 2017년에는 37.8%로 하락하였다. 북미지역의 세계수출 비중도 1950년대~1960년대 20%대 비중에서 2017년에는 13.8%로 하락하였다. 반면에 아시아지역의 세계수출 비중은 1950년대~1980년대 기간중 10%대 비중에 머물렀으나 1990년대 이후 중국, 한국 등을 중심으로 수출이 크게 증가하여 2017년에는 세계수출 비중이 34.0%에 달하였다. 이에 따라 지역별로 보면 아시아지역이 유럽지역에 이어서 두 번째로 수출을 많이 하는 지역이 되었다.

세계 주요지역별 수출비중 추이(10억 달러, 비중 %)

	1948	1953	1963	1973	1983	1993	2003	2017
세계수출합계	59	84	157	579	1,838	3,688	7,379	17,198
세계수출비중	100.0	100.0	100.0	100.0	100.0	100.0	100.0	100.0
아시아	14.0	13.4	12.5	14.9	19.1	26.0	26.1	34.0
유럽	35.1	39.4	47.8	50.9	43.5	45.3	45.9	37.8
북미	28.1	24.8	19.9	17.3	16.8	17.9	15.8	13.8
중남미	11.3	9.7	6.4	4.3	4.5	3.0	3.1	3.4
CIS	-	-	-	-	-	1.7	2.6	3.0
아프리카	7.3	6.5	5.7	4.8	4.5	2.5	2.4	2.4
중동	2.0	2.7	3.2	4.1	6.7	3.5	4.1	5.6
WTO 회원국	63.4	69.6	75.0	84.1	77.0	89.0	94.3	98.3

주: CIS는 독립국가연합(Commonwealth of Independent States)
자료: WTO, International Trade Statistics/www.wto.org

2) 세계 주요지역별 수입

세계 주요지역별 수입동향은 주요지역별 세계수출동향과 비슷한 방향으로 움직이는데, 유럽지역, 북미지역, 중남미지역, 아프리카 지역 등의 수입비중이 하락 추세인 반면에 아시아지역, CIS, 중동지역의 비중은 상승 추세인 것으로 나타났다.

유럽지역의 세계수입 비중은 1960~70년대 50% 전후의 비중에서 2017년에는 37.1%로 하락하였다. 북미지역의 세계수입 비중도 1993년 21.3%, 2003년 22.4%에서 2017년 18.7%로 하락하였다. 반면에 아시아 지역의 세계수입비중은 1950년대~1980년대 기간 중 10%대 비중에 머물렀으나 1990년대 이후 중국, 일본, 한국 등을 중심으로 수입이 크게 증가하여 2017년에는 세계수입비중이 31.5%에 달하였다. 이에 따라 지역별로 보면 수출과 마찬가지로 수입도 아시아지역이 유럽지역에 이어서 두 번째로 수입을 많이 하는 지역이 되었다.

세계 주요지역별 수입비중 추이(10억 달러, 비중 %)

	1948	1953	1963	1973	1983	1993	2003	2017
세계수입합계	62	85	164	594	1,883	3,805	7,694	17,572
세계수입비중	100.0	100.0	100.0	100.0	100.0	100.0	100.0	100.0
아시아	13.9	15.1	14.1	14.9	18.5	23.5	23.5	31.5
유럽	45.3	43.7	52.0	53.3	44.1	44.5	45.0	37.1
북미	18.5	20.5	16.1	17.2	18.5	21.3	22.4	18.7
중남미	10.4	8.3	6.0	4.4	3.9	3.3	2.5	3.3
CIS	-	-	-	-	-	1.5	1.7	2.3
아프리카	8.1	7.0	5.2	3.9	4.6	2.6	2.2	3.0
중동	1.7	2.2	2.3	2.7	6.2	3.3	2.8	4.1
WTO 회원국	58.6	66.9	75.3	85.5	79.7	89.3	96.0	98.2

주: CIS는 독립국가연합(Commonwealth of Independent States)
자료: WTO, International Trade Statistics/www.wto.org

07 세계 10대 상품수출입 국가

1) 10대 상품수출 국가

2019년 상품수출(Merchandise Export) 1위는 중국이며 세계전체 상품수출의 13.2%를 차지하고 있다. 2위 미국, 3위 독일, 4위 네덜란드, 5위 일본이다. 전통적으로 세계수출 1위와 2위를 번갈아가며 기록하였던 미국, 독일은 2009년부터 중국에 밀려나기 시작했고 해가 거듭할수록 그 수출규모 격차가 점차적으로 벌어지고 있다. 네덜란드가 일본을 제치고 4위로 올라섰다.

우리나라는 세계 10위권 이내 수출 강국이다. 그런데 2019년에 우리나라의 상품수출 규모는 중국, 유럽 등 주요 수출시장의 경기 침체와 반도체, 선박 등 주요수출품목의 부진으로 2018년 세계 6위에서 세계 7위로 한 계단 떨어졌으며, 우리상품의 세계시장점유율은 2.9%를 기록하였다.

주요 상품수출입 국가(2019년, 10억 달러)

순위	수출			수입		
	국가	금액	비중	국가	금액	비중
	세계	18,694	100	세계	18,988	100
1	중국	2,464	13.2%	미국	2,498	13.2%
2	미국	1,641	8.8%	중국	2,068	10.9%
3	독일	1,489	8.0%	독일	1,234	6.5%
4	네덜란드	709	3.8%	일본	748	3.9%
5	일본	706	3.8%	영국	689	3.6%
6	프랑스	570	3.0%	프랑스	651	3.4%
7	한국	542	2.9%	네덜란드	636	3.3%
8	홍콩	536	2.9%	홍콩	579	3.0%
9	이탈리아	533	2.8%	한국	504	2.7%
10	영국	469	2.5%	인도	483	2.5%
11	멕시코	461	2.5%	멕시코	483	2.5%
12	캐나다	446	2.4%	캐나다	479	2.5%
13	벨기에	445	2.4%	이탈리아	474	2.5%
14	러시아	420	2.2%	벨기에	426	2.2%
15	싱가포르	388	2.1%	스페인	372	2.0%

자료: WTO, International Trade Statistics/www.wto.org

2) 10대 상품수입 국가

2019년 상품수입(Merchandise Import) 1위는 미국이며 세계전체 수입의 13.2%를 차지하고 있다. 2위 중국, 3위 독일, 4위 일본이다. 미국의 수입규모는 전통적으로 세계 1위를 고수하고 있으나 새로운 세계시장(World Market)으로 부상한 중국의 수입이 크게 증가하여 미국의 수입규모를 추격하고 있다. 미국과 중국 2개국만이 수입규모 2조 달러를 상회하고 있다.

2019년 우리나라의 수입규모는 지속적인 국내경기 침체의 영향에 따른 수입수요 부진과 수출용 원자재 수입 둔화로 인하여 2018년과 마찬가지로 세계 9위를 유지하였으며 세계전체 수입에서 차지하는 비중은 2.7%를 기록하였다.

08 세계 10대 서비스수출입 국가

서비스무역(Commercial Services Trade)은 크게 상품관련서비스(Goods-related services), 운송(Transport), 여행(Travel), 기타 서비스(Other Commercial Services) 등으로 분류되며 이 중 기타 서비스는 통신(Communication), 건설(Construction), 보험(Insurance), 금융(Finance) 등으로 구성되어 있다.

1) 10대 서비스수출 국가

2019년 서비스수출(Commercial Services Export) 1위는 미국이며 세계전체 수출의 14.1%로 압도적인 비중을 차지하고 있다. 2위 영국, 3위 독일, 4위 프랑스, 5위 중국 순이다. 서비스수출은 전통적으로 미국 및 유럽 선진국 국가들이 비교우위를 나타내고 있다. 제조업이 강한 중국, 일본 등의 서비스수출은 상대적으로 취약하다.

우리나라는 상품수출 위주의 무역대국으로 성장했다. 부가가치가 높은 서비스 수출은 아직 국제경쟁력면에서 미흡한 편이다. 2019 한국의 서비스수출 규모는 세계 16위에 불과하며 세계시장점유율은 1.7%에 머물렀다.

2) 10대 서비스수입 국가

2019년 서비스수입(Commercial Services Import) 1위는 역시 미국이며 세계전체 수입의 9.8%를 차지하고 있다. 2위 중국, 3위 독일, 4위 영국, 5위 프랑스 순이다. 상품무역과는 달리 서비스무역에서 미국, 영국, 프랑스 등은 흑자를 나타내고 있는 반면 제조업 강국인 중국, 독일, 일본, 한국 등은 서비스무역에서 적자를 나타내고 있다.

2019년 한국의 서비스수입규모는 세계 11위이며 세계전체에서 차지하는 비중은 2.2%를 기록하였다. 우리나라의 서비스수입이 서비스수출보다 많아 서비스 부분에서 우리나라의 국제경쟁력이 취약함을 말해주고 있다.

주요 서비스수출입 국가(2019년, 10억 달러)

순위	수 출			수 출		
	국가	금액	비중	국가	금액	비중
	세계전체	6,066	100	세계전체	5,731	100
1	미 국	853	14.1%	미 국	564	9.8%
2	영 국	412	6.8%	중 국	497	8.7%
3	독 일	335	5.5%	독 일	363	6.3%
4	프 랑 스	287	4.7%	영 국	279	4.9%
5	중 국	282	4.6%	프 랑 스	263	4.6%
6	네덜란드	262	4.3%	네덜란드	246	4.3%
7	일 본	201	3.3%	일 본	202	3.5%
8	이탈리아	121	2.0%	한국(11위)	126	2.2%
	한국(16위)	102	1.7%	이탈리아	123	2.1%

자료: WTO, International Trade Statistics/www.wto.org

CHAPTER 05 수출입상품의 국제운송경로

01 운하통과 운송경로

1) 운하란 무엇인가?

우리나라 상품을 독일, 프랑스 등 유럽 국가로 수출하는 경우 해상운송 경로는 어떻게 되는가? 수에즈 운하를 통과하여야 한다. 운하(運河, Canal)는 바다와 바다간 해상운송을 위해 육지에 파 놓은 연결통로를 의미한다. 국제무역에서 대표적인 운하로는 아프리카 대륙에 위치한 이집트의 수에즈 운하(Suez Canal)와 아메리카 대륙 중남미에 위치한 파나마 운하(Panama Canal)가 있다.

수출입상품의 국제운송경로 요약

운하통과 운송경로 (Canal 통과운송)	• 수에즈 운하(Suez Cana): 유럽 수출화물 • 파나마 운하(Panama Canal)
랜드브리지 (Landbridge)	• 아메리카 랜드브리지(ALB) • 캐나다 랜드브리지(CLB)
시베리아횡단철도 (Trans Siberian Railway)	• 극동지역과 유럽간 철도운송 경로 • 블라디보스톡 ↔ 모스크바 ↔ 유럽
아시아횡단철도 (Trans Asian Railway)	• 북부노선(동북아시아 지역)과 남부노선 • 북부노선: TCR, TMR, TMGR, TKR, TSR
북극항로 (North Pole Route)	• 극동과 유럽을 연결하는 운송경로 • 부산 ↔ 베링해 ↔ 러시아 ↔ 유럽
海空복합운송 (Sea & Air 운송)	• 해상운송과 항공운송 결합 운송 시스템 • 한국 경우 Sea & Air 등

62   PART 01   수출현장 무역실무 기초

2) 수에즈 운하 개요

수에즈 운하는 지중해(Mediterranean Sea)와 홍해(Red Sea)를 연결하는 세계최대의 운하이다. 지중해의 포트사이드(Port Said) 항구와 홍해의 수에즈(Suez) 항구를 연결한다. 1859년에 프랑스인 페르디낭 드 레셉스(Ferdinand de Lesseps)가 이집트로부터 운하건설 권리를 부여받아 공사를 시작한지 10년 만인 1869년에 수에즈 운하가 개통되었다. 아프리카 대륙을 우회하지 않고 곧바로 아시아와 유럽이 연결되는 통로가 열리게 되었다.

그러나 수에즈운하 개통 이후 유럽열강의 식민지 정책, 중동전쟁 등으로 인하여 수에즈 운하를 둘러싼 많은 분쟁이 있었다. 1952년 이집트 나세르(Naser) 대통령은 1956년에 수에즈운하 회사를 국유화하였다. 기득권을 상실한 영국과 프랑스는 군대를 동원하여 강점하는 등 분쟁이 그치지 않았다. 1967년 중동전쟁으로 수에즈운하가 폐쇄되었다가, 1973년 이집트 사다트(Sadat) 대통령 재임시 시나이 반도를 탈환하면서 수에즈운하는 이집트 정부의 관리하에 들어갔다.

3) 수에즈 운하 통과 운송경로

수에즈 운하의 폭은 160~200m이고 길이는 162.5km로 서울에서 대전까지 거리와 비슷하다. 선박의 운하통과시간은 약 11시간이다. 수에즈 운하의 개통으로 개통 이전에 아프리카 최남단 희망봉(Cape of Good Hope)을 돌아가던 운송루트가 획기적으로 단축되었다. 이에 따라 수에즈 운하는 아시아 유럽간 화물 운송에서 가장 대표적인 운송루트가 되었다.

우리나라에서 수에즈운하를 통한 유럽으로의 운송루트는 부산/광양 출발 → 중국 상하이(중국화물 선적) → 싱가포르 → 인도양 → 홍해 → 수에즈 운하 → 지중해 → 유럽 주요항구 도착이다. 현대상선 등 우리나라 운항선사가 이 운송루트를 이용하고 있다.

수에즈 운하 및 파나마 운하

4) 파나마 운하 통과 운송경로

파나마 운하(Panama Canal)는 1914년 미국에 의해 개통됐다. 파나마 운하의 폭은 152~304m, 길이는 77km로 서울에서 천안까지 거리와 비슷하다. 선박 운하통과시간은 약 8시간이다. 태평양(Pacific Ocean) 발보아(Balboa) 항구에서 대서양(Atlantic Ocean) 크리스토발(Cristubal) 항구까지이며 태평양과 대서양(카리브해)를 연결한다.

한편, 2016년에 파나마 신운하가 개통되었다. 기존에 지나갈 수 없던 대형선박들을 위해 새로 만든 것이다. 신운하는 기존 운하를 넓히지 않고 그 옆에 새로 건설하는 방식을 택했다. 파나마 신운하 개통으로 미국과 동아시아(한국, 중국, 일본) 간 대형 유조선, 셰일가스 운반선, 대형 벌크선 운송이 가능하게 되었다. 새 운하를 이용하는 선박이 증가하면 부산항에 지금보다 많은 선박이 찾아올 것으로 기대된다.

02 랜드브리지

1) 랜드브리지란 무엇인가?

부산항을 출발하여 미국과 유럽으로 가는 수출화물의 경우 어떠한 운송 경로가 필요한가? 랜드브리지(Landbridge)는 바다와 육지를 연결하는 복합운송 방식을 말한다. 즉 바다(Sea) & 육지(Land) & 바다(Sea)의 복합운송(multimodal transportation)방식으로 육지(철도 및 도로)가 해상과 해상을 연결하는 교량(bridge) 역할을 한다는 의미이다.

랜드브리지 방식은 유럽향 수출화물의 경우 선박으로 운하(파나마운하, 수에즈운하)를 통하여 우회하지 않고 해상운송과 육상운송을 조합시켜 운항시간을 단축하고 경비를 절감하고자 하는 운송방식이다. 1967년 아랍국가와 이스라엘간의 중동전쟁으로 수에즈 운하가 봉쇄되면서 기존의 아시아/유럽 운송루트와 경쟁하는 운송방법으로 등장하였다.

우리나라 등 동아시아 국가에서 많이 이용하는 랜드브리지는 아메리카 랜드브리지(ALB: American Land Bridge), 캐나다 랜드브리지(CLB: Canadian land bridge), 미니 랜드브리지(MLB: Mini Land Bridge), 시베리아 랜드브리지(SLB: Siberian Land Bridge) 등이 있다.

랜드브리지 운송 지도

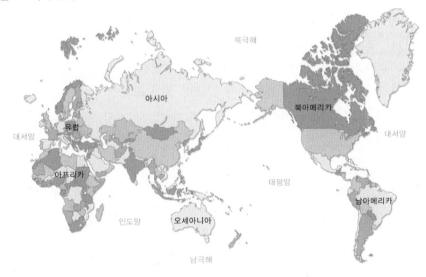

2) 북미랜드브리지 운송경로

아메리카 랜드브리지(ALB), 캐나다 랜드브리지(CLB) 등 북미랜드브리지는 동아시아 지역에서 미주 및 유럽으로 수출화물을 운송할 때 이용되는데, 동아시아 → 태평양(해상운송) → 미주대륙(육상운송) → 대서양(해상운송) → 유럽대륙(육상운송) 등으로 연결하는 복합운송방식이다.

아메리카 랜드브리지(ALB)의 운송경로(소요일수: 35~40일)는 한국 → (해상운송, 12일) → 북미서해안 1일(LA, 오클랜드) → (철도운송, 7~8일) → 미국동해안 2일(뉴욕, 뉴올리안즈) → (해상운송, 8일) → 유럽(함부르크, 로테르담, 앤트워프, 브레멘 등)이다.

그리고 캐나다 랜드브리지(CLB)의 운송경로(소요일수: 35~40일)는 한국 → (해상운송, 12일) → 북미서해안 1일(시애틀, 밴쿠버) → (철도운송, 7~8일) → 미국동해안 2일(몬트리올, 세인트 존스) → (해상운송, 8일) → 유럽(앤트워프, 함부르크, 로테르담, 브레멘 등)이다.

3) 미니 랜드브리지 운송경로

미니 랜드브리지(MLB)는 한국 등 동아시아에서 LA, 시애틀 등 태평양 연안까지 해상 운송한 후 미국 내륙(텍사스, 애틀랜타), 대서양 연안(뉴욕, 보스턴), 멕시코만의 항구(휴스턴)까지 철도로 운송하는 복합운송경로를 말한다.

미니 랜드브리지(MLB)의 운송경로(소요일수: 15~18일)는 한국 부산 → (해상운송, 12일) → 미국 서해안(시애틀, LA) → (철도운송, 7~8일) → 미국동해안이다. 파나마운하의 통행료 인상과 운하 갑문이 좁아 초대형 컨테이너선이 통과하는데 어려움이 있어 그 대체 경로서 미니 랜드브리지가 이용되고 있다.

03 시베리아횡단철도

1) 시베리아 횡단철도 개요

시베리아 횡단철도(TSR: Trans Siberian Railway)는 러시아 극동지역(블라디보스톡)과 유럽간의 철도운송 경로이다. 이 철도는 러시아가 극동지방의 군사적 활용 및 동아시아 국가와의 무역 활성화 등을 목적으로 개발하였다. 1916년에 전구간이 개통되었고 1971년부터 본격적인 운송 서비스가 시작되었다.

TSR은 타 경로에 비해 운송거리가 짧고, 운송소요일수가 짧으며, 운임이 저렴한 것이 특징이다. 1984년에 TSR과 평행으로 북쪽에 제2시베리아철도인 바이칼아무르철도(BAM: Baikal Amur Magistral)가 개통되어 TSR의 운송능력이 크게 증대되었다. 유럽 내륙지역에 대한 양호한 근접성으로 인하여 수에즈운하 루트의 대체 경로로 활용되고 있다.

2) 시베리아 횡단철도 운송경로

TSR은 동아시아 국가들(한국, 중국, 일본, 대만, 홍콩, ASEAN국가)이 유럽과의 수출입 거래시 활용 가능한 운송루트이다. 운송경로는 동아시아 → (해상운송) → Vostochny(블라디보스토크) → (철도운송) → 러시아 거점도시(하바로브스크, 노보로시스크, 이르쿠츠크, 모스크바) → (철도운송) → 유럽 각 지역이다.

우리나라에서는 2020년부터 LG그룹 계열의 물류기업 판토스가 TSR 화물 운송 서비스를 시작했다. 유럽 지역 등의 철로 운송에 활용됐던 중국횡단철도(TCR)가 코로나 19의 영향으로 운영에 차질을 빚는 바람에 TSR이 대체노선으로 활용된 것이다.

그러나 극동지역의 대유럽수출이 대유럽수입보다 많기 때문에 발생하는

시베리아 횡단철도

空콘테이너(vacant container) 문제, 강추위로 인해 결빙성 있는 액체화물의 운송이 불가능하다는 점, 구 소련 철도시설이 노후화되었다는 점, TSR 운영관리의 비효율성 등이 TSR을 통한 수출입화물 운송의 문제점으로 지적되고 있다.

3) 시베리아 횡단철도 여정

시베리아 횡단철도를 타고 극동 블라디보스토크에서부터 모스크바까지 러시아 대륙을 횡단하는 동안 비즈니스맨들은 러시아의 낭만을 즐길 수 있다. 사계절의 변화 가운데 특히 겨울의 매서운 추위속에서도 가도 가도 끝이 없는 광활한 대지와 은빛 자작나무 숲의 황량하면서도 아름다운 풍경을 감상할 수 있다. 너무 오랜시간 기차속에서 머물러야 하기 때문에 많은 인내가 필요하기도 하다.

시베리아 횡단철도 안에서 책을 읽고, 잠을 자고, 러시아 비즈니스맨들과 대화를 나누다 보면 하바로브스크, 노보르시스크, 이르쿠츠크 등 러시아의 주요 도시를 거쳐 모스크바에 도착하게 된다. 열차 안에서 훈제 생선에 러시아의 상징 보드카를 즐기면서 각 역에서 타고 내리는 러시아인들의 우직한 모습 등을 볼 수 있다. 러시아인들은 우리가 생각하는 딱딱한 이미지와는 달리 매우 순박하다.

04 아시아횡단철도

1) 아시아횡단철도 개요

아시아횡단철도(TAR: Trans Asian Railway)는 유럽과 아시아를 연결하는 철도운송루트이다. TAR 구상은 1960년대부터 시작되었으며, 유럽과 아시아 간 물류 활성화 및 비용 절감을 목적으로 하고 있다. 1992년 제48차 ESCAP 회의에서 아시아육상교통 기반시설 개발계획(ALTID Project: Asian Land Transport Infrastructure Development Project)이 수립되면서 본격적으로 추진되었다.

TAR은 크게 북부노선(동북아시아 지역)과 남부노선(도남아시아 및 서남아시아 지역)으로 나누어진다. 북부노선 5개 노선이 건설 추진되고 있는데 기존의

TSR외에 중국횡단철도(TCR), 만주횡단철도(TMR), 몽골횡단철도(TMGR), 코리아횡단철도(한반도종단철도, TKR) 등이다. 남부노선은 동남아시아 → 방글라데시 → 인디아 → 파키스탄 → 이란 → 터키를 연결하는 노선이다.

2) 아시아횡단철도 운송경로

우리나라 화물 운송과 관련이 깊은 아시아횡단철도(TAR) 북부노선 운송 루트를 살펴보면 다음과 같다. 첫째, 중국횡단철도 TCR(Trans Chinese Railway)의 경로는 중국 연운항(連雲港) → 란저우(蘭州) → 우루무치 → 카자흐스탄 → 러시아 예카테린부르크(TSR)로 이어진다. 둘째, 몽골횡단철도 TMGR(Trans Mogolian Railway)의 경로는 중국 단둥 → 베이징 → 몽골 울란바토르 → 러시아 울란우데(TSR)로 이어진다. 셋째, 만주횡단철도 TMR(Trans Manchurian Railway)의 경로는 블라디보스톡 → 하얼빈 → 러시아 카림스카야(TSR)로 이어진다. 넷째, TKR(Trans Korean Railway)은 한반도를 통과하는 운송루트로서 부산, 광양 → 신의주, 나진 등 경유 → TSR 또는 TCR로 이어진다. 다섯째, TSR(Trans Siberian Railway)은 앞의 시베리아 횡단철도에서 설명한 바와 같다.

코리아횡단철도

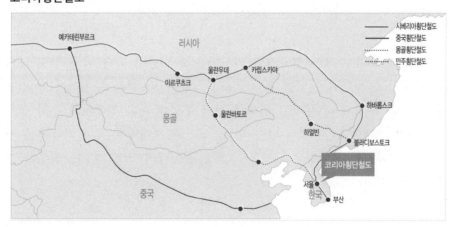

3) 향후 전망 및 과제

ESCAP(아시아 태평양 경제사회 위원회)은 아시아육상교통 기반시설 개발계획(ALTID Project)을 지속적으로 추진하고 있는데, 프로젝트 시작 후 40년이 지났지만 아시아횡단철도(TAR) 북부노선이 아직도 건설단계에 있고 성공적이라고는 할 수 없는 상태이다. 우리나라 입장으로서는 향후 남북간 화해 진전과 함께 코리아횡단철도(TKR)를 건설하는 것이 과제로 남아 있다. 한편 남북도로 철도 연결사업은 개성공단 사업 및 금강산 관광 사업과 함께 "남북 3대 경협 사업"으로 추진되고 있다.

05 북극항로

1) 북극항로 개요

북극항로(NPR: North Pole Route)는 북극해를 통하여 극동과 유럽을 연결하는 운송경로이다. 최근 들어 지구 온난화에 따른 북극해의 해빙으로 상업적 운항이 가능하게 되어 독일, 러시아, 노르웨이 등이 북극항로를 성공적으로 운영하고 있다. 현재 매년 20~30척이 북극항로를 이용하고 있는 것으로 파악되고 있다.

북극항로의 주요 거점국가인 러시아는 2030년이 되면 북극 얼음이 거의 사라지고 2035년이 되면 북극항로가 상용화 될 것으로 예측하고 있다. 다만, 얕은 수심에 따른 사고 위험과 선박 투입에 따른 환경파괴 우려 등은 여전히 해결해야 될 과제로 남아 있다. 농산물 재배와 수출이 가능해질 정도로 따뜻해지면 북극항로가 북반구 해상 물동량의 50% 정도를 점유할 것으로 예측된다.

2) 북극항로 운송경로

북극항로는 운송경로 거리가 짧다는 것이 장점이다. 유럽/극동간 운송경로 거리(부산-로테르담 경로의 경우)를 보면 NPR(북극항로) 12,700km, TSR(시베

북극항로

리아 횡단철도) 13,000km, ALB(아메리카 랜드브리지) 20,000km, 수에즈운하 경유 전구간 해상운송 20,100km, 파나마운하경유 전구간 해상운송 23,000km, 케이프타운경유 전구간해상운송 27,000km 등으로 NPR이 가장 짧은 것으로 나타났다.

극동 유럽간 북극항로의 운송경로는 부산 → 베링해(Bering Sea) → 러시아 무르만스크(Murmansk) → 네덜란드 로테르담(Rotterdam)이다. 그러나 북극해를 항해하려면 여름에도 선박에 쇄빙(碎氷) 장치를 해야 하는 점과 항로·기상 등에 관해서 아직 정확하게 알려지지 않았다는 점 등이 단점으로 지적되고 있다.

3) 북극항로 물류거점 부산항

해양 전문가들은 위치상으로 보아 극동지역의 물류중심지인 부산항이 북극항로의 최대 수혜자가 될 가능성이 높다고 분석하고 있다. 부상항은 극동지역과 유럽간의 무역에서 거리와 시간을 획기적으로 단축시킬 수 있는 지리적 이점이 탁월하다는 것이다. 상하이, 싱가포르, 홍콩 등과 세계물류거점 경쟁을 벌이고 있는 부산항으로서는 북극항로 활성화가 향후 좋은 기회가 될 것으로 보인다.

06 海空복합운송

1) 해공복합운송시스템 개요

해공복합운송시스템(Sea & Air 운송시스템)은 해상운송과 항공운송이 결합된 운송 시스템이다. 해공복합운송시스템의 장점은 전체 해상운송에 비해 운송일수가 단축된다는 점, 전체 항공운송에 비해 운송요금이 절감된다는 점, 항공화물이기 때문에 신속한 통관이 가능하다는 점 등이다.

해공복합운송시스템의 주요 환적항(port of transshipment)은 동아시아지역의 인천, 싱가포르, 블라디보스톡, 미주지역의 시애틀과 LA, 중동지역의 두바이 등이다. 이들 환적항은 자국의 수출물동량을 충분히 확보하고 있는 가운데 항공운송 및 해상운송의 세계적인 물류중심지 역할을 수행하고 있다.

2) 주요 운송경로

주요 경로를 보면 다음과 같다. 첫째, 한국 경유 Sea & Air는 중국항만, 일본항만 → (선박) → 인천항, 부산항, 광양항 → 인천공항 → (항공) → 미국, 유럽이다. 둘째, 북미서해안 경유 Sea & Air는 부산 → (선박) → 시애틀, 밴쿠버, LA → (항공) → 북미동안공항 → (항공) → 유럽, 중남미이다. 셋째, 러시아 경유 Sea & Air는 부산 → (선박) → Vostochny(블라디보스토크) → (항공) → 모스크바, 룩셈부르크, 베를린 → (항공) → 유럽, 중동, 아프리카이다. 넷째, 동남아시아 경유 Sea & Air는 부산 → (선박) → 홍콩, 방콕, 싱가포르 → (항공) → 유럽 각 지역이다.

3) 향후 전망

한국의 Sea & Air 운송은 1980년대 후반 이후 활성화되었다. 이 중 한국의 북미 및 유럽에 대한 Sea & Air 운송화물은 대부분 LA, 시애틀, 밴쿠버로 해상 운송된 후 유럽으로 항공 운송된다. 해양전문가들은 한국의 인천항은 중국 및 일본화물의 Sea & Air 환적항으로서 장점을 가지고 있어 발전가능성이 크다고 분석하고 있다. 그 이유는 중국의 경우 화물의 주목적지인 북미와 유럽지역으로 향하는 중국발 항공편이 부족하기 때문이고 일본은 한국보다 화물 운송료가 비싸기 때문이다.

 차마고도 ••

개요

차마고도(茶馬古道 : Ancient Tea Route)는 중국 서남부의 차(茶)와 티베트의 말(馬)을 교환하기 위해 개통된 육상교역로이다. 티베트는 땅이 척박하기 때문에 야채가 없어 차를 통해 비타민을 섭취하였고 이에따라 티베트인들의 차선호 습성이 생겨났다. 중국 서남부 윈난성(雲南省)·쓰촨성(四川省)의 푸얼차(普洱茶)는 발효차의 일종으로 독특한 향과 색을 가지고 있으며 약용으로도 널리 쓰이는 것으로 알려져 있다. 푸얼차는 티베트인들의 차선호 습성을 충족시킬 수 있어 티베트의 말과 교환되었던 것이다.

교역루트 및 교역품목

차마고도는 실크로드(Silk Road)보다 200여년 앞서 기원전 2세기 이전부터 존재하였던 인류 최고(最古)의 교역로로 일컬어진다. 총길이 약 5,000㎞이며 중국의 당나라 및 송나라 시대 번성하였다. 평균 해발고도가 4,000m 이상의 고사지대에 위치하고 있으며 험준한 설산(雪山)과 수천 ㎞의 아찔한 협곡을 통과하는 길이다.

차마고도를 통한 교역 대상물품은 차와 말 외에 소금, 약재, 금은, 버섯류 등으로 다양했다. 또한 문화와 종교와 지식이 교류되었다. 한편, 차마고도를 통하여 五體投地 수행을 하는 티베트 불교가 티베트에서 중국의 윈난성·쓰촨성 지역으로 전파되었다.

 실크로드 ●

개요

비단길이라고도 불리는 실크로드(Silk Road, Silk Route)는 기원전 2~3세기경 이후 중국과 서역 각국의 정치·경제·문화를 이어준 육지와 바다의 무역교통 루트이다. "Silk Road"라는 용어는 독일의 지리학자 리히트호펜(Richthofen)이 1877년에 처음 사용하였다.

실크로드는 중국 한(漢)나라 시대 장건(張騫)의 중앙아시아 두 차례 원정(기원전 2세기경)을 통해 동서교역로가 세상에 본격적으로 알려지게 되었다. 그리고 이러한 장건의 원정을 계기로 동서양 문물교류가 더욱 활발하게 이루어졌다. 또한 동 원정 이후 처음으로 아라비아를 중심으로 한 서방의 사정이 중국 및 서방의 공식 기록에 나타나게 되었다.

교역루트 및 교역품목

실크로드는 총길이가 짧게는 6,400㎞ 길게는 20,000㎞로 추정된다. 실크로드는 중국 중원지방에서 시작하여 타클라마칸 사막(Takla Makan Dessert), 파미르 고원(Pamir Plateau)을 거쳐, 중앙아시아 초원, 이란 고원을 지나 지중해(Mediterranean Sea)로 연결된다.

실크로드를 통한 교역 대상물품은 중국의 비단(silk)·종이·화약·도자기·양잠, 동남아시아 및 인도의 향신료(spices), 그리고 서방의 보석·유리·융단·玉 등이다. 이러한 교역 대상물품 외에 인도의 불교, 페르시아의 조로아스터교, 아라비아의 이슬람교 등 종교가 실크로드를 따라 중국으로 전파되었다.

PART
02

수출현장
무역실무 실행

CHAPTER 06 무역업의 시작

01 개요

1) 수출인가? 수입인가?

무역업 비즈니스 범위는 크게 수출업자(Export Company), 수입업자(Import Company), 제조수출업자(Manufacturing Company), 국내수출물품 공급업자(Demestic Supplier) 등 4가지 유형으로 분류할 수 있다.

수출업자는 제조시설 없이 화장품, 의류 등 국내 수출물품을 확보하여 수출 비즈니스를 영위하는 회사이다. 수입업자는 프랑스 와인, 독일 자동차 등 외국 상품을 수입하여 수익을 얻기 위하여 수입 비즈니스를 영위하는 회사이다. 제조수출업자는 자기가 직접 만든 제품을 수출하는 회사로서 우리나라 삼성, 현대 등 대기업 등이 여기에 해당된다. 국내 수출물품 공급업자는 자기가 만든 제품을 직접 수출하지 않고 국내 수출업자에게 그 제조 물품을 공급하는 회사이다.

2) 법인인가? 개인인가?

무역업 창업시 법인으로 할 것인가, 또는 개인으로 할 것인가? 다음 여섯 가지 측면에서 유리한 점과 불리한 점을 고려할 수 있다. 창업자의 성장 가능성, 자금조달 측면 등을 고려하여 결정하면 될 것이다.

첫째, 사업주체에서 개인기업은 대표 개인이 사업 주체이지만, 법인기업은 법인대표가 아닌 법인이 사업 주체가 되며 이사회, 주주총회 등을 통하여 업무가 이루어진다. 둘째, 설립절차의 경우 개인기업은 철차가 용이하지만 법인기업은 정관, 법인등기, 자본금 등 복잡한 절차가 필요하다. 셋째, 성장 가능성 면에서는 개인기업에 비하여 법인기업이 우수한 인재나 투자 자금 확보가 쉬워 상대적으로 유리하다. 넷째, 자금조달 면에서도 법인기업이 개인기업보다 신용도가 높고 대외적인 공신력이 높기 때문에 법인기업이 유리하다. 다섯째, 채무책임의 경우 개인기업은 대표가 모든 책임을 져야 하지만 법인기업은 출자한 지분의 한도 내에서 책임을 지면 된다. 여섯째 세금부담 면에서는 일반적으로 개인기업보다 법인기업이 더 많은 혜택을 누린다.

3) 업종 선정

수출업자는 업종을 선정할 때 해외시장에서 경쟁력 있는 분야를 파악하는 것이 중요하다. 1964년 우리나라가 수출 1억 달러를 달성했을 때 경쟁력 있는 주요 수출품목은 오징어, 텅스텐, 生絲, 무연탄, 철광석 등으로 주로 원자재가 중심이었다. 지금 한국무역의 위상을 생각하면 격세지감이 있다.

최근에는 한류영향으로 K-소비재 제품이 경쟁력을 가지고 있다. K-Food(김, 라면, 파프리카), K-Beauty(화장품, 가발), K-Bio(페니실린 등 의약품), K-Fashion(신변장식품, 가방 및 벨트), K-Life(비누, 치약, 샴푸), K-Sports(골프공, 볼링용구) 등이다. 또한 2020년 코로나 팬데믹(Corona Pandemic) 시대에는 우리나라의 진단키트, 손소독재, 마스크 등 의료용품이 해외에서 인기가 있고 경쟁력 있는 품목이다.

무역업 창업시 고려해야 할 사항

수출인가? 수입인가?	• 무역업 비즈니스 범위 설정 • 수출업자, 수입업자, 제조수출업자, 국내수출 물품 공급업자 등 4가지 유형
법인인가 개인인가?	• 유리한 점, 불리한 점 고려하여 결정 • 비즈니스성장 가능성, 자금 조달 등 고려
업종선정	• 해외시장에서 경쟁력 있는 분야 선정 • K-소비재(K-Food, K-Beauty, K-Fashion 등)

02 무역회사의 창업

1) 무역업 창업 절차

수출이든 수입이든 무역 비즈니스를 시작하려면 먼저 무역업을 창업하여야 한다. 일반적으로 무역업 창업절차는 시장조사 및 업종선정 단계, 인허가 단계, 공장설립 단계 등 3단계로 분류하여 설명할 수 있다.

첫째, 시장조사 및 업종선정 단계이다. 국내시장(domestic market)뿐만 아니라 세계시장(world market), 그리고 세계공급망(global supply chain) 현황 등을 조사 분석하고 사업 타당성 검토를 수행한다. 그리고 여기서 얻은 정보를 바탕으로 업종을 선정한 후 이에 대한 사업계획을 수립한다.

둘째, 인허가 단계이다. 해당 업종을 담당하는 관청에서 사업 인·허가를 받는다. "개인" 또는 "법인" 형태로 사업주체를 결정하여 해당관청에 등록 또는 등기를 해야 한다. 개인기업의 설립절차는 법인에 비해 간단하여 사업장을 관할하는 세무서에 사업자등록 신청서를 제출하고 사업자등록증을 교부 받으면 된다. 주식회사 등 법인의 경우는 관할 지방법원이나 등기소에 설립등기를 한 후 관할 세무서에 법인설립신고를 해야 한다.

셋째, 공장설립 단계이다. 제조수출업자의 경우 공장설립이 필요하다. 먼저 사업계획 수립단계부터 설립하고자 하는 공장의 업종·규모 등에 대해 충분히 검토한 후에 공장입지를 결정한다. 공장입지는 각 지방자치단체의 기업지원 내용, 경제자유구역(FEZ) 제도 등을 심층적으로 분석하여 결정한다. 그리고 관계법령에 맞추어 공장설립신고 등 설립절차를 이행한다.

2) 무역업고유번호

우리나라는 2000년 무역업 완전자유화 조치 이후 사업자등록증만 있으면 누구나 무역업을 할 수 있게 되었다. 그런데 무역업 자유화 조치를 하였지만 무역업자에 대한 효율적인 관리가 필요하기 때문에 우리나라는 무역업고유번호 제도를 운영하고 있다. 무역업고유번호란 전산관리체제의 개발·운영을 위하여 공공기관(한국무역협회에 위임)이 부여하는 번호를 의미한다.

법규내용을 보면 산업통상자원부 장관은 대외무역법 시행령 제21조 및

무역업고유번호신청서

APPLICATION FOR TRADE BUSINESS CODE

		처리기간(Handling Time)
		즉 시(Immediately)

① 상 호 (Name of Company)			
② 주 소 (Address)			
③	전화번호 (Phone Number)	④ 이메일주소 (E-mail Address)	
	팩스번호 (Fax Number)	⑤ 사업자등록번호 (Business Registry Number)	
⑥ 대표자 성명 (Name of Rep.)			

「대외무역법 시행령」 제21조 제1항 및 대외무역관리규정 제24조에 따라 무역업고유
번호를 위와 같이 신청합니다.

I hereby apply for the above-mentioned trade business code in
accordance with Article 24 of the Foreign Trade Management Regulation.

신청일 :   년   월   일

Date of Application   Year   Month   Day

신청인 :   (서명)

Applicant   Signature

사단법인 한국무역협회 회장

Chairman of Korea International Trade Association

유의사항: 상호, 대표자, 주소, 전화번호 등 변동사항이 발생하는 경우 변동일로부터 20일 이내에
통보하거나 무역업데이터베이스에 수정입력하여야 함.

제22조의 규정에 의한 전산관리체제의 개발·운영을 위하여 무역거래자별 고
유번호(무역업 고유번호)를 부여할 수 있다. 그리고 무역업고유번호를 부여받으
려는 자는 한국무역협회장에 신청하여야 하며 한국무역협회장은 접수 즉시
신청자에게 무역업 고유번호를 부여해야 한다. 무역업 고유번호 부여 신청은

무역업자 의무사항은 아니다. 그러나 무역업자 입장에서 볼 때 무역업고유번호를 부여받으면 한국무역협회에 등록되고 무역관리 측면에서 국가의 관리 및 지원을 받기 때문에 고유번호 부여 신청(신청비 무료)하는 것이 좋다. 무역업고유번호는 한국무역협회 본부 및 각 지역본부에 신청하며 무역업체의 소재지와 관계없이 편리한 지역에서 신청할 수 있다.

03 영업이익률 및 수출입 원가항목

1) 기업의 영업이익률

기업의 영업이익(profit)은 매출액(revenue)에서 매출원가(cost)를 뺀 것이다. 또한 기업의 영업이익률은 영업이익을 매출액으로 나눈 값이다. 기업은 매출액을 높이는 것이 중요지만 결국 영업이익률을 높이는 것이 최종 목표가 될 것이다.

매년 발행하는 한국은행 기업경영분석 자료에 따르면, 우리나라의 제조업 영업이익률은 5% 내외를 기록하고 있다. 삼성, 애플, 구글 등 글로벌 기업의 영업이익률은 10% 이상으로 매우 높은 편이지만 대부분의 중소 무역회사들의 영업이익률은 5% 내외수준으로 낮은 편이다. 따라서 무역업자 입장에서는 수출입 원가항목이 무엇인지 잘 파악해서 효율적인 비용절감을 하는 것이 매우 중요하다.

2) 수출입 원가항목

무역업 비즈니스 범위 결정, 무역업 창업, 무역업고유번호 부여 단계 이후 고려해야 할 사항은 수출입 원가항목에 어떠한 것들이 있는지 살펴보는 것이다. 수출입 원가는 크게 분류하면 물품대금, 수출입부대비용, 기타 원가항목으로 구성된다.

물품대금은 수출의 경우 물품 제조원가를 의미하며 수입은 선하증권을 수취하기 위해 은행에 결제하는 금액을 의미한다. 그리고 수출입 부대비용은 물류비용, 결제비용, 행정비용 등으로 구성되어 있다. 기타 비용은 대리점 수

수출입 원가항목

항목	수출원가	수입원가
물품대금	① 원자재투입비용(재료비) ② 노무비, 관리비, 세금 ③ 검사비용, 포장비용 ④ 제조자의 이익 등	- 수입결제대금 (B/L 결제대금)
물류비용	① 내륙운송비 ② 해상운송비 ③ 창고료, 보관료, THC 등 ④ 해상보험료 ⑤ 화재보험료 등	① 해상운송비 ② 내륙운송비 ③ 창고료, 입항료, 하역료, THC 등 ④ 해상보험료 ⑤ 화재보험료 등
결제비용	① 신용장통지 수수료 ② Local L/C 개설 수수료 ③ 환가료, Delay charge 등 ④ 환차손익	① 신용장개설 수수료 ② L/G charge ③ Usance 이자 등 ④ 환차손익
행정비용	① 수출추천, 인증비용 ② 수출통관비용 ③ 허가비용, 제증명료 ④ 인지 대금 및 서류 확보비용 등	① 수입제세(관세, 내국세) ② 수입추천, 인증비용 ③ 수입통관비용 ④ 선적전 검사비용, 검정료 등
기타 원가항목	① 수출자의 이익 ② 대리점 수수료/중개수수료 ③ 견본비용 ④ 통신비용 등	① 이자 : 재고이자, 여신이자 ② 대리점 수수료/중개수수료 ③ 통신비용 등

수료, 통신비용 등이다. <수출입 원가항목> 표에는 수출원가, 수입원가의 구체적인 항목이 제시되어 있다.

04 수출절차 이해하기

우리 회사가 만든 상품의 수출절차를 개괄적으로 생각해 보자. 수출입대금 결제방식에는 신용장방식, 송금방식, 추심방식 등이 있다. 이 중에서 어떠한 방식으로 결제하느냐에 따라서 수출절차도 달라진다. 실무적으로 표준이 되는 대금결제 방식인 신용장방식(L/C)에 의한 수출절차를 살펴보면 아래와 같다.

1) 해외바이어 찾기

우선 목표시장(target market)을 설정하여 시장조사를 한 다음 자기 상품에 맞는 적합한 바이어를 선정하는 과정이다. 목표시장은 중국, 미국, 일본, EU, 인도, 아세안 등 주요 무역상대국이 우선적으로 대상이 될 수 있으며 시장세분화(market segmentation), SWOT(Strength, Weakness, Opportunity, Threat) 분석 등을 통하여 선정한다.

해외바이어를 찾는 방법은 e-마켓플레이스(e-market place) 활용, 해외기업 디렉토리 활용, 해외 유명전시회 참가, 한국무역협회(KITA) 및 KOTRA 등의 해외시장개척사업 참가, 언택트 수출상담회 참가 등을 통하여 추진할 수 있다.

2) 수출계약 체결

목표시장과 해외바이어가 선정되면 다음단계는 수출계약 체결단계이다. 거래제의(business proposal)와 여러 차례에 걸친 셀러와 바이어간 오퍼 및 승낙(offer and acceptance)의 과정을 통하여 수출계약(sales contract, export contract)을 체결한다.

일반적으로 수출계약(무역계약)에는 품질조건(Terms of Quality), 수량조건(Terms of Quantity), 가격조건(Terms of Price), 결제조건(Terms of Payment), 선적조건(Terms of Shipment), 보험조건(Terms of Insurance), 포장조건(Terms of Packing), 중재조건(Terms of Dispute Settlement) 등 8가지 조건이 있으며 앞 5가지를 기본조건(필수조건)이라 한다.

3) 수출신용장 접수

수출계약이 신용장 결제방식인 경우에는 상대국 바이어의 거래은행이 신용장(L/C)을 개설한다. 수출자(신용장상의 수익자)는 신용장이 도착하면 수출자 거래은행인 통지은행(Advising Bank)을 통하여 신용장을 입수한다.

이때 검토할 사항은 ① 수출계약 내용과의 일치 여부, ② 취소불능신용장(Irrevocable L/C)인지의 여부, ③ 개설은행(Issuing Bank)의 신용상태, ④ 특수조건 및 이행에 지장을 초래할 수 있는 내용 및 서류요구 사항 검토, ⑤ 지급확약문구, ⑥ 오탈자 여부, 단가와 합계의 정확여부 등이다. 잘못된 부분이 있으면 곧바로 수정을 요구한다.

4) 수출승인

우리나라의 경우 수출물품 대부분은 제한 없이 수출할 수 있다. 그러나 수출대상 물품이 대외무역법의 수출입공고상으로 수출금지 품목이나 수출제한 품목일 경우에는 해당 기관이나 단체로부터 수출승인(E/L)을 받아야 수출할 수 있다. 또한 통합공고상으로 수출이 규제되고 있는 품목인 경우에도 해당 기관으로부터 수출요건 확인을 받아야 한다.

해당 물품이 2개 이상의 법령에 관련되어 요건기관이 2개 이상이면 요건기관마다 확인을 다 받아야 수출할 수 있다. 수출입공고나 통합공고에 의한 제한이나 규제 대상 품목이 아닌 대부분의 품목들은 수출승인이나 수출요건 확인이 필요 없다.

5) 수출물품의 조달 및 무역금융 이용

수출물품을 조달하는 방법은 당해 제품을 자체 생산하거나 국내에서 당해 제품의 완제품을 구매하는 방법이 있다. 이때 수출물품 조달에 필요한 자금을 지원(융자)하는 제도가 일반수출입금융이라는 무역금융제도이다.

일반수출입금융은 물품, 곧 재화의 수출을 촉진하기 위하여 수출업자 및 수출품 생산업자를 융자대상으로 하여 수출상품의 선적 전에 필요한 제반 소요자금을 지원하는 원화자금대출제도이다. 일반수출입금융의 종류로는 생산자금, 원자재구매자금 및 원자재수입자금이 있다. 생산자금은 수출품 또는 수출용원자재를 직접 제조·가공하는 데 필요한 자금이고, 원자재구매자금 및 원자재수입자금은 수출용 원자재를 국내에서 구매하거나 해외로부터 수입하는 데 필요한 자금을 말한다.

수출절차 흐름

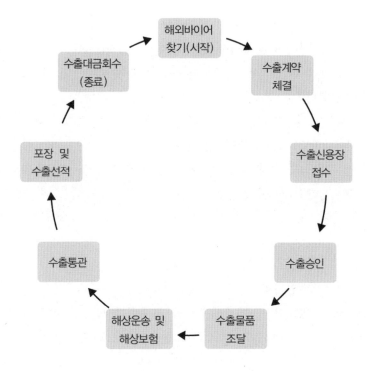

6) 해상운송 및 해상보험 계약 체결

수출물품이 확보되면 해상운송 및 해상보험 계약을 체결한다. 먼저 가격
조건(Terms of Price)이 CFR(Cost And Freight), CIF(Cost Inwurance and Freight),
CPT(Carriage Paid To), CIP(Carriage And Insurance Paid To) 조건 수출의 경우에
는 수출자가 해상운송 계약 또는 해상보험 계약을 체결하여야 한다.

CFR, CPT 조건 수출의 경우에는 수출자가 물품 선적 선박을 수배하여
선박회사 또는 포워더(Forwarder)와 해상운송 계약을 체결한다. 또한 CIF, CIP
조건 수출의 경우에는 상기 해상운송 계약에 더하여 수출자자 해당 수출물품
에 대하여 해상보험회사와 해상보험 계약을 체결한다.

7) 수출통관

어느 나라든 수출입 물품이 해외로 나가거나 국내로 들어오는 시점에서 일정한 규칙을 정하여 운영하고 있다. 수출입 통관(customs clearance)이란 관세법의 규정에 의한 절차를 이행하여 물품을 수출·수입 및 반송하는 것(관세법 2조)을 말한다.

수출자는 수출품에 대하여 수출물품 통관 세관에 수출신고를 하고(대부분의 경우 관세사 경유) 수출신고필증을 받는다. 수출신고 시 구비서류는 ① 수출신고서 ② 수출승인서(해당되는 경우에만) ③ 상업송장 및 포장명세서 ④ 기타 수출통관에 필요한 서류 등이다.

8) 포장 및 수출선적

수출자는 수입자와 상호 약속한 포장조건(Terms of Packing), 화인(Shipping Mark) 약정에 따라 수출상품을 포장한다. 화인은 상품의 식별이 가능하도록 포장 외장에 주화인, 목적지 등을 기호, 번호 등으로 표시한 것을 말한다.

한편, 수출자는 수출신고 수리일로부터 30일 이내에 해당 수출물품을 선적하여야 한다. 그리고 해상운송 계약을 체결한 선박회사의 선박에 수출물품을 선적하고 그 선박회사로부터 선하증권(B/L)을 발급받아 수출대금의 회수(Nego) 준비를 한다.

9) 수출대금 회수

수출자가 수출대금을 회수하는 절차이다. 수출자가 신용장조건에 기재되어 있는 선적서류들을 구비하고 환어음을 발행하여 수출신고필증과 수출환어음 매입신청서를 첨부하여 수출자의 거래은행에 제시하면 은행은 서류가 신용장 조건과 일치하는지의 여부를 조사하고 이상이 없으면 이들 서류를 매입하고 수출대금을 수출자에게 지급한다.

이를 은행 입장에서 보았을 때 신용장의 매입(Negotiation: Nego)이라 한다. 만약 수출자가 무역금융을 받은 경우에는 이를 공제하고 지급한다. 이로써 수출자는 수출대금을 회수하게 되며 수출자의 서류를 매입한 수출자의 거래은행은 매입은행이 된다.

10) 관세환급

관세환급제도는 우리나라 수출지원제도 중의 하나이며 수출물품에 포함된 수입원자재의 관세납부 금액을 환급받는 절차이다. 수출자가 수출품 제조용 원자재를 해외에서 수입하여 그 수입신고수리일로부터 2년 이내에 수출한 경우에 관세환급 대상이 된다.

수출자는 원자재 수입 시에 납부한 관세와 부가가치세 및 기타 내국소비세 등을 정액 또는 개별환급 방법으로 수출신고수리일로부터 2년 이내에 세관에 신청하여 환급받을 수 있다. 그리고 부가가치세는 이와는 별도로 관할세무서로부터 부가가치세 예정신고 기한일로부터 10일 이내에 환급받는다.

05 수입절차 이해하기

수입절차를 개괄적으로 생각해 보자. 수입은 내수용 수입과 수출용원재재 수입으로 대별할 수 있다. 즉, 프랑스 와인을 수입하여 국내 비즈니스 하고자 하는 경우는 내수용 수입이고, 수출상품 티셔츠를 만들기 위해 원부자재를 중국으로부터 수입하는 경우는 수출용원재재 수입이다. 실무적으로 표준이 되는 대금결제 방식인 신용장방식(L/C)에 의한 수입절차를 살펴보면 아래와 같다.

1) 수입계약 체결

수입자는 해외시장조사 후 자기 비즈니스에 맞는 수입대상국가 및 외국의 물품 공급업자(예를 들면, 프랑스 와인 수출자, 중국의 티셔츠 수출자)를 찾아내서 수입제의(business proposal)를 한다.

그리고 그 외국의 물품 공급업자로부터 직접 혹은 그의 국내 대리점을 통하여 오퍼(offer sheet, 물품매도확약서)를 받는다. 오퍼 검토 후 이상이 없으면 그것을 수락하여 상호간 수입계약을 체결한다. 그리고 무역계약의 기본조건 등을 확인한 후 상호 서명한다.

2) 수입승인

우리나라는 지속적인 수입자유화로 거의 대부분 품목을 제한 없이 수입할 수 있다. 그러나 수입하고자 하는 물품이 수출입공고상으로 수입제한 품목이면 그 해당 수입요령에 규정되어 있는 기관, 단체의 장으로부터 수입승인(I/L)을 받아야 하며, 특별법에 의한 통합공고상으로 수입요건확인품목으로 되어 있으면 통합공고상의 요건확인 기관에 수입요건 확인신청을 하여 수입요건 확인서를 발급받아야 한다.

해당물품이 2개 이상의 법령에 관련되어 요건기관이 2개 이상이면 요건기관마다 확인을 다 받아야 수입할 수 있다. 수입승인의 유효기간은 1년이다. 대부분의 품목은 이와 같은 수입승인이나 수입요건 확인의 대상으로 규정되어 있지 않아 수입승인이나 수입요건 확인 절차가 필요 없다.

3) 수입신용장 개설

수입대금 결제방식이 신용장 방식인 경우, 수입자(신용장상의 applicant)는 수입계약서의 내용과 일치하도록 수입신용장(L/C) 개설신청서를 작성하여 자신의 거래은행(외환거래약정을 체결한 은행)에 수입신용장 개설신청을 한다.

수입자가 수입신용장 개설신청을 하면 거래은행(opening bank)은 신용장을 개설하여 자행의 해외 환거래은행(환거래계약을 체결한 외국은행)을 통하여 신용장을 수출자에게 통지해준다. 이때 수입자의 거래은행은 개설은행(issuing bank)이 되고 개설은행의 해외 환거래은행은 통지은행(advising bank)이 된다.

4) 대금결제 및 선적서류 인수

수입대금을 지급하는 절차이다. 수출자 거래은행(매입은행)은 수출자

(beneficiary)로부터 환어음과 선적서류(B/L, commercial invoice 등)를 매입(negotiation)하고 수입자 개설은행에 환어음과 선적서류를 보낸다.

수입자 개설은행은 도착한 선적서류가 신용장 조건과 일치하는가의 여부를 심사하고 일치하면 수입자에게 선적서류 도착 사실을 통지해준다. 수입자는 서류를 검토하여 이상이 없으면 개설은행에 대금을 결제하고 선하증권(B/L) 선적서류를 인수한다.

5) 수입통관

최종적으로 수입물품을 인수하는 단계이다. 수입자는 개설은행으로부터 받은 서류 중에서 선하증권(B/L) 원본을 선박회사에 제출하고 선박회사로부터 화물인도지시서(D/O: Delivery Order)를 받는다. 그리고 관세사 등에게 수입통관을 의뢰하여 보세구역 반입 후 30일 이내에 세관에 수입신고를 한다. 그리고 FTA 관세혜택 여부를 확인한 후 관세를 납부하고 세관으로부터 수입신고필증을 교부받는다.

6) 수입물품 인수

수입자는 선박회사의 화물인도지시서(D/O)와 세관의 수입신고필증을 수입물품이 보관되어 있는 보세장치장에 제시하고 수입물품을 인수한다. 인수한 수입물품에 손상과 수량부족 등의 문제가 발견되면 그 원인을 조사하여 그 결과에 따라서 선박회사, 보험회사, 수출자 등에게 클레임(Claim)을 제기한다. 그리고 수입물품의 국내 비즈니스가 좋은 수익이 나면 외국의 수출자와 독점판매점 계약(Exclusive Contract)을 추진한다.

수입절차 흐름

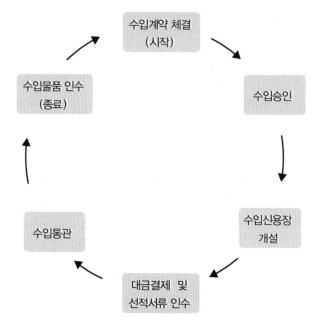

CHAPTER 07 해외시장조사 및 바이어 찾기

01 해외시장조사

1) 의의

해외시장조사(Oversea Market Research)는 세계시장(World Market), 즉 세계 각국을 조사하여 수출자(seller)의 상품에 가장 적합한 시장, 즉 우리 회사가 만든 제품이 현지에서 경쟁력을 갖추고 판매할 수 있는 시장을 골라내는 것을 말한다.

그러면 전 세계 국가들은 얼마나 많을까? UN 회원국은 193개국이며, WTO 회원국은 164개국, 세계은행(World Bank) 회원국은 189개국, 그리고 한국무역협회 무역통계에 잡히는 수출대상 지역은 250개국에 달한다. 이 많은 나라 중에서 내가 만든 상품이 통할 수 있는 국가를 선정하는 것이 해외시장조사의 목표이다.

해외시장조사 요약

의의	• 수출자의 상품에 가장 적합한 시장을 찾는 것 • WTO 회원국 164개국 / 무역협회 무역통계 250개국
분석기법	• 시장 세분화(market segmentation) 방법 • SWOT 분석 기법
조사내용	• Target Market의 정치, 경제, 사회 환경 • Target Market의 소비자, 현지유통에 관한 사항
정보는 어디에서?	• 국내: 한국무역협회, KOTRA • 해외: IMF, WTO, UNCTAD, USDOC, CCPIT

2) 분석기법

먼저 시장 세분화(market segmentation) 방법이 있다. 수요자층을 다음 네 가지 방법으로 구분하여 세계시장을 조사한다. 첫째, 지역적 세분화(Geographic Segmentation)로 지역을 국가, 대도시, 농촌 등으로 구분하여 조사한다. 둘째, 인구학적 세분화(Demographic Segmentation)로 소비자를 나이, 성별, 직업 등으로 구분하여 조사한다. 셋째, 행동패턴 세분화(Behavioral Segmentation)로 구매자의 상품에 대한 행동 및 지식 등을 조사한다. 넷째, 심리학적 세분화(Psychographic Segmentation)로 소비자의 개성, 태도, 라이프스타일 등을 조사한다.

다음으로 SWOT 분석 기법이 있다. 수출대상국가 시장진출 측면에서의 강점(Strength), 약점(Weakness), 기회(Opportunity), 위협(Threat) 요인을 조사하여 이를 토대로 SO전략(강점-기회전략), ST전략(강점-위협전략), WO전략(약점-기회전략), WT전략(약점-위협전략) 등 해외시장 진출전략을 수립하는 기법이다. 세계 주요 각국을 SWOT 방법을 통하여 분석하고 이를 토대로 목표시장(Target Market)을 선정할 수 있다.

3) 조사내용

첫째, 목적시장(Target Market)의 정치적 환경, 경제적 환경, 사회적 환경 등을 조사한다. 예를 들면 코로나 사태에 따른 세계 각국의 국제통상정책 변화, 미국 바이든 행정부의 경제통상정책, 유럽 PIGS(Portugal, Italy, Greece, Spain)의 재정적자 문제, 중국의 일대일로 정책, 중국과 미국의 국제통상분쟁 동향 등이다.

둘째, 목적시장(Target Market) 소비자에 관한 사항을 조사한다. 소비자의 소득별 분포, 브랜드에 대한 선호도 등을 조사한다. 예를 들면 중국의 1인당 GDP는 1만 달러 수준이지만 상해, 북경지역은 2~3만 달러 수준으로 평가된다. 또한 미국 소비자는 소득수준에 따라 서민층(Budget 그룹), 중산층(Moderate 그룹), 상류층(Better그룹), 고소득층(Bridge 그룹) 등으로 분류된다는 점에 유의하여 시장조사를 한다.

셋째, 현지유통에 관한 사항을 조사한다. 현지 유통과정, 서비스 및 판매망 등을 조사한다. 예를 들면 일본 유통구조는 복잡하고 계열화되어 있으며 유통경로가 길다는 특징을 가지고 있다. 이러한 유통구조의 영향으로 우리나라 현대자동차의 승용차, 삼성전자의 스마트폰 등의 일본진출이 어려운 것이 사실이다. 따라서 이러한 유통구조의 특이점을 극복하지 못하면 일본시장 진출이 어렵다는 점을 알아야 한다.

4) 어디에서 정보를 찾는가?

국내외 주요기관의 웹사이트(website)에서 세계 주요국의 국가정보, 국별무역통계, 국별 시장특성, 외국인투자환경, 수입규제동향, 관세정보 등을 파악할 수 있다. 이들 기관들은 또한 매년 연간 보고서(annual report)를 발간하므로 이 보고서를 참고하면 된다.

국내에서는 대한무역투자진흥공사(KOTRA), 한국무역협회(KITA), 한국수출입은행(Koreaexim), 한국농수산식품유통공사(aT) 등 무역관련기관에서 국가정보, 세계주요국 무역통계, 주요국의 FTA 체결현황, 주요국의 수입규제동향, 농수산식품 수출입동향 등의 정보를 얻을 수 있다.

해외에서는 국제경제기구인 IMF(국제통화기금)에서 세계경제통계(world economic outlook database), WTO(세계무역기구)에서 세계무역통계(world trade statistics), UNCTAD(국제연합무역개발협의회)에서 세계직접투자정보(World Investment Report), CIA(미국 중앙정보부)에서 국가정보(world factbook) 등을 입수할 수 있다. 미국의 DOC(상부무), 일본의 JETRO(일본무역진흥기구), 중국의 CCPIT(중국국제무역촉진위원회) 등에서 국가정보, 무역통계 등의 정보를 얻을 수 있다.

02 e-마켓플레이스 활용 바이어 찾기

1) e-마켓플레이스란 무엇인가?

e-마켓플레이스(e-Market Place)란 쉽게 말하면 인터넷에서 제공되는 거래알선 사이트를 말한다. ETOs(Electronic Trading Opportunities) 사이트라고

도 한다. 해외바이어 정보, 인콰이어리(Inquiry), 상품 카탈로그 및 기업 디렉토리 등을 검색하거나 자사의 정보 등을 등록할 수 있다. 또한 오퍼타입(Buy/Sell)별, 품목별 및 업체별 등 다양한 형태로 검색이 가능하다.

이러한 e−마켓플레이스를 활용하여 초보 수출자의 바이어 찾기 및 공급자 선정(finding buyer & seller), 그리고 수출계약(sales contract) 체결이 가능하다. 대표적인 국내 e−마켓플레이스로는 한국무역협회 트레이드코리아(Trade Korea)와 KOTRA 바이코리아(Buy Korea), EC21의 ec21.com 등이 있으며, 유명 해외 e−마켓플레이스로는 알리바바닷컴(Alibaba.com)과 아마존닷컴(Amazon.com)이 있다.

2) 한국무역협회 트레이드코리아

트레이드코리아(Trade Korea)는 우리나라의 대표적인 민간 무역기관인 한국무역협회가 운영하는 글로벌 B2B(Business to Business) e−마켓플레이스(www.tradekorea.com)이다. 한국무역협회 회원사의 온라인 글로벌 시장 개척을 지원하고 국내 수출중소기업과 해외기업과의 거래를 활성화하기 위한 e−Marketplace이다. 수출입상품 찾기(product search), 온라인 수출입거래(online trade transaction) 등이 가능하며 글로벌 무역의 e−비즈니스 시대를 선도한다.

영어, 중국어, 일본어, 러시아어, 스페인어, 포르투갈어, 한국어 등 7가지 언어로 운영되고 있다. Trade Korea의 장점은 한국무역협회만이 가지고 있는 무역업 회원 정보를 자유롭게 활용할 수 있다는 점이다. 또한 한국무역협회는 국내외 B2B e−마켓플레이스(marketplace) 및 전 세계 무역진흥기관과의 협력을 통해 온라인 및 오프라인 해외 마케팅 지원 서비스를 제공한다.

3) KOTRA 바이코리아

바이코리아(Buy Korea)는 우리나라 대표적인 공공 무역기관 KOTRA가 운영하는 글로벌 B2B e−마켓플레이스(www.buykorea.org)이다. 우리나라 무역업체를 전세계 바이어와 연결해주기 위해 한국 상품의 해외홍보, 해외 구매정보, 온라인 거래대금결제, EMS 국제 배송 할인 등의 서비스를 제공한다.

우리나라 중소기업의 해외마케팅 지원을 위한 원스탑 온라인 수출마케팅 솔루션이라고 말할 수 있다.

KOTRA Buy Korea의 장점은 해외 84개국에 설치된 127개 KOTRA 해외무역관이 확보하고 있는 각국의 해외바이어 정보를 활용할 수 있다는 점이다. 바이코리아에 상품을 등록하면 구글(Google), 야후(Yahoo) 등 해외에서 주로 이용하는 유명 검색엔진에 보다 잘 노출되어 해외바이어로부터 많은 인콰이어리(Inquiry)를 수신할 수 있다.

4) 알리바바닷컴

중국 알리바바그룹의 알리바바닷컴(Alibaba.com)은 웹 포털을 기반으로 C2C(Customer to Customer), B2C(Business to Customer) 및 B2B(Business to Business)의 전자상거래 서비스를 제공하고 있다. 알리바바닷컴(alibaba.com)은 세계 최대의 글로벌 e-마켓플레이스(www.alibaba.com)이다. 중국 항저우에 본사가 있으며 설립자는 영어 교사였던 마윈(馬雲/Jack Ma)이다.

알리바바닷컴은 중국 전자상거래 시장의 약 80%를 차지하고 있으며 240여 개 국가에서 5천만 명 이상의 회원을 보유하고 있다. 한편, 미국의 블랙프라이데이(Black Friday)처럼 최고의 쇼핑시즌을 의미하는 중국의 광군제(매년 11월 11일)는 알리바바가 운영하는 인터넷쇼핑몰 타오바오(Taobao)가 주최하고 있다.

5) 아마존닷컴

미국의 아마존닷컴(Amazon.com)은 C2C(Customer to Customer), B2C(Business to Customer), B2B 등의 전자상거래 서비스를 제공한다. 알리바바닷컴(alibaba.com)과 함께 글로벌 e-마켓플레이스(e-Market Place)의 양대 산맥이다. 아마존은 세계 시가총액 순위 1~4위에 오르내리며, 글로벌 100대 브랜드(Global Best Brand) 세계 2위(애플, 세계 1위)로 세계 최고의 글로벌 기업이다.

1994년에 인터넷 서점으로 시작했으며 미국 본사는 워싱턴주 시애틀(Seattle)에 있다. 역시 시애틀에 본사가 있는 마이크로소프트(Microsoft)처럼 실리콘 밸리 밖에 본사를 둔 몇 안 되는 글로벌기업이다. 비즈니스 범위에서 알리바바닷컴은 B2B에 중점을 두는 데 비해 아마존닷컴은 B2C에 중점을 두고 있는 것으로 평가된다.

Trade Korea 메인페이지

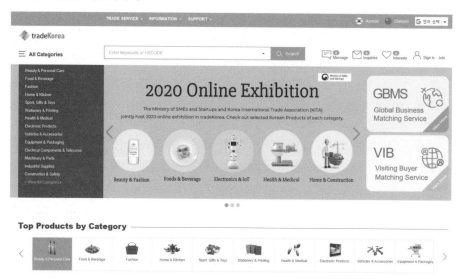

Alibaba.com 메인페이지

Buy Korea 메인페이지

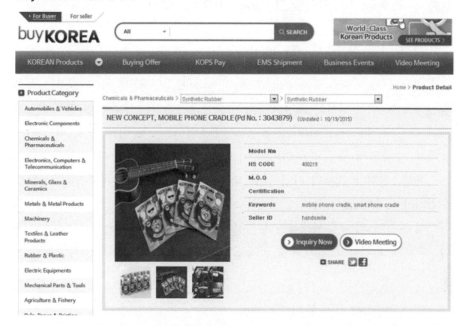

Amazon.com 메인페이지

03 디렉토리 및 카탈로그 활용 바이어 찾기

1) 인터넷 웹 디렉토리

인터넷 웹 디렉토리(Internet Web Directory)는 인터넷으로 제공하는 무역업체 주소록이다. 대부분 해당국가의 수출유관기관이나 수출입협회, 수출입단체 등에서 무료로 제공하고 있다. 정보 내용이 협회 및 단체 소속 회원의 제조업체, 수출업체 위주로 구성되어 있어 초보 무역업자에게 대단히 유용하다.

한편, 협회나 단체가 아닌 민간 영리기업에서 제공하는 품목별 유통업자, 수입업자 등 무역업체 정보는 대부분 유료로 운영되고 있다. Kompass사는 프랑스에 본부가 있는데 세계적인 무역업체 정보 제공 회사(www.kompass.com)이다. 유료로 운영하고 있으며 한국에도 지사(Kompass Korea)가 있다.

2) CD-ROM 디렉토리

CD-ROM 디렉토리(CD-ROM Directory)는 CD-ROM으로 만들어진 무역업체 주소록이다. 국가별, 영업 형태별(제조, 유통, 수출입), 품목별, 종업원별, 매출액별 등 다양한 검색 기준을 이용하여 희망하는 업체를 찾을 수 있다.

한국무역협회, KOTRA 등에서는 Kompass, Dialog, EURO Page 등 해외무역 유관기관을 통해 구입한 CD-ROM 디렉토리를 비치하여 국내 무역업체를 대상으로 하여 해외무역업체 주소록 서비스를 제공하고 있다.

3) PPT 카탈로그

해외마케팅용 PPT 카탈로그(PPT Catalogue)는 무역업체가 직접 수정 및 보완이 가능하도록 전문 인쇄디자인업체가 파워포인트(PPT)로 제작한 카탈로그이다. 무역업체는 해외바이어 찾기 홍보용으로 PPT 카탈로그를 수정 변형하여 자기회사 자기상품 특성에 맞추어 이를 사용할 수 있다.

한국무역협회는 신규 가입 회원사 및 내수기업의 수출기업화 지원 사업 선정업체를 대상으로 하여 해외마케팅용 PPT카탈로그를 무료로 제작 지원한다. 영어, 중국어, 일본어 등으로 제작이 가능하다. 외국어 능력이 어려운 초보 무역업체에게는 아주 좋은 바이어 찾기 방법이 될 수 있다.

04 해외전시회 활용 바이어 찾기

1) 전시회란 무엇인가?

세계 각국에서 개최되는 전시회에 참가하여 바이어를 찾는 방법이다. 전시회는 유형 또는 무형의 상품(제품, 기술, 서비스 등)을 매개로 하여 특정한 장소(전시장, exhibition center)에서 일정기간(전시기간, 통상 4일 전후) 동안 참관객(visitor)과 참가업체(exhibitor)간에 상품거래와 홍보 등을 목적으로 진행되는 일체의 마케팅 활동을 의미하다. 이러한 전시회는 크게 무역전시회(Trade show)와 소비자전시회(Consumer Show)로 분류된다.

전시회 용어는 여러 가지가 사용된다. Exhibition, Fair는 展示會, 博覽會를 의미하며 유럽 및 아시아 지역에서 많이 사용된다. 예를 들면 중국의 광저우에서 개최되는 캔톤페어(Canton Fair)가 여기에 해당된다. Show는 행사적 성격를 강조하며 북미 지역에서 많이 사용된다. 예를 들면 미국의 라스베가스에서 개최되는 CES(Consumer Electronic Show)가 여기에 해당된다.

2) 해외전시회 정보

미국, 독일 등 국제무역전시 선진국에서는 무역전시회(trade show)가 자사제품 홍보 및 무역증진의 유력한 수단으로 활용되고 있다. 미국의 뉴욕, LA, 시카고와 독일의 하노버, 베를린, 프랑크푸르트 등에서 매년 수많은 무역전시회가 개최되고 있다. 이러한 국제무역전시회(international trade show) 개최정보는 자체 웹사이트나 한국무역협회(www.kita.net), KOTRA 글로벌전시포털(www.gep.or.kr) 등 무역유관기관을 통하여 입수할 수 있다.

3) 목표 전시회 선정

참가 희망 목표 전시회(Target Show)를 선정한다. 이때 고려해야 할 사항은 ① 자사제품의 수요가 증가하는 지역은 어디인가? ② 제품의 개발, 생산계획과 부합되는 지역은 어디인가? ③ 주어진 예산범위 내에서 참가가 가능한가? ④ 해외 유력 바이어들이 참관하는 전시회인가? ⑤ 국내 경쟁업체들이 참가하고 있는가? 등이다.

예를 들면 중국의 광저우에서 개최되는 캔톤 페어(Canton Fair)는 중국뿐만 아니라 세계최대 수출박람회이다. 의류, 전자제품, 자동차 등 대부분의 품목이 출품 가능하며 봄, 가을에 걸쳐 연간 2회 개최된다. 세계의 거대시장으로 부상한 중국시장에 진출하고자 하는 중소 수출기업에게는 좋은 기회가 될 수 있는 유력 국제 전시회이다.

4) 무역유관기관 및 지자체 지원

해외 유명전시회 웹사이트 및 무역유관기관 등을 통하여 참가 전시회를 자체 선정 후 직접 참가할 수 있으나, 중소무역업자는 비용 및 절차면에서 어려운 점이 많은 것이 사실이다. 따라서 한국무역협회, KOTRA, 중소벤처기업진흥공단 등 무역유관기관, 그리고 각 지방자치단체에서 매년 많은 해외전시회 참가를 주최하고 그 참가 비용 및 절차를 지원하고 있으므로 이를 활용하는 것이 좋다.

5) 해외전시회 참가 체크리스트

- 전시회 참가목적 구체화(신규 거래선 발굴/수출계약 및 현장판매/정보수집/신제품 발표)
- 국고보조금(산업부, 중기부) 지원 전시회 여부확인
- 전시회 참가관련 마케팅플랜 작성(사전, 현장, 사후)
- 소요예산 산정 및 확보
- 주관기관 또는 주최사에 참가신청서 제출(디렉토리, 출입증, 집기, 비품 등)
- 전시물품의 선정, 제작, 운송 준비(공식 운송사 활용)
- 전시물품 운송방법 결정(Hand Carry시 유의사항 확인 등)
- 해외바이어 리스트 및 정보 수집(기존 고객 및 잠재 고객, 해외 업종별 단체

회원사 등)
- 부스 홍보물 부착 및 제품 디스플레이
- 전시회 참가시 Promotion(현지홍보, 스타마케팅, 판촉품 배포, 브로슈어, 카타로그 등)
- 방문객 명함 등 주요 정보 정리(상담바이어별 인콰이어리 및 상담내용 정리)

해외바이어 찾기 5가지 방법 요약

인터넷 활용	• 인터넷을 통한 해외바이어 찾기 • Trade Korea, Buy Korea, Alibaba.com
디렉토리 및 카탈로그 활용	• Internet Web Directory, CD-ROM Directory • 한국무역협회 PPT Catalogue
해외전시회 활용	• 해외전시회 참가를 통한 바이어 찾기 • 한국무역협회, KOTRA, 지자체 지원사업 활용
시장개척단 활용	• 시장개척단 참가하여 바이어 찾기 • 한국무역협회, KOTRA, 지자체 지원사업 활용
언택트 수출상담회 활용	• 코로나 팬데믹 이후 활성화 • 한국무역협회, KOTRA 등에서 시행

05 시장개척단 활용 바이어 찾기

1) 시장개척단이란 무엇인가?

시장개척단에 참가하여 바이어를 찾는 방법이다. 시장개척단(oversea market pioneer project)은 해외무역사절단, 통상촉진단, 통상진흥단이라고도 한다. 수출초보자, 중소기업에게 해외바이어 찾기 등 수출기회를 제공하고 현지네트워크를 제공하기 위하여 무역유관기관 및 지방자치단체가가 수행하는 사업을 말한다.

해외전시회 참가는 이미 계획된 세계주요 국제전시회에 무역유관기관 및지방자치단체 등참가 주체가 참가 신청하여 현지 마케팅을 수행하는 것이다. 이에 반해 시장개척단 참가는 현지 비즈니스 개별상담회 및 단체상담회 추진, 참가자 모집, 바이어 모집 등을 무역유관기관 지방자치단체 등 시행주체가 직접 실행하여 현지 마케팅을 추진하는 것이다.

2) 시장개척단 사업내용

- 현지 바이어 단체 비즈니스상담회 개최
- 현지 바이어 개별 비즈니스상담회 개최
- 현지 시장조사 및 현지 공장방문
- 전문가 미팅(수입담당자, 유통업체 관계자) 및 워크샵 개최

3) 시장개척단 시행주체

- 한국무역협회(KITA)
- 대한무역투자진흥공사(KOTRA)
- 중소벤처기업진흥공단(KOSMES)
- 한국농수산식품유통공사
  (Korea Agro−Fisheries & Food Trade Corporation)
- 전국 지방자치단체 및 각종 업종별 단체

4) 시장개척단 참가 체크리스트

- 시장개척단 참가목적 설정(신규 거래선 발굴/수출계약 및 현장판매/신제품 발표)
- 국고보조금(산업부, 중기부) 지원 여부 확인
- 시장개척단 참가관련 마케팅플랜 작성(사전, 현장, 사후)
- 소요예산 산정 및 확보
- 주관기관 또는 주최사에 참가신청서 제출(디렉토리, 출입증, 집기, 비품 등)
- 참가상품 샘플의 선정, 제작, 운송 준비(공식 운송사 활용)
- 참가상품 샘플 운송방법 결정(Hand Carry시 유의사항 확인 등)
- 해외바이어 리스트 및 정보 수집(기존 고객 및 잠재 고객, 해외 업종별 단체 회원사 등)

- 부스 홍보물 부착 및 제품 디스플레이
- 현지 Promotion(현지홍보, 스타마케팅, 판촉품 배포, 브로슈어, 카타로그 등)
- 방문객 명함 등 주요 정보 정리(상담바이어별 인콰이어리 및 상담내용 정리)

06 언택트 수출상담회 활용 바이어 찾기

1) 언택트 수출상담회란 무엇인가?

언택트 수출상담회는 온라인 수출상담회(Online Business Meeting), 언택트 마케팅(Untact marketing)이라고도 한다. 접촉을 뜻하는 콘택트(contact)에 언 (un)이 붙어 "접촉하지 않는다"는 의미로, 사람과의 접촉을 최소화하는 등 비대면 형태로 정보를 교환하는 마케팅을 말한다.

수출입 상담시 고객과 마주하지 않고 해외바이어 매칭, 수출입계약 등을 수행하는 비대면 마케팅 방식이다. 첨단기술을 활용해 수출자와 바이어가 직접적으로 대면하지 않고 화면을 통하여 통역과 함께 수출입상담을 수행한다.

2) 수출유관기관의 언택트 수출상담회

언택트 수출상담회는 코로나 팬데믹(Corona Pandemic)이 발생한 2020년부터 본격적으로 개최되었다. 한국무역협회, KOTRA, 각 지방자치단체 등 주요 무역관련기관에서 코로나 팬데믹으로 인해 해외 판로개척이 어려운 수출중소기업의 해외마케팅 지원을 목적으로 많은 언택트 수출상담회가 개최되었다.

수출유관기관의 언택트 수출상담회 주요 지원내용은 중국, 미국, 유럽, 아세안 지역 등 주요수출국 해외바이어 매칭, 비대면 화상상담 및 계약 지원, 원활한 상담을 위한 샘플의 해외 배송 서비스 제공, 전문 통역 지원, 상담 사후 관리 등이다.

한편, 한국무역협회 화상 수출상담회 통계에 따르면, 2020년 전체에 걸쳐 참여 바이어 58개국 1385 개사, 참여 국내 기업 2172 개사, 바이어-셀러 매칭 1만 1,272건, 수출계약 991건, 수출 상담액 5억 7,000만 달러 등이 성사된 것으로 집계되었다. 이러한 결과를 바탕으로 한국무역협회는 2020년 12월에 언택트시대의 수출상담회 성공 스토리를 발간하였다. 화장품, 식품, 정보통신(ICT), 콘텐츠, 기계장비 등 분야의 39개 성공 스토리를 담았다.

07 바이어 신용조사

1) 의의

그러면 이와 같이 선정된 바이어를 정말 거래상대방으로 신뢰할 수 있는가? 신용조사(Credit Inquiry)란 수입자(buyer) 또는 수출자(seller)의 신용(credit)을 조사하는 것을 말한다. 위에서 설명한 해외시장조사에 따른 목적시장 선정, 해외바이어 찾기 단계가 끝나면 이어서 그 바이어의 신용을 조사하는 것이 대단히 중요하다.

무역은 언어, 관습, 문화, 법률이 상이한 서로 다른 나라와의 거래이므로 거래 상대방의 상도덕, 능력, 성실성 등을 파악하는 것이 중요한다. 거래 상대방 선택이 잘못되었을 경우 이로 인한 피해를 사후에 바로잡는 과정이 쉽지 않기 때문이다. 따라서 거래를 시작하기 전에 거래 상대방에 대한 신용 정보를 입수하여 향후 거래여부를 결정하는 것은 장래의 손실을 미연에 방지할 수 있는 것이다.

2) 신용조사 사항

일반적으로 거래상대방의 신용조사사항으로는 Character(상도덕), Capital(대금지불능력), Capacity(거래능력) 등이 있으며, 영문 첫 글자를 따서 신용조사 3C라고 한다. 그 밖에 이러한 3C 이외에도 Condition(거래조건), Collateral(담보능력), Currency(거래통화), Country(소속국가) 등을 추가하기도 한다.

■■ Character(상도덕) 조사

거래상대방의 개성, 성실성, 평판, 영업태도 등 계약이행과 관련된 상도덕을 파악하는 것을 의미한다. 이는 마켓클레임(Market Claim)을 방지하기 위한 기능을 한다. 마켓클레임이란 정당한 이유에 의한 클레임이 아니고, 상품의 시장가격 하락이나 시장상황이 좋지 않을 때 매수인이 입는 경제적 손실을 보상하기 위하여 일부러 제기하는 클레임으로서 일종의 트집잡기 클레임이다.

■ Capital(대금지불능력) 조사

거래상대방의 재무상태(Financial position), 즉 자본금(Capital Stock), 부채비율(Debt Ratio), 총자산(Total Asset) 등 지불능력과 직결되는 내용을 조사하는 것을 의미한다. 해당업체의 대차대조표(Balance Sheet)를 보면 파악할 수 있다.

■ Capacity(거래능력) 조사

거래상대방의 매출액(Revenues), 영업이익(Profits), 업체의 형태(개인회사, 주식회사, 주식의 공개 여부 등), 연혁, 경력, 특허권 등 영업능력에 관한 내용을 조사하는 것을 의미한다. 해당업체의 손익계산서(Profit and Loss statement)를 보면 파악할 수 있다.

3) 신용조사 방법

- 거래은행을 통한 조사(Bank Reference): 가장 많이 활용, 해당업체 거래은행을 통해 조사
- 동업자를 통한 조사(Trade Reference): 상대국의 거래선이나 상공회의소를 통해 조사
- 국내기업의 해외지사나 사무소를 통한 조사
- 세계적인 「상업신용소」를 통한 조사: NICE D&B
- 국내신용조사 전문기관을 통한 조사
  - 대한무역투자진흥공사 해외시장조사 서비스
  - 한국무역보험공사 조사팀
  - NICE 신용평가정보
  - 한국기업데이타(주)
  - NICE D&B Korea

CHAPTER 08 **무역계약**

01 무역계약 개요

1) 무역계약의 의의

바이어 찾기 방법을 통하여 바이어를 찾아내면 이제 그 바이어와 무역계약을 체결해야 한다. 무역계약(trade contract)이란 수출자와 수입자간에 이루어지는 국제간 매매계약을 말한다. 본질적으로 국내의 매매계약과 동일하나 국제 상관습이 적용되며 국가별 무역관리에 따른 내용 및 절차상의 제약이 있다는 점이 다르다.

무역계약은 일반 매매계약처럼 유상계약(compensation contract), 쌍무계약(bilateral contract), 낙성계약(consensual contract), 불요식계약(informal contract)이라는 특징을 지닌다. 유상계약은 계약당사자가 상호 대가적 관계에 있는 급부를 제공할 것을 목적으로 한 계약이라는 의미이다. 쌍무계약은 계약당사자가 상호 대가적 의미를 갖는 채무를 부담하는 계약이라는 의미이다. 낙성계약은 상품을 매도하겠다는 수출자의 오퍼에 대하여 수입자가 이를 구매하겠다는 의사를 표시함으로써 성립되는 계약이라는 의미이다. 불요식계약은 계약의 형식이 정해진 것이 아니라 문서나 구두(Oral)에 의한 명시계약(express contract)이나 묵시계약(implied contract)으로도 성립되는 계약을 의미한다. 하지만 추후 분쟁을 사전에 방지하기 위해서는 계약서를 작성하는 요식계약의 형태를 취하는 것이 바람직하다.

2) 무역계약 체결 절차 및 방법

일반적으로 무역계약 체결 절차는 해외시장조사(Market Research) → 거래선 찾기(Finding buyer) → 신용조사(Credit Inquiry) → 거래제의 서한 발송 (Circular Letter) 및 품목 문의(Inquiry) → 거래제의(Business Proposal) → 청약 및 주문(Offer and Order) → 무역계약 체결(Sales Contract or Purchase Contract) 등의 순서로 이루어진다.

무역계약은 다른 나라 거래상대방과의 계약이기 때문에 클레임이 야기될 소지가 많으므로 무역계약서를 작성하는 것이 좋다. 무역계약서는 통일된 양 식이나 형식이 없다. 그리고 계약체결 방법도 서면이나 구두 방식 등 어느 것 을 채택하여도 무방하며 정해진 절차가 있는 것도 아니다. 그러나 나중에 분 쟁이 발생하는 경우 입증의 편의를 위해 서면, 전자메일 등을 주로 사용한다.

3) 무역계약 용어

국제무역에서 기본적으로 무역계약 당사자간에 국제언어인 영어로 의사 소통을 하고 영어로 무역계약서를 작성하는 것이 좋다. 그런데 가장 기본이 되는 수출상과 수입상 용어의 영문 표현이 각 수출입 단계에 따라 표현이 달 라지므로 주의를 요한다.

예를 들면 매매계약 단계에서는 수출자(Seller)·수입자(Buyer)이고, 신용장 거래에서는 수익자(Beneficiary)·개설의뢰인(Applicant)이며, 화물운송 단계에서 는 송화인(Consignor)·수화인(Consignee) 등으로 단계별로 용어 사용이 다른 점에 유의하여야 한다.

수출상과 수입상의 영문표현 비교

거래내용	수출상(수출자)	수입상(수입자)
무역총괄	Exporter	Importer
매매계약	Seller, Vendor	Buyer, Vendee
신용장거래	Beneficiary	Applicant
어음거래	Drawer	Drawee
화물운송	Consignor	Consignee

02 무역계약의 기본조건

그러면 무역계약에는 어떠한 내용이 들어가야 하는가? 일반적으로 무역계약에 포함될 내용으로 8가지 조건이 있다. 품질조건(Terms of Quality), 수량조건(Terms of Quantity), 가격 조건(Terms of Price), 결제조건(Terms of Payment), 선적조건(Terms of Shipment), 보험조건(Terms of Insurance), 포장조건(Terms of Packing), 중재조건(Terms of Dispute Settlement) 등이다. 앞 5가지를 무역계약의 기본조건(필수조건)이라 한다.

8가지 무역계약 조건 요약

품질조건	• 견본매매, 규격매매 등 품질조건에 관한 내용
수량조건	• 과부족허용약관 등 수량조건에 관한 내용
가격조건	• FOB, CIF 등 상품의 가격조건에 관한 내용
결제조건	• 신용장방식, 송금방식 등 결제조건에 관한 내용
선적조건	• 분할선적, 환적 등 선적조건에 관한 내용
보험조건	• ICC(A), ICC(B), ICC(C) 등 보험조건에 관한 내용
포장조건	• 주화인, 도착항 표시 등 포장조건에 관한 내용
중재조건	• 분쟁과 해결에 관한 내용 약정

1) 품질조건

품질조건(Terms of Quality)은 상품의 품질을 약정하는 무역거래조건이다. 품질을 결정하는 방법과 시기, 책임 등에 대해 약정한다. 또한 분쟁을 예방하기 위하여 품질의 증명방법이나 하자발생시 클레임 사항을 기재하는 것이 일반적이다.

품질결정방법으로는 견본매매(sale by sample), 표준품매매(sale by standard), 규격매매(sale by type or grade), 상표매매(sale by brand), 점검매매(sales by inspection), 명세서 매매(sale by specification) 등이 사용된다. 예를 들면 견본매매의 경우 "Quality to be as per sample"(품질은 견본과 같은 수준), 명세서 매매의 경우 "The Specification of the Goods shall be prescribed and specified in specification attached hereto(품질은 첨부 명세서에 따른다)" 등으로 문장을 만들 수 있다.

품질결정시기에는 선적 당시의 품질을 기준으로 하는 선적품질조건 (Shipped Quality Terms)과 양륙 당시의 품질을 기준으로 하는 양륙품질조건 (Landed Quality Terms)이 있다. 선적품질조건은 일반적인 공산품 수출거래시 사용하며, 양륙품질조건은 운송중에 변질되기 쉬운 농산물(과일, 채소) 등에 많이 사용된다.

2) 수량조건

수량조건(Terms of Quantity)은 상품의 수량을 약정하는 거래조건이다. 수량 단위, 수량의 결정시기, 과부족허용약관(More or Less Clause) 등이 중요한 쟁점사항이다. 수량단위는 나라별로 표준단위가 다르기 때문에 상호간에 약정하는 것이 필요하다. 즉, 중량은 kg, pound(0.45kg) 등이 있고, 길이는 meter, mile(1.6km), yard(0.91m), foot(약 30cm), inch(2.54cm) 등이 있으며, 용적에는 barrel, gallon, liter, cubic 등이 있다.

수량결정시기에는 선적 당시의 수량을 기준으로 하는 선적수량조건 (shipped quantity terms)과 양륙 당시의 수량을 기준으로 하는 양륙수량조건 (landed quantity terms)이 있다. 선적수량조건은 자동차, 가전제품, 의류, 신발류 등 공산품 수출거래시 사용하며, 양륙수량조건은 운송중에 변질되기 쉬운 농산물(과일, 채소), 벌크화물 등에 많이 사용된다. 여기서 벌크화물(Bulk Cargo, 살물)이란 셀 수 없고 포장불가능한 제품(uncountable and unpacked goods)으로 곡물류, 모래, 무연탄, 철광석 등이 해당된다.

과부족용인약관(More or Less Clause)은 두 가지를 고려해야 한다. 먼저, 벌크화물의 경우는 명시적 과부족 허용 문언이 없더라도 5% 범위 내에서 과부족을 허용한다(신용장통일규칙). 다음으로 수량표시단위에 about, circa, approximatly 등의 단어가 있으면 10% 과부족을 허용한다(신용장통일규칙).

3) 가격조건

가격조건(Terms of Price)은 상품의 가격을 약정하는 무역거래조건이다. 상품가격(price of goods)은 생산비(production cost), 부대비용, 이윤(profit) 등으로 구성되며 부대비용은 운송비, 보험료, 수출통관비용, 수입통관비용, 수입관세 등으로 구성된다. 가격조건은 운송비, 보험료, 통관비용 등에 대한 책임(obligation) 및 비용(cost)을 수입자, 수출자 중 누가 부담할 것인가를 약정하여 상품가격을 결정하는 것을 의미한다.

예를 들면 현대자동차를 미국으로 수출하는 경우 "US 30,000$ FOB Pusan"으로 약정하였다면 수출자(현대자동차)는 부산 수출선박 본선(mother vessel) 적재 시까지의 모든 비용(국내운송비, 수출통관비 등)을 부담하고, 그 이후 부산에서 미국 항구(LA, New York)까지의 해상운송료, 해상보험 등 일제의 비용은 미국 수입자가 부담하는 것을 조건으로 자동차 판매가격을 약정하는 것을 의미한다.

가격조건은 일반적으로 국제상업회의소(ICC : International Chamber of Commerce)가 규정한 국제규칙 Incoterms(인코텀스)의 11가지 조건을 근거로 하여 이루어진다. Incoterms는 1936년에 처음 제정되었으며 2020년에 8차 개정이 이루어졌다. Incoterms의 자세한 내용에 대해서는 다음 항목에서 설명한다.

4) 결제조건

결제조건(Terms of Payment)은 거래당사자간의 수출입 거래금액 결제에 관한 무역거래조건이다. 일반적으로 결제조건에서 무역결제방법은 크게 신용장(Letter of Credit) 방식, 송금방식, 추심결제(Collection) 방식 등 3가지 유형으로 분류할 수 있다. 결제조건에 대하서는 2편 9장 무역결제에서 자세히 설명한다. 무역계약에서 신용장 방식으로 결제조건을 체결하는 경우 영문 작성 예는 다음과 같다.

All the payment for the goods shall be made in US Dollars by an irrevocable letter of credit in favor of the seller. The letter of credit shall be established by the buyer at least 2 months prior to stipulated shipping date(모든 결제는 수출자를 수익자로 발행된 취소불능신용장을 근거로 미 달러에 의해 이루어져야 한다. 그 신용장은 약정 선적일 2개월 전에 수입자에 의해 발행되어야 한다).

5) 선적조건

　선적조건(Terms of Shipment)은 거래당사자간의 선적에 관한 내용을 약정하는 무역거래조건이다. 선적조건의 주요 약정사항은 선적항 POL(Port of Loading), 도착항 POD(Port of Discharge or Arrival), 선적일자(Date of Shipment) 등에 관한 것이다. 신용장통일규칙에 따르면 선적일자와 관련하여 prompt, immediately, as soon as possible 등 막연한 표현은 금지하도록 되어 있다.

　분할선적(partial shipment)은 계약물품을 여러 번으로 나누어 시간적 간격을 두고 선적하는 것을 말한다. 분할선적 허용문안은 "Partial shipment shall be permitted(or allowed).", 분할선적 금지문안은 "Partial shipment shall be prohibited."와 같이 표기한다. 그런데 신용장통일규칙에 따르면 분할선적 금지문안이 없으면 분할선적이 가능한 것으로 간주된다는 점에 유의하여야 한다.

　환적(transshipment)은 운송품이 도착항에 도착되기 전에 당초에 선적되었던 운송수단에서 다른 운송수단으로 옮겨 싣는 것을 말한다. 복합운송(예를 들면 부산→고베→LA→뉴욕)의 경우에 환적 활용 가능성이 높다. 환적 허용문안은 "Transhipment shall be permitted(or allowed).", 환적 금지문안은 "Transhipment shall be prohibited."와 같이 표기한다. 그런데 환적의 경우도 신용장통일규칙에 따르면 환적 금지조항이 없으면 환적이 가능한 것으로 간주된다.

6) 보험조건

　보험조건(Terms of Insurance)은 거래당사자간의 보험에 관한 내용을 약정하는 무역거래조건이다. 무역은 해상의존성이 높고 리스크가 높기 때문에 이러한 리스크를 보완하고 제거해주는 것이 무역보험이다. 그리고 무역보험은 일반적으로 무역거래에서 가장 비중이 높은 해상보험을 의미한다.

　해상 적하보험(cargo insurance)에서 사용되는 기본 약관에는 구약관과 신약관 두 가지가 있으며 보험가입자가 선택할 수 있도록 되어 있다. 구 약관은 All Risks, FPA(Free from Particular Average), WA(With Average) 등의 조건이 있으며, 신약관은 ICC(A), ICC(B), ICC(C) 등의 조건이 있다. 보험조건에 관해서는 2편 11장에서 무역보험에서 자세히 설명한다. 보험조건의 영문표기 예시는 다음과 같다.

All shipments shall be covered on All Risks including War Risks and SRCC for the invoice amount plus 10 (ten) percent. All policies shall be made out in U.S. Dollar and claims payable in New York(모든 선적은 송장 금액의 110%에 대해 전쟁 및 파업 폭동 시민소요를 포함하는 전위험을 부보하여야 한다. 모든 증권은 미 달러화로 표시되며 청구시 뉴욕에서 지불이 가능하여야 한다).

7) 포장조건

포장조건(Terms of Packing)은 거래당사자간의 상품 포장에 관한 내용을 약정하는 무역거래조건이다. 화인(貨印, shipping mark)은 상품의 식별이 가능하도록 포장 외장에 기호, 번호 등을 표시한 것을 말하는데 포장조건은 이 화인을 어떻게 할 것인가를 상호 합의하는 것이라 할 수 있다.

화인은 주화인(main mark), 부화인(counter mark), 상품일련번호(case number), 도착항 표시(port mark), 중량 표시(weight mark), 원산지 표시(origin mark), 주의 표시(care mark) 등으로 구성되어 있다. 예를 들면 주의표시(care mark)에는 Fragile(파손주의), Do not turn over(전복주의) 등이 있다.

화인의 구성

main mark	◇
counter mark	☞
port mark	NEW YORK VIA PANAMA
case number	C/NO 8/20
weight mark	GROSS : 110kgs NET : 100kgs
origin mark	made in Korea

8) 중재조건

중재조건(Terms of Dispute Settlement)은 거래당사자간의 분쟁과 해결에 관한 내용을 약정하는 무역거래조건이다. 중재조항(Arbitration Clause)이란 무역계약과 관련한 수출자, 수입자간 분쟁(disputes, controversies, differences) 발생시, 법원의 재판에 의하지 않고 중재(Arbitration)에 의하여 분쟁을 해결하겠다고 약속하는 것을 말한다.

중재조항에는 중재기관, 중재 장소, 준거법(Governing Law) 등이 명시되어야 한다. 분쟁 발생시 우리나라 대한상사중재원(Korean Commercial Arbitration Board)의 중재에 의해 해결한다는 문언의 예는 다음과 같다.

All disputes which may arise between the parties, in relation to this contract, shall be finally settled by arbitration in Seoul, Korea in accordance with the Domestic (International) Arbitration Rules of the Korean Commercial Arbitration Board and under the Law of Korea(이 계약과 관련하여 당사자 간에 발생하는 모든 분쟁은 대한민국 서울에서 대한상사중재원의 국내(국제)중재규칙과 대한민국 법에 따라 중재에 의하여 최종적으로 해결한다).

03 Incoterms

1) Incoterms 의의

Incoterms(인코텀즈)는 무역조건의 해석에 관한 국제규칙(International Rules for the Interpretation of Trade Terms)을 의미하며 무역거래 당사자간의 물품 인도, 비용 부담, 위험 이전, 운송 및 보험계약 체결 책임 등에 관한 국제규칙을 담고 있다. 국제상업회의소(ICC: International Chamber of Commerce)가 1936년에 제정하였으며 그 이후 1953년, 1967년, 1976년, 1980년, 1990년, 2000년, 2010년, 2020년 등 8차례 개정되었다. 무역환경 변화에 따라 대체적으로 10년에 한번 꼴로 개정되었음을 알 수 있다.

2) Incoterms 2020의 개정 내용은 무엇인가?

Incoterms 2020의 주요 개정 내용을 보면 먼저 DAT(Delivered at Terminal, 도착터미널인도)를 DPU(Delivered at Place Unloaded, 도착지양하인도)로 명칭을 변경하였다. 또한 CIF(Cost Insurance and Freight, 운임·보험료 포함 인도조건)와 CIP(Carriageand Insurance paid to, 운송비·보험료 지급 인도조건)간 해상보험 위험담보수준을 다르게 하였다. 종전에는 CIF, CIP 둘다 최소보험조건이 가장 좁은 범위의 위험만을 담보하는 ICC(C)였으나 이번 개정을 통해 CIP는 ICC(C)에서 모든 위험을 담보하는 ICC(A)로 변경했다.

Incoterms는 무역 거래에서 의무와 비용, 위험 등이 수출자(seller), 수입자(buyer) 중 누가 부담하는 것인지에 대해 설명하는 국제규칙이며 임의 규칙이다. 따라서 Incoterms는 국제협약이나 국제조약이 아니므로 강제성이 없다. 하지만 Incoterms에 기반해 실질적으로 무역거래의 조건이 협의되고 확정되는 만큼 새로 개정된 Incoterms 2020 내용을 잘 파악해 대비하는 것이 중요하다.

3) Incoterms 준거문언(Governing Clause)

Incoterms는 국제규칙이지만 임의 규칙이므로 강제성이 없다. 따라서 무역계약서나 L/C에 "Incoterms 2020 규정을 따른다."는 명시가 없는 경우에는 효력을 얻지 못하므로 다음과 같은 준거문언(Governing Clause)을 삽입하는 것이 중요하다.

예시 ① Unless otherwise stated, the trade terms under this contract shall be governed and interpreted by the Incoterms 2020. 예시 ② The trade terms under this contract is subject to the latest Incoterms.

4) Incoterms 2020의 11가지 가격 조건의 주요 내용

Incoterms 2020은 크게 4 Group, 11개 조건으로 구성되어 있다. Group E는 출발지 인도 조건으로 EXW가 있다. Group F는 운송비 미지급인도조건

Incoterms 2020의 11가지 가격 조건 구성

Group E / 출발지 인도 조건	• EXW(Ex Work)
Group F / 운송비미지급 인도조건	• FCA, FAS, FOB
Group D / 운송비지급 인도조건	• CFR, CIF, CPT, CIP
Group D / 도착지 인도조건	• DAP, DPU, DDP

으로 FCA, FAS, FOB 등이 있다. Group C는 운송비 지급인도조건으로 CFR, CIF, CPT, CIP 등이 있다. Group D는 도착지 인도조건으로 DAP, DPU, DDP 등이 있다.

① EXW(Ex Works) / 공장인도조건

• 위험 이전: 매도인의 작업장 구내에서 매수인이 임의처분할 수 있도록 물품 인도시
• 비용 부담: 매도인은 위험 이전까지의 제비용 부담
• 통관: 수출입통관 – 매수인

② FCA(Free Carrier) / 운송인인도조건

• 위험 이전: 매도인이 매수인이 지정한 운송인에게 수출통관된 물품을 인도했을 때
• 비용 부담: 매도인은 위험 이전까지의 제비용 부담
• 통관: 수출통관 – 매도인 / 수입통관 – 매수인

③ FAS(Free Alongside Ship) / 선측인도조건

• 위험 이전: 물품이 지정선적항의 부두에 또는 부선으로 본선의 선측에 인도했을 때
• 비용 부담: 매도인은 위험 이전까지의 제비용 부담
• 통관: 수출통관 – 매도인 / 수입통관 – 매수인

④ FOB(Free On Board) / 본선인도조건

• 위험 이전: 물품이 지정선적항에서 본선에 적재했을 때(on board)
• 비용 부담: 매도인은 위험 이전까지의 제비용 부담

- 통관: 수출통관 − 매도인 / 수입통관 − 매수인

⑤ CFR(Cost And Freight) / 운임포함인도조건

- 위험 이전: 물품이 지정선적항에서 본선에 적재했을 때(on board)
- 비용 부담: 매도인은 적재 시까지 제비용 + 목적항까지의 운임 부담
- 통관: 수출통관 − 매도인 / 수입통관 − 매수인

⑥ CIF(Cost Inwurance and Freight) / 운임보험료포함인도조건

- 위험 이전: 물품이 지정선적항에서 본선에 적재했을 때(on board)
- 비용 부담: 매도인은 적재 시까지 제비용 + 목적항까지 운임 및 보험료 부담
- 통관: 수출통관 − 매도인 / 수입통관 − 매수인

⑦ CPT(Carriage Paid To) / 운송비지급인도조건

- 위험 이전: 물품이 지정목적지까지 운송할 운송인의 보관하에 물품인도 시
- 비용 부담: 매도인은 FCA 조건 + 지정된 목적지까지의 물품운송비 부담
- 통관: 수출통관 − 매도인 / 수입통관 − 매수인

⑧ CIP(Carriage And Insurance Paid To) / 운송비보험료지급인도조건

- 위험 이전: 물품이 지정목적지까지 운송할 운송인의 보관하에 물품인도 시
- 비용 부담: 매도인은 CPT 조건 + 지정된 목적지까지의 적하보험료 부담
- 통관: 수출통관 − 매도인 / 수입통관 − 매수인

⑨ DAP(Delivered At Place) / 도착장소인도조건

- 위험 이전: 지정목적지에서 양하 준비된 상태로 매수인의 처분하에 놓인 때
- 비용 부담: 매도인은 위험 이전까지의 제비용 부담(자가 운송 허용)
- 통관: 수출통관 − 매도인 / 수입통관 − 매수인

⑩ DPU(Delivered at Place Unloaded) / 도착지양하인도조건

- 위험 이전: 지정목적항이나 지정목적지의 지정터미널에서 매수인의 처분하에 놓인 때
- 비용 부담: 매도인은 위험 이전까지의 제비용 부담(자가 운송 허용)
- 통관: 수출통관 – 매도인 / 수입통관 – 매수인

⑪ DDP(Delivered Duty Paid) / 관세지급인도조건

- 위험 이전: 수입국 내의 목적지점에 물품을 반입해 매수인의 임의처분하에 인도한 때
- 비용 부담: 매도인은 위험 이전까지의 제비용 부담(자가 운송 허용) + 관세
- 통관: 수출입통관 – 매도인

비용과 위험 이전시기에 따른 도해

04 비엔나 협약

1) 비엔나 협약의 의의

1980년에 UN 국제무역법위원회(UNCITRAL: UN Commission on International Trade Law)는 국제물품매매계약에 관한 UN협약(CISG, United Nation Convention on Contracts for the International Sale of Goods)을 제정하였다. 이것이 비엔나 협약(Vienna Convention)이라 일컬어지는 국제 무역계약에 관한 국제규칙이다.

UN의 비엔나 협약은 국가간 매매계약 법규 및 관습 차이에 따른 규칙의 통일 필요성, 무역거래의 법률적인 장벽 제거 등을 목적으로 제정되었다. 따

라서 위에서 설명한 국제 무역계약 내용에 관한 최종적인 판단은 비엔나 협약의 규칙에 따라야 하는 것이다.

2) 비엔나 협약 준거문언(Governing Clause)

일반적으로 비엔나 협약의 이용방법은 Incoterms, 신용장 등의 이용방법과 마찬가지로 매매개약서 상에 "준거문언(Governing Clause)"을 넣어서 활용한다. 예시 ① This sales contract is subject to Vienna Convention by UNCITRAL. 예시 ② This sales contract shall be governed by Vienna Convention by UNCITRAL.

3) 비엔나 협약의 주요내용

비엔나 협약의 주요 내용은 수출자 및 수입자의 의무(obligation), 리스크(risk), 비용 부담(cost transfer) 등으로 이루어져 있다. 장별 내용(part title)을 보면 1장(Part Ⅰ) 적용범위 및 총칙(Sphere of Application and General Provisions), 2장(Part Ⅱ) 계약의 성립(Formation of the Contract), 3장(Part Ⅲ) 상품 매매(Sale of Goods), 4장(Part Ⅳ) 부칙(Final Provisions) 등으로 구성되어 있다.

05 무역계약 체결 방법

1) 개별계약

개별계약방법(Case by Case Contract)은 수출자 수입자간 무역거래 건별로 일일이 체결하는 계약을 말한다. 일반적으로 중장기간의 고정거래처 및 친숙한 거래처가 아니고 초보 무역거래단계에서 많이 활용된다. 정확하긴 하지만 거래가 빈번한 경우에는 번거롭다는 단점을 지닌다.

실무적으로 무역거래에서는, 청약(Offer)과 수차례의 반대청약(Counter Offer)을 거쳐 매도인(seller)이 무역계약서 2부를 작성하여 서명한 다음 매수인(buyer)에게 송부하면 매수인이 확인하여 서명한 후, 1부는 자신이 보관하고 나머지 1부는 매도인에게 회송하는 방법으로 체결되는 것이 일반적이다.

2) 포괄계약

포괄계약(Master Contract)은 통상 동일한 거래상대방과 계속적으로 거래가 이루어지는 경우에 채택하는 방법이다. 무역거래에서는 매거래시마다 수출입 건별로 모든 거래조건을 새롭게 협의, 결정하여 수출입 본계약을 체결해야 하는데 이러한 번거로움을 피하는 데 적합한 방법이다.

일반적으로 포괄계약 체결 시 수출입거래 당사자는 당사자 간의 향후 수출입 거래준칙에 해당하는 일반거래조건협정(Agreement on General Terms and Conditions of Business)을 약정한다. 이후에 건별 거래 시는 포괄계약에서 정한 방법에 따라 간단한 오퍼(Offer)나 오더(Order)를 교환함으로써 무역계약을 확정한다.

3) 독점계약

독점계약(Exclusive Contract)은 계약자 상호간에 독점거래를 조건으로 하는 계약이다. 즉, 특정 물품의 국제무역 거래에 있어서 수출자, 수입자 상호간에 독점방식으로 거래할 것을 조건으로 계약을 체결하는 형태이다.

수출자는 수입국의 다른 수입자에게 판매하지 않고, 또한 수입자는 수출국의 다른 수출자로부터 구입하지 않을 것을 전제로 체결되는 계약방식이다. 독점계약서에는 제품의 품명과 판매지역을 비롯하여 가격, 결제조건, 계약기간 등의 내용을 상세히 기재해야 한다.

Agreement on General Terms and Conditions of Business

This Agreement entered into between The ABC CO.,Inc., New York(buyer), and The Korea Trading Co., Ltd., Seoul, Korea(seller) witness as follows:

(1) Business : Both Seller and Buyer act as Principals and not as Agents.

(2) Samples and Quality : The quality of the goods to be shipped should be equal to the sample on which an order is given.

(3) Quantity : Weight and Quantity determined by the seller, as set forth in shipping documents, shall be final.

(4) Prices : Unless otherwise specified, prices are to be quoted in U.S. Dollars on C.I.F New York basis.

(5) Firm Offers : All firm offers are to remain effective for three days including the day cabled. Sundays and National Holidays shall not be counted as days.

(6) Orders : Except in cases where firm offers are accepted all orders are to be subject to the Seller's final confirmation.

(7) Packing : Proper export standard packing is to be carried out, each set bearing the mark XXX with port mark, running numbers, and the country of origin.

(8) Payment : Draft is to be drawn at 30d/s for the full Invoice amount under Irrevocable Letter of Credit which should be issued in favor of seller immediately documents attached, namely, Bill of Lading, Insurance Policy, Commercial Invoice.

(9) Shipment : Shipment is to be made within the time stipulated in each contract. The date of Bill of Lading shall be taken as conclusive proof of the day of shipment.

(10) Marine Insurance : All shipments shall be covered on All Risks including War Risks and S.A.C.C. for the invoice amount plus 10(ten) percent.

(11) Force Majeure : The Sellers shall not be responsible for the delay in shipment due to force majeure, including mobilization, war, strikes, riots, civil commotion, hostilities, blockade, requisition of vessels, prohibition of export, fires, floods, earthquakes, tempest and any other contingencies.

(12) Claims : Claims, if any, shall be submitted within fourteen(14) days after arrival of goods at destination. Certificated report by recognized surveyors shall be sent by mail without delay.

(13) Arbitration : All claims which cannot be amicably settled between Seller and Buyer shall be finally settled by arbitration in Seoul, Korea in accordance with the Commercial Arbitration Rules of the Korea Commercial Arbitration Board and under the Laws of Korea.

(14) Trade Terms : Unless specially stated, the trade terms under this contract shall be governed and interpreted by the latest Incoterms 2010.

(15) Governing Law : This Agreement shall be governed as to all matters including validity, construction and performance under and by United Nations Convention on Contracts for the International Sale of Goods(1980).

CHAPTER 09 무역결제

01 무역결제 개요

무역결제방법은 다음과 같이 크게 세 가지로 분류할 수 있다. 첫째는 신용장(Letter of Credit) 방식이다. 이는 수출자(seller)의 대금회수 리스크(credit risk)와 수입자(buyer)의 물품인수 리스크(mercantile risk)를 없애기 위한 수단으로서 수입자의 요청에 따라 은행이 대금지급보증을 약속한 증서이다. 일람불신용장(at sight L/C)과 기한부 신용장(Usance L/C)이 있다.

둘째는 송금방식이다. 어떠한 조건 없이 물품선적 전후에 수입자가 수출자에게 수입대금을 송금하는 방식이다. 사전 송금방식으로서 전신환(T/T: Telegraphic Transfer)과 우편환(M/T: Mail Transfer)방식이 있고, 사후 송금방식으로서 현물상환지급(COD: Cash on Delivery) 방식과 서류상환지급(CAD: Cash against Document) 방식이 있다.

셋째는 추심결제(Collection) 방식이다. 수출자가 물품을 선적한 후 추심의뢰은행을 통해 수입자에게 대금을 청구하고 추심은행을 통해 대금을 회수하는 방식이다. 수입자 거래은행의 지급보증이 없다는 점이 신용장 방식과 다르다. 인수인도조건(D/A: Document against Acceptance), 지급인도조건(D/P: Documents aganist Payment)이 있다.

무역결제방법 유형

신용장방식(Letter of Credit)	• 은행의 지급보증 있음 • at sight L/C 방식, Usance L/C 방식
송금방식	• 은행에서 단순히 송금 절차 • T/T방식, COD 및 CAD 방식
추심결제방식(Collection)	• 은행의 지급보증 없음 • D/P 방식, D/A 방식

02 신용장방식

1) 의미

신용장(Letter of Credit : L/C)이란 무역거래에서의 대금결제를 원활히 하기 위해서 수입자(buyer)의 거래은행(개설은행, issuing bank)이 수입자의 요청에 따라서 명기된 조건과 일치하는 서류를 제시하면 수출자(seller)에게 그 대금을 지급할 것을 확약하는 조건부지급확약서(conditional bank undertaking of payment) 이다. 신용장의 기본 원리는 무역이 다른 나라와의 거래이기 때문에 발생하는 수출자의 대금회수 리스크와 수입자의 물품인수 리스크를 해소(cover)하기 위한 거래라는 것이다.

2) 신용장의 당사자

■ 개설의뢰인(Applicant)

개설의뢰인(Applicant)은 신용장의 개설을 의뢰하는 수입업자이다. 수출입 단계 및 기능에 따라 수입업자는 개설의뢰인(Applicant) 외에 Importer(수입자), Accountee(대금 결제인), Drawee(환어음 지급인), Consignee(수하인), Buyer(매수인) 등의 용어가 사용된다.

■ 수익자(Beneficiary)

수익자(Beneficiary)는 신용장을 수취하는 수출업자이다. 수출입 단계 및 기능에 따라 수출업자는 수익자(Beneficiary) 외에 Exporter(수출자), Seller(매도인), Drawer(어음 발행인), Consignor(송하인), Shipper(송화인) 등의 용어가 사용된다.

■ 개설은행(Issuing Bank)

개설은행(Issuing Bank)은 개설의뢰인(Applicant)의 요청과 지시에 따라 신용장을 개설, 신용장 대금을 지급 확약하는 은행을 말하며 Opening Bank라고도 한다.

■ 통지은행(Advising Bank)

통지은행(Advising Bank)은 개설은행의 요청에 따라 신용장을 수출상에게 통지하는 은행을 말하며 Notifying Bank라고도 한다. 통상 개설은행의 본점 또는 지점과 환거래 약정(Correspondent Agreement)이 체결된 은행 중 수출자의 거래은행을 통하여 통지한다.

■ 확인은행(Confirming Bank)

확인은행(Confirming Bank)은 개설은행의 요청에 따라 신용장에 제2차 지급확약을 하는 은행으로서 그 신용장에 의하여 발행되는 어음을 개설은행과 동일하게 지급 또는 인수하겠다는 확약을 한 은행이다. 특히 외환사정이 좋지 않은 국가나 신용도가 낮은 후진국의 개설은행과 거래할 시에는 확인은행을 지정하는 것이 바람직하다.

■ 매입은행(Negotiating Bank)

매입은행(Negotiating Bank)은 신용장조건에 의거 수출상이 선적서류를 제시할 경우 이를 매입하고 수출대금을 지급하는 수출지의 은행이다. 매입(Negotiation)이란 은행의 상행위로서 매입은행이 환어음과 운송서류를 수리하고 신용장 금액에서 환가료와 수수료를 공제한 가액을 지급하는 행위를 의미한다.

■ 양도은행(Transferring Bank)

양도은행(Transferring Bank)은 양도가능신용장인 경우 먼저 신용장을 수취한 원수익자의 요청에 따라 제3자에게 신용장을 양도하는 은행을 말한다. 신용장에 매입, 지급, 인수 등의 명칭이 표기된 경우에는 이 은행이 양도은행이 되며, 자유매입신용장인 경우에는 특정은행을 양도은행으로 지정한 후 이 은행을 통하여 양도하여야 한다.

■ 지급은행(Paying Bank)

지급은행(Paying Bank)은 신용장의 조건과 일치하는 서류가 제시될 때 대금지급을 이행하는 은행을 말한다. 신용장 개설은행이나, 수익자 소재지에 있는 신용장 개설은행의 환거래은행 또는 제3국의 결제은행(Settlement Bank) 등이 지급은행이 된다.

3) 신용장 방식 거래 과정

① 수입자와 수출자는 매매계약을 체결한다.
② 수입자는 매매계약의 결제조건 따라 자신의 거래은행에서 상대방 수출자 앞으로 신용장 개설 신청한다. 신용장상 수입자는 신용장 개설 신청인(Applicant)이며 상대방 수출자는 수익자(Beneficiary)이다.
③ 수입자 거래 은행은 수입자의 신청에 따라서 신용장을 개설하여 이를 수출국 거래은행에게 송부하고 수출자에게 통지해주도록 요청한다. 이때 수입자의 거래은행이 개설은행(Opening Bank, Issuing Bank)이다.
④ 개설은행으로부터 신용장을 전달받은 수출국 거래은행은 개설은행의 지시에 따라서 수출자에게 신용장 도착 사실을 통지해준다. 이때 통지해주는 은행이 통지은행(Advising Bank)이다.
⑤ 통지은행으로부터 신용장 도착 통지를 받은 수출자는 신용장에 기재되어 있는 "개설은행의 지급확약"을 신뢰하고 수출계약물품을 선적한다. 이때 선박회사로부터 수출물품 선적 사실 증거로서 선하증권(Bill of Lading)을 받는다.
⑥ 수출자는 신용장상에 기재되어 있는 서류들(B/L 등)을 구비하고 환어음(bill of exchange)과 상업송장(commercial invoice)을 작성하여 수출국 내 자신의 거래은행에 제시하고 매입(Negotiation)신청을 한다.
⑦ 매입신청을 받은 수출자의 거래은행은 대금을 지급하고 선하증권, 상업송장 등의 선적서류와 함께 환어음을 매입해준다. 이때 환어음을 매입하는 은행이 매입은행(Negotiating Bank)이다. 그리고 수출자는 수출대금을 회수한다.
⑧ 매입은행은 수출자로부터 매입한 환어음과 선적서류들을 개설은행에 송부한다.
⑨ 개설은행은 서류도착 사실을 수입자에게 통지한다.

신용장 거래경로

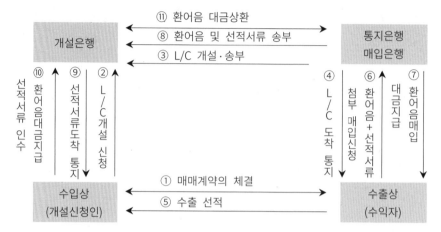

⑩ 수입자는 개설은행에 대금을 지급하고 선하증권을 비롯한 선적서류
들을 인도받는다. 이 중에서 선하증권을 선박회사에 제출하고 물품을
인도받는다.

⑪ 개설은행은 매입은행에게 환어음 대금을 상환한다.

4) 신용장의 특성

■ 신용장의 독립성

신용장의 독립성은 신용장통일규칙(UCP 600) 제4조에 규정된 내용이다.
신용장을 이용한 거래는 매매계약에 근거를 두는 거래이지만, 매매계약과는
별개로 거래가 이루어지는데, 이러한 특성을 신용장의 독립성이라 한다. 이에
따라 무역계약의 당사자인 수출자와 수입자는 무역계약의 조건을 내용으로
하여 개설은행에 대항할 수 없다.

■ 신용장의 추상성

신용장의 추상성은 신용장통일규칙(UCP 600) 제5조에 규정된 내용이다.
신용장 거래는 물품거래가 아니라 신용장이라는 서류상에서만 이루어지는데,
이러한 특성을 신용장의 추상성이라고 한다. 개설은행은 오직 신용장과 일치
하는 서류에 따라서 수입자의 지시내용에 근거하여 결제를 하게 된다.

■■ 신용장의 한계성

신용장의 독립성과 추상성은 은행이 안심하고 신용장 거래에 개입할 수 있도록 유도하여 대금결제를 원활하게 하기 위하여 불가피한 것이기는 하나, 실물거래인 무역거래를 완벽하게 보장할 수는 없는 한계성을 동시에 지니게 된다. 즉, 수입상의 입장에서 신용장이 물품의 품질을 완전히 보장할 수는 없으며 수출상의 입장에서는 양질의 물품을 공급하였더라도 서류상의 하자로 인한 대금결제의 지연 또는 지급 거절을 방지할 수는 없다.

5) 신용장 통일규칙(UCP)

■■ 신용장 통일규칙(UCP)이란?

신용장 통일규칙(Uniform Customs and Practice for Documentary Credits: UCP)은 Incoterms와 함께 국제무역에서 대표적인 국제상관습 중의 하나이다. 신용장 통일규칙은 수출업자, 수입업자의 신용장업무 취급시 상호간 분쟁 방지를 위해 만들어진 준수사항 및 해석기준에 관한 국제적인 통일규칙이다.

ICC(International Chamber of Commerce)가 1933년에 제정하여 이후 1951년, 1962년, 1975년, 1983년, 1993년, 2006년 등 6차례 개정되었다. 현재 사용되고 있는 것은 제6차 신용장 통일규칙(UCP Publication No. 600, 2007. 7. 1부터 시행)으로서 전문 39조로 되어 있다. 신용장 통일규칙은 대체로 10년마다 한 번씩 개정되었는데 2006년 이후 개정이 없는 상황이다.

■■ 신용장 통일규칙(UCP) 준거문언

신용장 통일규칙은 강제적인 법률효력이 없으므로 거래당사자가 이를 적용하기로 사전에 합의한 경우에 한해서만 그 효력이 발생한다. 따라서 거래당사자간 무역계약서상에 신용장 준거문언(Governing Clause)을 삽입하는 것이 중요하다. 준거문언의 예는 다음과 같다.

예시 ① This documentary credit is subject to uniform customs and practice for documentary credit, 2007 revision, ICC publication NO. 600.

예시 ② This documentary credit shall be governed(and interpreted) by UCP

600 by ICC.

6) 신용장의 종류

■■ 대금의 지급시기 관련(Sight L/C, Usance L/C)

Sight L/C(일람불 L/C)는 지정은행이 선적서류를 송부하면 개설은행은 서류상의 하자가 없는 한 즉시 신용장 대금을 결제하는 신용장이다. Usance L/C(기한부 L/C)는 신용장에 정해진 기간에 대금을 결제하는 외상방식 신용장이다.

■■ 취소가능 여부(Irrevocable L/C와 Revocable L/C)

기본 관계당사자 전원의 서면합의가 없으면 조건변경 및 취소를 할 수 없는 신용장이다. 취소가능신용장인 경우 취소권의 행사는 매입은행의 매입통지가 개설은행에 도착할 때까지만 가능하다. 신용장은 취소불능(irrevocable)의 표시가 없는 경우에도 취소불능이다.

■■ 확인여부(Confirmed L/C와 Unconfirmed L/C)

수익자가 개설은행의 대외신용을 의심하거나 수입자 소재국의 정치, 경제 상태가 불안정할 경우 등에 신용장의 확인을 요구하게 된다. 통상 개설은행의 요청에 따라 통지은행이 확인을 추가하여 통지한다. 이때 확인은행은 개설은행과 동일한 지급의무를 진다.

■■ 매입은행 제한여부(Restricted L/C와 Open L/C)

Restricted L/C는 개설은행이 수출상이 매입을 의뢰할 수 있는 은행을 신용장상에 미리 지정해 놓은 신용장을 말하며, Open L/C는 수출상이 매입은행을 자유롭게 선택할 수 있는 신용장이다.

■■ 양도가능여부(Transferable L/C와 Non-Transferable L/C)

신용장상에 Transferable이라는 문구가 있는 경우에 한하여 양도가 가능하고, 양도는 수직적으로는 1회에 한하여 가능하며, 분할선적이 가능한 경우

에만 분할양도가 가능하다

◼◼ 상환청구권 발동여부(With Recourse L/C와 Without Recoruse L/C)

With Recourse인 때에는 매입은행이 수출상에게 선지급한 대금을 개설은행 등으로부터 받지 못할 경우 수출상에게 되돌려 받을 수 있으나, Without Recourse인 때에는 일단 매입이 끝나면 매입은행이 수출상에게 지급한 대금을 되돌려 받지 못하는 것을 말한다.

◼◼ 회전신용장(Revolving L/C)

동일거래선과 동일품목을 반복적으로 거래할 때 매거래시마다 신용장을 개설하는 불편을 피하기 위하여 이용하는 신용장이다. 처음 개설한 신용장이 이행되면 일정한 기간이 경과한 후 자동적으로 동액의 신용장이 갱신된다.

◼◼ 동시개설신용장(Back to Back L/C)

신용장 조건 중에 "이 신용장 수령 후 며칠 이내에 수출상(Beneficiary)이 수입상(Applicant) 앞으로 동액의 신용장을 개설하는 경우에 한하여 이 신용장이 유효하다"는 조건을 부가한 신용장으로 연계 무역(구상무역)에서 사용된다.

◼◼ 기탁신용장(Escrow L/C)

신용장에 의하여 발행되는 어음의 매입대금을 수익자에게 지급하지 않고 수출상과 수입상이 합의한 Escrow 계정에 입금해 두었다가 그 수익자가 수입상을 상대로 Counter L/C를 개설할 때 수입하는 상품의 대금결제용으로만 인출할 수 있도록 제한을 받는 신용장이다.

◼◼ 보증신용장(Stand-by L/C)

무화환신용장(Clean L/C)의 일종으로 상품의 대금결제를 목적으로 하는 화환신용장이 아니고 주로 금융이나 보증을 위해 발행되는 특수한 신용장이다. 보증신용장은 주로 현지금융을 보증하거나 국제입찰시 계약보증금, 이행보증금 등을 조달할 때 이용된다.

취소불능화환 신용장(Irrevocable Documentary Credit)

KOREA EXCHANGE BANK SEOUL. KOREA Cable Address ″ Exchbank Telex Number : 6809 Place and date of Issue : Seoul, Feb 22. 2019	IRREVOCABLE DOCUMENTARY CREDIT Credit Number : M12364567 Date and place of expiry September 09 2020 Seattle
JinMond Co Ltd CPO Box 123456789 Seoul. Korea	America International 1234 Ind Street Seattle. WA. 98599 USA
Seattle Bank. Seattle. Washington. USA	USD ten million only (USD 10,000,000)
Partial shipment allowed Transhipment not allowed Loading on board / dispatch / taking in charge: from Seattle not later than March 3 2020 for transportation to Incheon	Credit available with negotiation against presentation of the document listed below, marked "X" and beneficiary's drafts in duplicate at sight drawn on Bank of San Fransisco

Signed commercial invoice in quintuplicate.
Full set of clean on board ocean bills of lading made out to the order of Korea Exchange Bank. Freight prepaid and Notify accountee.
Air waybill consigned to Korea Exchange Bank marked Freight Prepaid and Notify accountee.
Insurance Policy of certificate in duplicate. endorsed in blank for 110% of the invoice value, expressly stipulating that claims are payable in Korea and it must include the Institute Cargo Clause (A/R).
Packing list in triplicate.
Covering 1,000 cases of cashmere wool yarn USA origin (USD 1,000 CIF Incheon).
Special conditions and other required documents (if any).

Unless otherwise expressly stated, all banking commissions and charges outside issuing country are for account of beneficiary.

Documents to be presented within 10 days after the date of issuance of th transport documents but within the validity of the credit.

All documents must be forwarded to issuing bank in two lot(s) by registered airmall.

We hereby issue this Documentary Credit in your favor. Except so far as otherwise expressly stated herein, this credit is subject to the Uniform Customs and Practice for Document credit (2007 Revision, International Chamber of Commerce, Paris, France, Publication No.600) and engages us in accordance with the terms thereof.
The number and the date of the credit and the name of our bank must be quoted on all drafts required. If the credit is available by negotiation, each presentation must be noted on the reverse of this advice by the bank where the credit is available

REIMBURSEMENT the negotiating bank is authorized to reimburse itself by sending beneficiary's draft to the above drawee bank. Authorized signature	Advising bank's notification Advice No and date Authorized signature

■■ 선대신용장(Red-Clause L/C, Packing L/C)

신용장 개설의뢰인의 요청에 따라 개설은행이 통지은행에게 수출업자의 제조, 가공, 집하자금 조달을 용이하게 하기 위하여 일정조건하에서 수출업자에게 수출대금의 일부 또는 전부를 운송서류 제시 이전에 지불하는 조건의 신용장이다.

03 송금방식

1) 의미

송금방식은 수입자(buyer)가 수출자(seller)에게 송금하여 수입대금을 결제하는 방식이다. 이 송금 방식은 신용장방식 및 추심결제방식과 달리 국제규범이 존재하지 않는다. 그리고 대금결제와 선적서류/물품의 인수도가 완전히 분리되어 있으며 송금시기에 따라 위험부담자가 달라진다는 점이 특징이다.

1편 2장 한국무역의 특징 변화 중 결제형태별 수출입의 변화에서 설명한 바와 같이 L/C 이용상의 한계, 기업 내 수출입의 증가, 국제상품시장의 변화 등의 요인으로 신용장 비중이 크게 감소된 반면에 송금방식 수출비중이 크게 확대되는 추세를 보이고 있다. 송금방식거래는 반도체, 컴퓨터 등 전기전자제

송금방식 거래경로

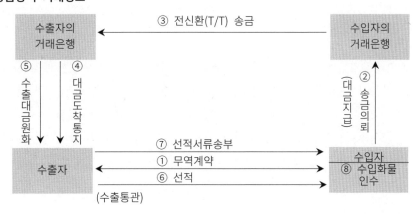

품 분야에서 특히 많이 이용된다.

2) 사전송금방식

사전송금방식 수출은 수출대금 전액을 수출물품의 선적전에 외화로 미리 송금받는 방식이다. 사전·사후의 구분은 수입통관 또는 선적서류 영수를 기준으로 구분한다. 수출물품을 선적하기도 전에 수출대금을 미리 받고 물품은 일정기간 이내에 선적해 주는 거래방식이다. 이와 같은 방식의 거래는 수출자에게만 일방적으로 유리하다. 본지사간의 수출거래로서 계약건당 5만 달러를 초과하는 수출대금을 물품을 선적하기 전에 영수하고자 하는 경우에는 한국은행에 신고하여야 한다.

현물상환방식 거래경로

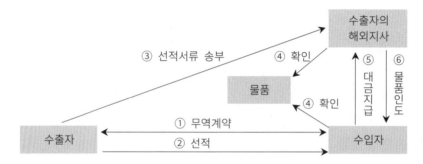

3) 현물상환방식

현물상환방식(COD: Cash On Delivery)은 수입자가 소재하는 국가에 수출자의 지사나 대리인이 있는 경우, 수출자가 물품을 지사 등에 송부하면 수입자가 물품의 품질 등을 검사한 후 물품과 현금을 상환하여 물품대금을 송금하는 방식의 거래이다. 이때 B/L상 Consignee가 수출자 지사 등의 지시식으로 기재된다. 주로 귀금속 등 고가품으로서 직접 물품을 검사하기 전에는 품질 등을 정확히 파악하기 어려운 경우에 많이 활용한다.

4) 서류상환방식

서류상환방식(CAD: Cash Against Documents)은 수출자가 물품을 선적하고 수입자 또는 수출국에 소재하는 수입자의 대리인이나 지사에게 선적서류를 제시하면 서류와 상환하여 대금을 결제하는 방식의 거래이다. 통상 수입자의 지사나 대리인 등이 수출국내에서 물품의 제조과정을 점검하고 수출물품에 대한 선적전검사를 행하며, 대리인 등이 없는 경우 은행을 활용하기도 한다.

서류상환방식 거래경로

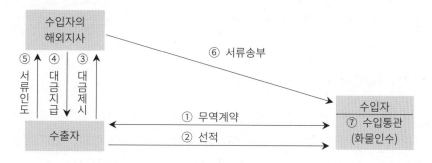

5) 사후송금방식

물품의 인도(선적)후에 전신환(T/T) 방식으로 대금을 주고받는 방식의 수출입 거래이다. 유럽을 중심으로 한 서구에서 보편화된 결제방식으로 단순송금방식과는 정반대로 수출상이 물품매매계약의 조건에 따라 먼저 수출물품선적 후 선적서류를 송부하고, 계약에 따라 수입상이 사후에 결제를 하는 방식이다. 매매계약서의 조건에 따라 수출상이 선적을 이행한 후 수입상에게 선적서류를 송부하면 통상 선적일 기준으로 일정기간이 경과한 후에 수입상이 수출상이 지정한 은행의 계좌로 대금을 송금하여 결제한다.

04 추심결제방식

1) 의미

추심결제방식은 무신용장 결제방식으로 수출자(seller)가 수입자(buyer)에게 물품을 송부한 후 물품대금에 대한 환어음을 발행하여 은행을 통하여 추심(collection)하여 수출대금을 회수하는 거래방식이다.

추심결제방식에서 수출자는 환어음을 발행해야 하며 은행을 통하여 수출대금을 회수해야 한다. 수입자 은행은 대금지급을 약속하지 않고 단순히 어음을 추심하는 업무만 수행한다. 추심결제 방식의 거래에는 결제기간에 따라 지급인도(D/P)조건 인수인도(D/A)조건이 있다.

2) 지급인도 조건

지급인도 조건(D/P : Documents against Payment)은 수출자가 수출물품을 선적한 후 수입자를 지급인으로 수출자를 수취인으로 일람불(At Sight) 어음을 발행하여 선적서류와 함께 거래 외국환은행에 추심을 의뢰하고 의뢰받은 은

D/P 조건 거래경로

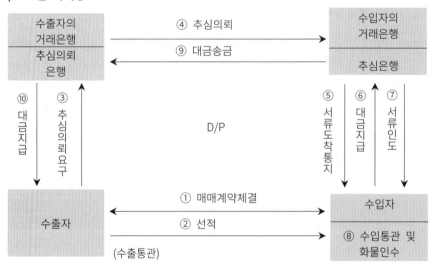

D/A 조건 거래경로

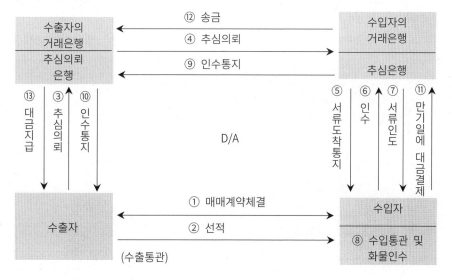

행(추심의뢰은행)은 이를 수입지의 은행에 추심요청을 한다. 이의 요청을 받은 추심은행(수입자의 거래은행)은 어음지급인(수입자)이 환어음 대금을 지급함과 동시에 선적서류를 수입자에게 인도하고 그 대금을 추심의뢰은행(수출자의 거래은행)에 송금하여 수출자가 수출대금을 영수하는 거래방식이다.

3) 인수인도 조건

인수인도 조건(D/A : Documents against Acceptance)은 수출자가 기한부 환어음을 발행하여 추심은행을 통하여 수입자에게 제시하면 수입자는 어음상에 "Accept"라는 표시와 함께 서명하고 환어음을 인수, 추심은행은 수입자에게 선적서류를 인도한다. 추심은행은 어음의 만기일에 어음지급인(수입자)으로부터 대금을 지급받아 추심의뢰 은행에 송금하면 수출자가 대금을 영수하는 거래방식이다.

4) 화환어음 추심에 관한 통일규칙

D/P, D/A 등 추심결제에 관한 국제통일규칙은 ICC(국제상업회의소)가 제

정한 "화환어음추심에 관한 통일규칙"(Uniform Rules for Collection of the Commercial Paper; URC)이 적용되고 있다.

ICC가 1956년 제정하여 1967년, 1978년, 1995년 3차례 개정하였으며 현재 시행되고 있는 3차 개정 추심에 관한 통일규칙 "URC 522"는 1995년도에 개정되어 1996년 1월 1일부터 시행되고 있다. 화환어음 추심에 관한 통일규칙은 대체로 10년 혹은 20년마다 한 번씩 개정되었는데 1995년 이후 개정이 없는 상황이다.

5) 신용장과의 차이점

▪▪ 수입대금의 지급책임자

신용장 거래 시는 신용장은 기본계약과는 별도로 개설은행과 수출상간의 계약이므로 개설은행은 이에 대한 법적 책임을 부담한다. 반면, 추심결제에서는 지급책임자가 수입상이므로 수입상이 수입대금을 추심은행에 지불하지 않을 경우 추심은행은 그 사실만 수출상에게 통보하면 되지 그 이상의 책임을 부담하지 않는다.

▪▪ 국제규범

신용장은 신용장통일규칙(Uniform Customs and Practice for Documentary Credits)이 적용되지만 D/P, D/A 거래는 화환어음 추심에 관한 통일규칙 (Uniform Rules for Collection of the Commercial Papers)이 적용된다.

▪▪ 서류심사 의무

신용장의 경우 은행은 수출상이 제출한 서류가 신용장조건과 일치하는지의 여부를 일일이 확인하여야 하지만, D/P, D/A에서는 은행이 지급책임을 지는 것이 아니므로 서류의 내용 심사를 할 의무가 없다. 추심의뢰은행은 수출상으로부터 서류를 받으면 서류목록이 추심의뢰서에 기재된 목록과 일치되는지의 여부만 점검하고 서류의 내용은 심사하지 않는다.

■ 환어음상의 지급인(drawee)

신용장상에서는 수출상이 발행하는 환어음상의 지급인은 반드시 은행(개설은행, 상환은행, 지정은행)으로 표시되어야 하지만 D/P, D/A에서는 지급인이 수입상으로 표기된다.

CHAPTER 10 **무역운송**

01 무역운송 개요

1) 무역운송의 중요성

미국의 글로벌기업 마이크로소프트(Microsoft) 창업자 빌 게이츠(Bill Gates)는 "21세기 세계를 지배하고 리드하는 국가는 물류를 선도하는 국가이다."라고 말했다. 세계화 시대에 물류의 중요성을 설파한 것이다. 무역운송의 종류는 해상운송, 항공운송, 육상운송, 복합운송으로 나누어진다.

수출상품, 수입상품을 어떠한 방식으로 최종 목적지로 운송할 것인가? 국제무역 거래를 성공적으로 수행하기 위해서는 상품의 품질 및 가격 설정, 해외마케팅 능력, 무역계약, 대금결제 등 단계별 수출현장 무역실무가 대단히 중요하다.

그리고 적절한 운송수단의 선정을 통해 제품을 적기에 인도하는 것, 운송 물류비의 절감, 그리고 이를 통해 바이어에 대한 신용도를 높이는 것 등 운송물류를 효과적으로 수행하는 것이 또한 매우 중요하다.

운송수단을 잘못 선택하여 적기 인도에 차질을 빚거나 포장, 하역 등의 잘못으로 화물에 대한 운송 클레임이 발생하면 수출자는 치명적 타격을 입게 된다. 따라서 값싸고 빠른 운송수단과 최적의 운송경로 선택, 그리고 운송 단계별 신속 정확한 업무처리를 효과적으로 수행하면 상품의 가격경쟁력을 높여 국제경쟁에서 비교우위에 설 수 있다.

2) 운송서류의 기능

국제무역에서 수출자(seller)는 신용장 조건에서 요구하는 선하증권(B/L)

등 운송서류를 구비하여 매입은행에 수출대금회수(Nego) 신청할 수 있다. 또한 수입자(buyer)는 수출자가 보낸 B/L 등 운송서류를 신용장 개설은행으로부터 취득하여 수입물품을 인수(확보)할 수 있다. 따라서 수출자, 수입자가 신용장 조건 등에 부합하는 운송서류의 요건이 무엇인가를 파악하고 이를 준비하기 위해서는 무역운송에 대한 이해가 선행되어야 한다.

이하에서는 운송수단 및 개항, 무역운송 종류, 컨테이너(container), 선하증권(B/L: Bill of Lading), 항공화물운송장(AWB: Air Waybill), 복합운송증권(Multimodal Transport Document) 등에 대하여 설명한다.

02 운송수단 및 개항

1) 운송수단

외국무역선은 무역을 위하여 우리나라와 외국 간을 운항하는 선박을 의미하며, 외국무역기는 무역을 위하여 우리나라와 외국 간을 운항하는 항공기를 의미한다(관세법 제2조). 그리고 이러한 외국무역선과 외국무역기는 외국물품(수입면허 전 물품 또는 수출면허 후 물품)을 운송하는 역할을 수행한다.

외국무역선(선박)을 운용하는 해운회사(shipping company)의 경우 우리나라에는 현대상선, SK해운 등이 있으며 세계적인 해운회사로는 덴마크의 Maersk, 스위스의 MSC, 프랑스의 CMA CGM, 중국의 COSCO, 독일 하팍로이드, 대만 에버그린 등이 있다.

외국무역기(항공기)를 운용하는 항공회사(airline company)의 경우 우리나라에는 대한항공(KAL), 아시아나(ASIANA) 등이 있으며 세계적인 항공회사로는 미국 NORTHWEST, 중국 Air China, 일본 JAL, 독일 LUFTHANSA, 영국의 British Airways, 프랑스 AIR FRANCE 등이 있다.

2) 개항(항만 및 공항)

개항(開港)은 외국에 개방된 항구 및 공항을 의미하는데 그러한 개항은 법에 지정(관세법 제133조)되어 있다. 외국에 개방된 항구는 부산, 울산, 인천,

광양, 제주, 평택, 당진 등 24개이며, 외국에 개방된 공항은 인천, 김포, 김해, 제주, 청주, 대구, 무안 등 7개이다. 그리고 외국무역선이나 외국무역기는 개항에 한정하여 운항할 수 있다(관세법 제134조).

한편, 컨테이너(Container) 처리량으로 본 세계항만순위는 상하이(양산항), 싱가포르, 선전, 닝보–저우산, 홍콩, 부산 등의 순이며 이들 항만을 세계 6대 수퍼 항만(Global Super Port)이라고 한다. 또한 화물처리량 기준으로 본 세계공항순위는 홍콩, 두바이, 인천, 상하이, 나리타, 타이완, 프랑크푸르트, 파리(드골공항), 싱가포르(창이공항) 등의 순이다. 세계 주요국의 국제공항(International airports) 수는 미국 92개, 중국 51개, 일본 30개, 한국 7개 등의 순이다.

03 무역운송 종류

1) 해상운송

해상운송(marine transportation)은 선박(관세법의 외국무역선)에 의한 항만간 운송(Port to Port)을 의미한다. 해상운송은 육상운송이나 항공운송과 비교하여 대량운송, 원거리수송, 자유로운 운송로, 저렴한 운송비, 국제성, 느린 속력 등의 특성을 가지고 있다. 일반적으로 무역에서는 컨테이너 화물(container cargo)을 운송하는 컨테이너선(container ship) 운송, 벌크화물(bulk cargo)을 운송하는 벌크선(bulk ship) 운송으로 나누어진다.

해상운송의 세계무역 운송루트(World Trade Route)는 1편 5장에서 논의한 바와 같이, 수에즈운하 루트(Suez Canal Route), 파나마운하 루트(Panama Canal Route), 북극항로(NPR: North Pole Route), 아메리카 랜드브리지(ALB: American Land Bridge), 캐나다 랜드브리지(CLB: Canadian land bridge) 등의 운송경로가 있다.

해상운송에서는 선하증권(B/L: Bill of Lading)이 발행된다. 선하증권은 운송화물의 수령 및 선적 증명서이다. 증권에 기재된 조건에 따라 운송하며 지정된 양륙항에서 증권의 정당한 소지인에게 그 화물을 인도할 것을 약정하는 유가증권이다. 화주(貨主)의 청구에 따라 선박회사 또는 대리점이 발행한다.

수출자는 수출물품을 생산하여 수입자가 L/C상에 선박회사를 지정한 경

무역운송의 종류 요약

해상운송	• 선박에 의한 항만간 운송(Port to Port) • 선하증권(B/L: Bill of Lading) 발행
항공운송	• 항공기에 의한 공항간 운송(Airport to Airport) • 항공화물운송장(Air Waybill) 발행
육상운송	• 차량(버스, 철도)에 의한 역간 운송(Station to Station) • 시베리아횡단철도(TSR), 아시아횡단철도 등
복합운송	• 두 가지 이상 운송수단(Port to Airport to Station) • 복합운송증권(Multimodal Transport Document) 발행

우를 제외하고, 선적스케줄(Shipping Schedule)을 조회하여 해당 선사에 선적을 요청한다. 그리고 운송회사를 통하여 선사와 계약되어 있는 CY(Container Yard)로 화물을 운송함과 동시에 세관에 도착보고를 하고 선적완료 후 출항한다.

2) 항공운송

항공운송(Air Transportation)은 항공기(관세법의 외국무역기)에 의한 공항간 운송(Airport to Airport)이다. 항공운송의 세계무역 운송루트(World Trade Route)는 주요국 주요도시간의 직항로와 Sea & Air 루트가 있다. Sea & Air 루트로는 한국(인천)경유 Sea & Air, 북미서해안(LA) 경유 Sea & Air, 러시아(블라디보스톡)경유 Sea & Air 등이 있다.

항공운송에서는 항공화물운송장(AWB: Air Waybill)이 발행된다. 항공화물운송장은 수출자(송하인)와 항공사간에 화물운송 계약체결을 증명하는 서류이다. AWB는 해상운송의 B/L에 해당하는 것이지만 B/L처럼 유통성은 없다.

항공운송은 해상운송에 비해 운송기간이 짧고 정기운송에 따른 화물의 적기 인도가 가능하므로 재고비용 및 자본비용을 절감할 수 있다. 또한 화물의 손상 및 장기운송에 의한 변질 가능성이 적어 화물을 안전하게 수입자에게 인도할 수 있다는 장점이 있다. 그러나 다른 운송수단보다 항공운임이 상당히 높다는 점이 단점이다.

우리나라의 항공화물운송은 1970년대부터 본격적으로 시작되어 1980년

대 이후 크게 증가하였다. 초창기 항공운송 제품은 섬유류, 잡화류, 생동물, 가발 등이었으나 최근에는 항공화물의 50% 이상을 경박단소형 제품인 전자 제품 등 IT 제품이 차지하고 있다.

3) 육상운송

육상운송(land transportation)은 차량(철도, 버스)의 역간 운송(Station to Station)을 말한다. 육상운송의 세계무역 운송루트(World Trade Route)는 1편 5장에서 논의한 바와 같이, 역사적으로 실크로드(Silk Road), 차마고도(Ancient Tea Route) 등이 있었고, 현재 아시아횡단철도(Trans Asian Railway: TSR, TCR, TMR, TMGR, TKR), 시베리아 횡단철도(TSR: Trans Siberian Railway) 등이 운영되고 있다. 중국의 일대일로(一帶一路) 정책은 新 실크로드 구상으로서 실크로드 지역의 철도, 도로, 공항, 항만 등을 확장하고 신규 건설하는 프로젝트이다.

수출자(화주)가 수출품을 생산하고 난 후 선적하기 위해서는 선적지 항구까지의 내륙운송절차를 거치게 되는데, 그 경로에는 철도운송, 도로운송, 해상운송 등이 있다. 화주의 경로 선택은 화물의 양, 종류 등에 따라 달라질 수 있는데 보통 FCL인 경우는 도로, 철도, 해상으로 수송되며, LCL인 경우는 도로로 수송되어 해당 CFS에서 컨테이너 적재작업이 이루어지게 된다.

4) 복합운송

복합운송(multimodal transportation)은 두 가지 이상 서로 다른 운송수단에 의하여 물품이 이동되는 운송방법을 말한다. 즉, 선박, 항공기, 차량(철도, 버스) 등의 운송수단이 결합되어 운송하는 것을 의미한다. 복합운송은 Container가 등장하면서 1980년대 이후 본격적으로 활용되기 시작하였다. 복합운송은 수출자의 문전에서 수입자의 문전까지 서비스(door to door service)를 제공하는 일관 운송을 목적으로 한다.

복합운송에 의해 이루어지는 세계무역 운송루트(World Trade Route)는 아메리카 랜드브리지(ALB: American Land Bridge), 캐나다 랜드브리지(CLB: Canadian land bridge), Sea & Air 운송 시스템 등이 있다.

복합운송에서는 복합운송증권(Multimodal Transport Document)이 발행된다. 복합운송증권은 화물의 운송에서 door to door service를 위하여 육상, 해상, 항공 등 두 가지 이상의 운송수단에 의하여 복합적인 방식으로 이루어질 때 최초의 운송인이 발급하는 증권이다.

복합운송의 장점은 다음과 같다. 첫째, 비용 절감이다. 환적작업 검사, 사무절차 등 수송기관의 접점에서 발생하는 작업 코스트를 절감할 수 있으며, 작업흐름의 원활화 및 하역생산성 향상이 가능하다. 둘째, 서류 단순화이다. 컨테이너화 진전에 따른 운송절차의 간소화로 화물과 서류의 체크, 서류의 단순화가 가능하다. 셋째, 운송책임 일원화이다. 복합운송업자에 의한 일괄 운송업무 수행으로 운송책임의 일원화가 가능하다. 넷째, 화물추적이 용이하다. 단일의 운송인에 의해 취급되므로 화물의 추적 시스템화(Cargo Tracing System)가 용이하다.

04 컨테이너

1) 컨테이너의 개념

컨테이너(container)는 수출입 화물 운송을 위한 규격화된 직육면체형 용기(cargo tool in packaging and shipping)를 말한다. 수출입 화물(cargo)은 크게 컨테이너 화물(container cargo), 벌크 화물(bulk cargo: 撒貨物)로 분류하는데 컨테이너 화물은 일반 공산품 화물을 의미하며, 벌크 화물(철광석, 석탄, 곡물과 같은)은 포장이 안 되고 흩어지는 화물을 의미한다. 우리나라 벌크화물 3대 수입회사는 Posco(철광석), 한국전력(석탄), 한국농수산식품유통공사(곡물)이다.

컨테이너의 등장은 복합운송이 활성화되는 계기가 되었다. 규격화된 용기로 door to door 운송이 가능하게 된 것이다. 선박, 비행기, 철도, 버스 등 운송수단 중에서 2가지 이상의 효과적인 활용을 통하여 글로벌 운송 혁신을 이룩하였다.

2) 컨테이너 장단점

컨테이너의 장점은 door to door 운송, 안전한 운송, 운송서류의 간소화, 운임 절감, 환적 용이, 하역시간 단축, 창고료 절감 등이다. 반면에 컨테이너의 단점은 항만시설, 컨테이너 전용선, 다량의 컨테이너 필요 등 시설확보에 따른 경비부담이 있고, 벌크화물 운송은 불가능하여 이용화물의 제한이 있다는 점이다.

3) 컨테이너 유형

컨테이너는 크게 4가지 유형이 있다. 드라이 컨테이너(Dry Cargo Container)는 일반화물 운송에 이용되며 대표적인 표준 컨테이너이다. 냉동 컨테이너(Refrigerated Container)는 과일, 육류 등 신선유지가 필요한 화물 운송에 이용되며 운임은 드라이 컨테이너의 2배 수준이다. 오픈탑 컨테이너(Open Top Container)는 장척화물(長尺貨物), 중량품, 기계류 등 대형화물 운송에 이용되며 운임은 드라이 컨테이너의 1.5배 수준이다. 마지막으로 탱크컨테이너(Tank Container)는 원유(crude oil), 약품, 식료품, 액체 화물 운송에 이용된다.

4) 컨테이너 규격

컨테이너 규격은 일반적으로 20Foot Container(TEU), 40Foot Container(FEU), 45Foot Container(Jumbo) 등 3가지 유형이 있다. 이것은 국제표준화기구(ISO)가 제정한 기준으로 컨테이너 길이에 따른 구분이다.

20Foot Container는 길이, 폭, 높이가 각각 20Foot, 8Foot, 8.6Foot이며 TEU(Twenty-foot equivalent units)라고도 한다. 40Foot Container는 길이, 폭, 높이가 각각 40Foot, 8Foot, 8.6Foot이며 FEU(Forty-foot equivalent units)라고도 한다. 45Foot Container는 길이, 폭, 높이가 각각 45Foot, 8Foot, 9.6Foot이며 컨테이너가 크기 때문에 점보(Jumbo)라고도 한다.

컨테이너선(containership)

5) 컨테이너화물 유형

컨테이너화물(Container Cargo)의 유형은 FCL 화물과 LCL 화물 두 가지가 있다. FCL(Full Container Load) 화물은 1개 컨테이너에 1개 회사의 화물이 적재되는 경우를 의미하며, LCL(Less than Container Load) 화물은 1개 컨테이너에 1개 회사의 화물이 가득차지 않는 경우 다른 회사의 화물을 혼재하여 적재하는 경우를 의미한다.

실무적으로 설명하면, 한 명의 화주(수출자)가 한 개의 컨테이너를 가득하게 채울 만큼의 수출 물량을 확보하고 있으면 FCL 화물이며, 한 명의 화주(수출자)가 한 개의 컨테이너를 가득 채울 만큼의 수출 물량이 부족하여 다른 화주의 화물과 함께 혼재하여 컨테이너에 적재하는 것이 LCL 화물이다.

6) 컨테이너 터미널

컨테이너 터미널(Container Terminal)은 컨테이너 운송의 경우에 해상운송과 육상운송의 접점에 있는 항구앞에 설치되어 있는 일정한 장소이다. 구체적으로 본선하역, 하역준비, 화물보관, 컨테이너 및 컨테이너화물의 접수, 각종 기계의 보관에 관련되는 일련의 시설을 갖춘 지역을 말한다.

컨테이너 터미널은 Berth(선석: 선박 접안 시설 및 장소), Marshalling Yard (컨테이너 정열 장소), CY(Container Yard: 컨테이너 인수, 인도 및 보관 장소), CFS(Container Freight Station: LCL화물 인수, 인도 및 보관 장소), Control Tower(컨테이너 야드 전체 관리) 등으로 구성되어 있다.

7) 컨테이너 수출화물 운송절차

▰ 선박수배

- FOB 조건인 경우 수입상, CFR 및 CIF 조건인 경우 수출상이 의무를 담당
- 선적스케줄(Shipping Schedule)을 선사 및 대리점을 통해 확인하고 선박을 수배
    ※ Shipping Schedule 확인시 유의사항
        ① 선박 입출항일 및 시간, 운송기일(transit time), 직항 또한 환적항 기항 여부
        ② 선박 출항예정시간(ETD: estimated time of departure)
        ③ 선박 도착예정시간(ETA: estimated time of arrival)
        ④ CY cargo인 경우 화물수취 마감시간(closing time)

▰ 선적예약(Booking)

- 화주는 선사에 선적의뢰서(S/R: Shipping Request)를 발송, 선적 예약(booking)

▰ 선적(Shipment)

- 화주는 수출 컨테이너화물을 선적항 CY 혹은 터미널에 마감시간(closing time) 전 반입
    ※ 미국으로 가는 수출화물은 적재 24시간 전 적하목록(manifest)을 제출해야 함

■ 선하증권(B/L) 수령

- 선적 완료 후 화주는 선사로부터 B/L(선하증권) 수령
- 운임 선불인 경우에는 운임을 B/L 수령과 동시에 지급
  ※ B/L 수령 후 B/L상 기재내용에 이상이 없는지 반드시 확인해야 함

■ 선적 통지(Shipping Advice)

- 선적 절차가 완료되면 화주(수출자)는 수입자에게 선적 사실 및 내용을
  통지하고 B/L 사본을 송부

05 선하증권

1) 선하증권의 의의

선하증권(B/L, Bill of Lading)이란 화주(수출자)와 선박회사간의 해상운송
계약에 의하여 선박회사가 발행하는 화물교환권(짐표)로서 유가증권이다. 선
주가 자기 선박에 화주로부터 의뢰받은 운송화물을 적재 또는 적재를 위해
그 화물을 영수하였음을 증명한다.

그리고 동 화물을 도착항에서 일정한 조건하에 수하인 또는 그 지시인에
게 인도할 것을 약정한 유가증권이다. B/L상에 기재된 화물의 권리를 구체화
하는 것으로서 B/L의 양도는 바로 화물에 대한 권리의 이전을 의미한다. 화물
을 처분하고자 할 때에는 반드시 관련 B/L을 가지고 있어야만 한다.

2) 선하증권의 특성

선하증권은 3가지 특성이 있다. 첫째, 권리증권(entitled document)으로서
선하증권의 소유자나 피배서인은 해당 상품의 인도를 주장할 수 있는 권리를
가진다. 둘째, 계약의 증빙(evidence of contract)으로서 선하증권은 선주와 화
주간 운송계약이 체결된 것을 증명하는 역할을 한다. 셋째, 물품수령증(receipt

of goods)으로 선하증권은 선사가 화주로부터 물품을 수령했다는 증명서이다.

3) 선하증권의 종류

■■ 선적 선하증권과 수취 선하증권

선적 선하증권(Shipped or On Board B/L)은 화물이 실제로 선적된 후에 발행되는 선하증권이다. 증권에 "Shipped" 또는 "Shipped on Board" 등의 문구가 표시된다. 모든 선하증권은 선적 선하증권으로 발행되어야 하는 것이 원칙이다. 반면에 수취 선하증권(Received B/L)은 화물을 수취했음을 증명하는 선하증권이다. 화물을 운송할 선박이 부두에 입항하지 않았을 때 선박회사가 선적 전에 발행하는 증권이다. 예정된 선박에 선적이 안 되는 경우가 있기 때문에 L/C에 "Received B/L Acceptable"이나 이에 상응하는 문구가 없으면 은행에서 매입을 거절할 수 있다.

■■ 무사고 선하증권과 사고부 선하증권

화물 선적 당시에 화물의 포장상태 및 수량에 어떠한 손상 또는 과부족이 있으면 운송인은 그 내용을 증권상에 표기하는데 이때 이러한 증권을 사고부 선하증권(Foul B/L 또는 Dirty B/L)이라고 한다. 매입은행에서 수리하지 않으므로 화주는 선박회사에 파손화물보상장을 제출하고 무사고선하증권을 교부받은 뒤 어음을 매입하는 은행에 제출해야 한다. 반면에 화물의 손상 및 과부족이 없이 발행되는 증권을 무사고 선하증권(Clean B/L)이라 한다.

■■ 기명식 선하증권과 지시식 선하증권

기명식 선하증권(straight B/L)은 증권의 "Consignee"난에 수입자의 성명 또는 상호가 기재되어 있는 증권이다. 발행인 배서금지의 문구가 기재되어 있지 않으면 배서에 의해서 양도할 수 있다. 반면에 지시식 선하증권(Order B/L)은 Consignee난에 "To Order" "To order of shipper" "To order of Issuing Bank" 등의 문구가 기재된 증권을 말한다. 이 경우는 지시(order, 배서)를 통하여 양도가 가능하다.

Bill of Lading(선하증권)

① Shipper/Exporter ABC TRADING CO. LTD. 1. PIL-DONG, JUNG-KU, SEOUL, KOREA	⑪ B/L No. ; But 1004
② Consignee TO ORDER OF XYZ BANK	
③ Notify Party ABC IMPORT CORP. P.O.BOX 1, BOSTON, USA	

Pre-Carrage by	⑥ Place of Receipt BUSAN, KOREA	
④ Ocean Vessel WONIS JIN	⑦ Voyage No. 1234E	⑫ Flag

⑤ Port of Loading ⑧ Port of Discharge ⑨ Place of Delivery ⑩ Final Destination(For the Merchant Ref.)

BUSAN, KOREA   BOSTON, USA   BOSTON, USA   BOSTON, USA

⑬ Container No. ⑭ Seal No. Marks & No	⑮ No. & Kinds of Containers or Packages	⑯ Description of Goods	⑰ Gross Weight	Measurement
ISCU1104	1 CNTR	LIGHT BULBS (64,000 PCS)	4,631 KGS	58,000 CBM
Total No. of Containers or Packages(in words)				

⑱ Freight and Charges	⑲ Revenue tons	⑳ Rate	㉑ Per	㉒ Prepaid	㉓ Collect

㉓ Freight prepaid at	㉔ Freight payable at	㉖ Place and Date of Issue May 21, 2007, Seoul Signature
Total prepaid in	㉕ No. of original B/L	

㉗ Laden on board vessel
  Date   Signature
  May 21, 2000
		㉘ ABC Shipping Co. Ltd.
		  as agent for a carrier, zzz Liner Ltd.

■ 복합운송 선하증권

복합운송 선하증권(Combined Transport B/L)은 수출국의 화물인수 장소로부터 수입국의 인도장소까지 육상, 해상, 항공 중 적어도 두 가지 이상의 다른 운송방법에 의해 운송되는 경우에 발행되는 운송증권이다. 이는 주로 컨테이너 화물에 사용된다. 다음의 "07 복합운송증권"에서 자세하게 설명한다.

■ 기간경과 선하증권

기간경과 선하증권(Stale B/L)은 일정한 기간내에 제시하지 않은 선하증권을 말한다. 수출자는 수출대금 청구시(매입 의뢰시) 신용장에 명시된 기간 내에 선하증권을 매입은행에 제시하여야 한다. 만약 기간이 명시되어 있지 않았다면 발행 이후 21일 이내에 매입은행에 선하증권을 제시하여야 한다. 이 기간 내에 제시하지 않은 선하증권을 Stale B/L이라 한다. 이 경우 신용장에 "Stale B/L Acceptable"이라는 문구가 없으면 은행에서 매입을 거절할 수 있다.

06 항공화물운송장

1) 개요

항공화물운송장(AWB: Air way Bill)은 항공회사가 화물을 항공으로 운송하는 경우에 발행하는 화물수취증으로서 해상운송에서의 선하증권에 해당되며, 항공운송장 또는 항공화물수취증이라고도 부른다. 그 외 관세신고서, 운임요금청구서, 화물 수령서 등의 기능이 있다.

AWB의 기본적인 성격은 선하증권과 같으나 선하증권이 화물의 수취를 증명하는 동시에 유가증권적인 성격을 가지고 유통이 가능한 반면, 항공운송장은 화물의 수취를 증명하는 영수증에 불과하며 유통이 불가능하다는 점에서 차이가 있다.

운송계약은 항공화물운송장을 발행한 시점, 즉 화주 또는 그 대리인이 AWB에 서명하거나 항공사 또는 해당 항공사가 인정한 항공화물취급대리점이 AWB에 서명한 순간부터 유효하며 명시된 수하인에게 화물이 인도되는 순간 소멸된다. 항공화물운송장은 화물과 함께 보내져 화물의 출발지, 경유지, 목적지를 통하여 각 지점에서 적절한 화물취급 및 운임정산 등의 작업이 원활하게 수행되는 데 필요한 사항이 기재되어 있다.

2) AWB와 B/L의 차이점

항공화물운송장(AWB)	선하증권(B/L)
유가증권이 아닌 단순한 화물운송장	유가증권
비유통성(non-negotiable)	유통성(negotiable)
기명식	지시식(무기명식)
수취식(창고에서 수취하고 발행)	선적식(본선 선적 후 발행)
송하인이 작성하는 것이 원칙	운송인이 작성

07 복합운송증권

1) 개요

복합운송증권(Multimodal Transport Document)은 선박, 철도, 항공기, 자동차 등 종류가 다른 운송수단 중 두 가지 이상의 조합에 의해 이루어지는 운송에 대해 복합운송인이 발행하는 증권이다. 복합운송증권은 발행자인 운송인이 운송품의 수령을 증명하고 운송계약의 증거가 되며, 유가증권으로서의 성격을 가진다.

복합운송증권 통일규칙(uniform rules for a combined transport document)은 복합운송증권의 양식과 기재사항, 복합운송의 조건 및 증권발행에 따른 복합운송인의 책임 등을 통일시킨 국제규칙이다. 컨테이너 등장 이후 대부분의 수출입 화물이 컨테이너로 운송됨에 따라 1973년 국제상업회의소(ICC)에서 제정하고 1975년 개정하였다. 또한 1983년 개정된 신용장 통일규칙(제25조)에서도 신용장에 별도의 명시가 없는 한 은행은 이러한 복합운송서류를 거절하지 않는다고 규정하고 있다.

2) 특징 및 기능

복합운송증권은 일반 선하증권과는 달리 다음 3가지 특징이 있다. ① 화물의 멸실, 손상에 대해 전 운송구간을 커버하는 일관 책임을 지고, ② 선하증권과 달리 운송인뿐만 아니라 운송주선인에 의해서도 발행되며, ③ 화물이 본선 적재전에 복합운송인이 수탁 또는 수취한 상태에서 발행된다는 점이다.

복합운송증권은 법적으로 선하증권과 똑같이 유통증권으로서의 기능을 가진다. 다만 지시식 또는 무기명식으로 되어야 하며, 지시식으로 된 때에는 배서에 의해 양도 가능하다. 일반적으로 복합운송증권 표면에 "Negotiable combined transport document issued subject to Uniform Rules for Combined Transport Document(ICC Brochure No.289)."라는 준거문언(Governing Clause)이 기재된다.

3) 복합운송증권 용어

일반적으로 "복합운송증권" 영문 용어는 "선하증권(B/L)" 또는 "Document"라는 용어에 복합운송을 의미하는 단어(Multimodal, Combined, Intermodal)를 붙여 사용한다. 즉, Multimodal Transport Document, Combined Transport Document(CTD), Multimodal Transport B/L(MTD), Combined Transport Bill of Lading(CT B/L), Intermodal Transport B/L 등이 있다.

복합운송증권(Multimodal Transport Document)

1.Consignor/Shipper SEVENSTAR AUTO CO. LTD 150, SINDANG—DONG, JUNG—GU, SEOUL, KOREA	**KIFFA** **BILL OF LADING** **OR MULTIMODAL TRANSPORT DOCUMENT** 11. Bill of Lading No. DBEX09040071
2.Consignee(Complete Name and Address/Non-Negotiable Unless Consigned to Order) THE FIRST AUTOMOTIVE CO., LTD PLANT : NO. 150, NARASINGAPURAM VILLAGE, THIRUVALLUR TALUK, TAMIL, NADU, INDIA **	**Dongbu Express** #924, Express Bus Terminal, 19-4, Banpo-Dong, Seocho-Gu, Seoul, 137-040, Korea PHONE : (02) 3287-4913 FAX : (02) 3287-5502~3
3.Notify Party SAME AS CONASIGNEE	26. For Delivery of Goods Please Apply to:

4.Pre-Carriage by	5.Place of Receipt BUSAN, KOREA
6.Vessel / Voyage No.	7.Port of Loading

8.Port of Discharge CHENNAL, INDIA	9.Place of Delivery CHENNAL, INDIA	10. Final Destination(For the Merchant's Ref. Only) CHENNAL, INDIA

Particulars Furnished by Consignor/Shipper

13. Container No. & Seal No. Marks & No.	14. No. & Kinds of Containers or Packages	15. Description of Goods SAID TO CONTAIN	16. Gross Weight (KGS) 329.80	17. Measurement (CBM) 0.890
**MR.JUN SUNG HYUN MOBILE:+91 99400 70882	1 PALLETS	BROACH CUTTER 4EA LINER 8EA ABRASIVE WHEEL 3EA *14DAYS FREE DEMURRAGE TIME	KGS	CBM

19. LADEN ON BOARD

APR.20.2020

SURRENDERED

C O P Y
NON–NEGOTIABLE

18.
Excess Value Declaration(Refer to §II- 4.3) : CFS/CFS

20. Total Number of Containers or Packages(In Words)	22. Freight Payable at SEOUL. KOREA
21. Freight & Charges	Prepaid	Collect	Received by the Carrier, the Goods specified herein in apparent good order and condition unless otherwise stated, to be transported to such place as agreed, authorized or permitted herein and subject to all the terms and conditions appearing on the front and reverse of this Bill of Lading or Multimodal Transport Document(hereinafter called the 'B/L') to which the Merchant agrees by accepting this B/L, notwithstanding any local privileges, customs or any other agreements between the parties. The particulars of the Goods provided herein were stated by the shipper and the weight, measurements, quantity, condition, contents and value of the Goods are unknown to the Carrier. In witness whereof three(3) original B/L(s) have been signed unless otherwise stated herein. If two(2) or more original B/L(s) have been issued and either one(1)has been surrendered, all the other(s) shall be null and void. If required by the Carrier one(1) duly endorsed original B/L must be surrendered in exchange for the Goods or delivery order.
PREPAIS AS ARRANGED			
			25. Signature
23. Place and Date of Issue APR.20.2020 SEOUL, KOREA	24. No. of Original B/L NIL		
11.Bill of Lading No.			**Dongbu Express** As a Carrier

Authorized By *Korea International Freight Forwarders Association 1997*(210×297㎜)

CHAPTER 11 **무역보험**

01 무역보험 개요

1) 무역보험의 의의

무역은 해상의존성이 높고 리스크가 높은 것이 특징이다. 무역업자 및 운송업자는 이러한 리스크에 따른 손해발생에 대비하여 어떠한 준비를 하여야 할 것인가? 외국과의 무역거래에 따른 리스크를 보완하고 제거해주는 것이 무역보험(Trade Insurance)이다.

무역보험에는 무역운송의 유형에 따라 해상운송보험, 항공운송보험, 육상운송보험 등이 있다. 그리고 무역거래에서 가장 비중이 높은 무역보험은 무역운송비중이 가장 높은 해상보험(Marine Insurance)이다.

2) 해상보험의 종류

해상보험(Marine Insurance)은 선박에 의한 수출입 화물의 해상운송시 발생하는 위험에 대비하여 화물 및 선박의 손해를 보상하는 것을 목적으로 하는 손해보험을 말한다. 해상보험은 보험의 목적에 따라 크게 적하 보험과 선박 보험으로 구분된다.

적하보험(Cargo Insurance)은 수출입 화물을 보험 목적물로 하는 보험이다. 수출입 화물을 운송하던 중에 화물이 멸실 또는 훼손되었거나 화물을 보존하기 위하여 경비를 지출하게 되어 화물의 소유자가 손해를 입게 되었을 때 이를 보험조건에 따라 보상하여 주는 보험이다. 이 책에서 다루는 분야는 적하보험만을 대상으로 하였다.

선박보험(Hull Insurance)은 선박을 보험 목적물로 하는 보험이다. 선박을 관리하거나 운항하던 중 선박이 멸실되거나 훼손된 경우, 또는 선박을 보존하기 위하여 지출된 경비가 있는 경우 이러한 손해를 보험 조건에 따라 보상하여 주는 보험이다.

해상보험은 수출입 화물이나 선박에 대해 해상위험으로 인해 발생하는 손해의 보상을 목적으로 하는 재산보험이며 손해보험이다. 따라서 해상위험으로 인해 발생하는 선원 및 승객 등의 인명의 상실이나 상해에 대해서는 해상보험에 포함되지 않는다.

3) 해상보험의 성격

첫째, 국제적 성격이 강하다. 해상보험 거래는 그 주요 대상이 국제상품거래 및 국제간 해상운송이라는 점, 해상보험 사고발생의 범위가 세계 5대양 6대주, 개별 거래대상국가 등 전 세계에 미치고 있다는 점에서 국제적 성격이 강하다.

둘째, 상거래적 성격이 강하다. 해상보험의 수요자는 상품의 수출입 비즈니스를 영위하는 무역업자 및 해운업자이며, 공급자는 대체로 대기업인 해상보험회사이다. 따라서 양자 사이에 체결되는 해상보험 거래는 생명보험이나 화재보험 등에 비해 상거래적 성격이 매우 강하다.

셋째, 해상보험은 항공보험 및 육상보험과는 달리 운송수단(선박)도 보험의 목적물이 된다. 해상보험은 다른 형태의 보험과 마찬가지로 수출입 화물운송 리스크에 대한 보험이지만, 다른 형태의 운송보험과는 달리 운송물(수출입 화물)뿐만 아니라 운송수단(선박)도 보험의 목적물이 된다. 그런데 항공보험 및 육상보험의 경우는 운송물(화물)만을 대상으로 한다.

02 무역보험의 주요용어

1) 보험자

보험자(Insurer, Underwriter)는 보험계약을 인수한 자로서 보험사고 발생

무역보험의 주요용어

보험자 (Insurer)	• 보험계약을 인수한 자 • 해상보험회사
보험계약자 (Policy Holder)	• 보험계약의 청약자 • 수출자 또는 수입자
피보험이익 (Insurable Interest)	• 피보함자의 경제적 이익
피보험자 (Insured)	• 보상을 받을 권리를 갖는 자 • CIF 조건인 경우 피보험자는 수입자
보험료 (Insurance Premium)	• 보험 계약자가 지급하는 보수
보험가액 (Insurable Value)	• 피보험이익의 평가액 • 일반적으로 CIF 금액의 110%

시 그 손해를 보상하는 자, 즉 보험금을 지급할 의무를 지는 해상보험회사
(Marine Insurance Company)를 말한다. 우리나라의 해상보험회사는 삼성화재해
상보험, 현대해상화재보험, LG화재해상보험, 동부화재해상보험 등이 있다.

2) 보험계약자

보험계약자(Policy Holder)는 보험계약의 청약자로서 보험료 지급의무, 중
요사항의 고지의무, 위험변경 통지의무 등을 부담하는 자를 말한다. 수출입
물품 운송에 대한 위험의 이전 분기점이 수출자와 수입자가 약정한 가격조건
에 따라 달라지므로 위험을 감수하게 되어 보험을 부보해야 할 보험계약자도
이 가격조건에 따라 달라진다. Incoterms의 EXW, FCA, FAS, FOB, CFR 등의
조건일 경우 수출화물에 대한 보험계약자는 수입자가 되고, CIF, CIP, DDP
등의 조건일 경우 보험계약자는 수출자가 된다.

3) 피보험이익

보험이익(Insurable Interest)은 보험사고의 발생에 의하여 손해를 입을 우
려가 있는 피보험자(수출자 또는 수입자)의 경제적 이익을 말한다. 해상보험은
보험목적물에 대한 손해를 피보험자에게 보상하는 것이기 때문에, 계약이 성

립하기 위해서는 손해를 입을 우려가 있는 이익의 존재가 필요하다. 이때 보험목적물에 손해가 발생함으로써 피보험자에게 발생하는 손해 이해관계를 가리켜 피보험이익이라고 한다.

4) 피보험자

피보험자(Insured, Assured)는 피보험이익의 주체로서 보험사고의 발생으로 인하여 손해를 입은 경우 보상을 받을 권리를 갖는 자를 말한다. 가격조건에 따라 보험계약자와 피보험자가 동일인일 수도 있고 다를 수도 있다. 즉, FOB 조건인 경우에는 수입자(buyer)가 보험계약자인 동시에 피보험자이다. CIF 조건인 경우에는 수출자(seller)가 보험계약자, 수입자(buyer)가 피보험자이다.

5) 보험료

보험료(Insurance Premium)는 보험자(해상보험회사)의 위험부담에 대해 보험계약자가 지급하는 보수를 말한다. 수출화물(export cargo)과 수입화물(import cargo)에 대해 각각 별도의 보험요율을 적용하고 있으며 운항 선박의 상태, 항로(거리), 화물의 종류, 보험조건 등을 근거로 하여 산정한다. 그리고 보험요율은 기본요율(Port to Port), 통상요율(부가위험요율, 확장부담보조건요율, 할인/증 요율) 및 기타요율 등으로 구성된다.

6) 보험가액

보험가액(Insurable Value)은 피보험이익의 평가액으로서 일정한 피보험이익에 대하여 발생할 수 있는 경제적 손해의 최고한도를 말한다. 국제무역에서 보험가액은 상업송장(commercial invoice) 금액에 수입자의 예상이익(희망이익)을 가산한 금액이다.

일반적으로 상업송장(commercial invoice)상 CIF(cost insurance and freight) 금액의 110%를 보험가액으로 산정하는 것이 국제 상관례이다. 실무적으로

"In case of CIF basis, 110% of the invoice amount will be insured by the seller."와 같이 문장을 작성한다.

03 해상손해의 유형

해상보험에서 해상손해(Marine Loss)란 피보험자(수출자, 수입자)가 해상위험(Marine Risk)으로 인하여 입게 되는 피해를 의미한다. 그 손해의 유형은 일반적으로 크게 물적 손해(physical loss), 비용 손해(expenditure loss)로 분류한다.

1) 물적 손해

물적 손해(physical loss)는 보험목적물 그 자체가 멸실이나 훼손됨으로 인하여 피보험자가 입는 손해를 말하며, 직접손해라고도 한다. 전손(현실전손, 추정전손)과 분손(단독해손, 공동해손)으로 분류된다.

■ 전손

전손(total loss, 全損)은 보험 목적물의 전체가 멸실되어 발생한 손해를 의미한다. 현실전손(actual total loss)과 추정전손(constructive total loss)으로 구분된다. 현실전손은 화물이 실제로 전체가 멸실되어 복구가 불가능할 때, 선박이 해상에서 행방불명되었을 때 발생하는 손해로 절대전손(absolute total loss)이라고도 한다. 이에 비해 추정전손은 화물이 현실적으로는 전체가 멸실되지 않더라도 손해의 정도가 본래의 효용을 상실하거나, 복구비용이 오히려 시장가격을 초과하는 손해이다.

■ 분손

분손(partial loss, 分損)은 운송보험에서 수출입 화물의 일부에만 발생한 손해를 말하며, 전손(全損)에 상대되는 개념이다. PL 또는 해손(海損)이라고도 한다. 손해 부담자의 범위에 따라 단독해손과 공동해손으로 분류된다.

단독해손(particular average, P/A)은 분손 중 손해를 입은 구성원의 단독부담으로 돌아가는 손해이다. 좌초·화재·충돌 등의 우발적 사고로 선박·화물에 손해가 발생하여 화주나 선주가 단독으로 부담하는 것을 말한다. 공동해손(general average, G/A)은 분손 중 손해를 입은 구성원의 공동부담으로 돌아가는 손해이다. 화물을 운송하던 중 해난을 당했을 때 공동위험을 면하기 위하여 선박 자체나 화물의 일부를 희생시킨 해손를 말한다.

2) 비용 손해

비용 손해(expenditure loss)는 해상보험 목적물이 항해중 위험에 놓이는 경우 그 목적물의 손해를 경감 또는 방지하기 위하여 지출된 비용을 의미한다. 손해방지 비용, 손해조사 비용, 구조비용, 특별비용 등이 여기에 해당한다.

손해방지비용(sue and labor charge)은 보험계약의 담보위험으로 인하여 발생한 손해를 방지하거나 경감하기 위하여 지출한 비용이다. 구조비용(salvage charge)은 위험에 처한 선박 및 수출입 화물을 계약에 의하지 않고 자발적으로 구조한 자가 해상법에 의하여 받는 보수이다. 특별비용(particular charge)은 보험목적의 안전이나 보존을 위하여 피보험자가 지출한 비용으로서, 공동해손이나 구조비용이 아닌 비용이다.

해상손해의 유형

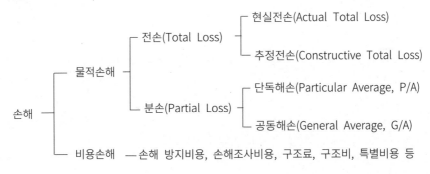

04 보험약관

1) 개요

적하보험(cargo insurance)에서 사용되는 기본 약관은 구약관과 신약관 두 가지로 나눌 수 있으며 보험가입자가 선택할 수 있도록 되어 있다. 구약관은 200여 년 전부터 사용되어 온 영국의 로이즈 보험증권(Lloyd's S.G.Policy)을 모체로 하고 있으며 A/R(All Risks), FPA(Free from Particular Average), WA(With Average) 등의 조건이 있다.

신약관은 구 약관의 애매한 문구와 고어체 문장을 현대적이고 명확한 문장으로 바꾼 것이다. 1979년 UNCTAD의 해상보험에 관한 보고서를 기초로 1982년 제정되었다. 그러나 보험자의 보상범위나 기타의 담보에 대한 근본적인 조항은 크게 변동이 없다. ICC(A), ICC(B), ICC(C) 등의 조건이 있다.

구약관과 신약관의 담보범위를 비교하며 보면, 대체적으로 신약관 ICC(A), ICC(B), ICC(C) 조건은 각각 구약관 A/R, FPA, WA 조건과 유사하다. 그리고 구약관 A/R과 신약관 ICC(A)의 담보범위가 가장 넓으며 구약관 FPA와 신약관 ICC(C)의 담보범위가 가장 좁다.

2) 구약관 담보범위

보상하는 손해	FPA	WA	A/R
① 전손	○	○	○
② 공동해손	○	○	○
③ 해난구조비 및 손해방지비	○	○	○
④ 좌초·침몰·대화재가 발생된 경우의 단독해손	○	○	○
⑤ 선적·환적·양하중의 매포장 단위당의 전손	○	○	○
⑥ 화재·폭발·충돌·접촉 및 피난항에서의 양하로 인한 손해	○	○	○
⑦ 악천후에 의한 해수손	×	○	○
⑧ 약관상 면책사항 이외의 외래적 우연적 사고에 의한 손해	×	×	○

3) 신약관 담보범위

보상하는 손해	ICC(C)	ICC(B)	ICC(A)
① 화재 또는 폭발	○	○	○
② 본선 또는 부선의 좌초·교사·침몰·전복	○	○	○
③ 육상운송용구의 전복·탈선	○	○	○
④ 본선·부선·운송용구의 타물과의 충돌·접촉	○	○	○
⑤ 피난항에서의 화물의 하역	○	○	○
⑥ 지진·화산의 분화·낙뢰	×	○	○
⑦ 공동해손희생 손해	○	○	○
⑧ 투하(Jettison)	○	○	○
⑨ 갑판유실(Washing Overboard)	○	○	○
⑩ 본선·부선·선창·컨테이너 등에의 해수·호수·강물 유입	×	○	○
⑪ 본선·부선에의 선적 또는 양륙작업 중 발생한 포장단위당의 전손	×	○	○
⑫ 약관상 면책사항 이외의 외래적, 우연적 사고에 의한 손해	×	×	○
⑬ 공동해손·구조비	○	○	○
⑭ 쌍방과실충돌(Both to Blame Collision)	○	○	○

4) 부가위험 담보조건

수출입업자가 해상보험에 부보할 때 기본조건으로 전위험 담보조건인 A/R 또는 ICC(A)로 하는 것이 가장 바람직하다. 그러나 보험료(Insurance Premium)가 상대적으로 비싸므로 화물의 종류, 포장방법, 운송방법 등을 고려하여 구약관 WA, FPA 및 신약관 ICC(B), ICC(C)조건에 다음에 열거된 위험을 추가하여 부보함으로써 보다 저렴한 보험료로 전위험 담보조건으로 부보한 것과 동일한 효과를 거둘 수 있다. 이러한 조건을 부가위험 담보조건이라고 한다.

■ 추가 보험조건 종류

① TPND(Theft, Pilferage & Non－Delivery): 도난, 절도, 불착손
② R.F.W.D(Rain and/or Fresh Water Damage): 비나 해수에 의한 손상
③ Breakage: 파손

Certificate of Marine Cargo Insurance(해상화물보험증권)

Assured(s), etc ② THE SAMWON CORPORATION	
Certificate No. ① 002599A65334	Ref. No.③ Invoice No. DS-070228 L/C No. IOMP20748

Claim, if any, payable at : ⑥
    GELLATLY HANKEY MARINE SERVICE
    842 Seventh Avenue New York 10018
    Tel(201)881-9412
Claims are payable in
	Amount insured ④
	    USD 65,120.-
	    (USD59,200 XC 110%)

Survey should be approved by ⑦
    THE SAME AS ABOVE
		Conditions ⑤
		* INSTITUTE CARGO CLAUSE(A) 1982
		* CLAIMS ARE PAYABLE IN AMERICA
		  IN THE CURRENCY OF THE DRAFT.

⑧ Local Vessel or Conveyance	⑨ From(interior port or place of loading)	
Ship or Vessel called the ⑩ KAJA-HO V-27	Sailing on or about ⑪ MARCH 3, 2007	
at and from ⑫ PUSAN, KOREA	⑬ transsshipped at	
arrived at ⑭NEW YORK	⑮ thence to	

Goods and Merchandiese ⑯ 16,000YDS OF PATCHWORK COWHIDE LEATHER	Subject to the following Clauses as per back hereof institute Cargo Clauses Institute War Clauses(Cargo) Institute War Cancellation Clauses(Cargo) Institute Strikes Riots and Civil Commotions Clauses Institute Air Cargo Clauses(All Risks) Institute Classification Clauses Special Replacement Clause(applying to machinery) Institute Radioactive Contamination Exclusion Clauses Co-Inssurance Clause Marks and Numbers as

Place and Date signed in ⑰ SEOUL, KOREA MARCH 2, 1999 No. of Certificates issued. ⑱ TWO
⑳ This Certificate represents and takes the place of the Policy and conveys all rights of the original policyholder
(for the purpose of collecting any loss or claim) as fully as if the property was covered by a Open Policy direct to the holder of this Certificate.
This Company agrees lossed, if any, shall be payable to the order of Assured on surrender of this Certificate.
Settlement under one copy shall render all otehrs null and viod.
Contrary to the wording of this form, this insurance is governed by the standard from of English Marine Insurance Policy.
In the event of loss or damage arising under this insurance, no claims will be admitted unless a survey has been held with the approval of this Compay's office or Agents specified in this Certificate.

SEE IMPORTANT INSTRUCTIONS ON REVERSE
⑲ LG Insurance Co., Ltd.

AUTHORIZED SIGNATORY

This Certificate is not valid unless the Declaration be signed by an authorized representative of the Assued.

④ Sweat and Heating Damage: 습기와 열에 의한 손상

⑤ Leakage/Shortage: 누손 및 부족손

⑥ JWOB(Jettison and Washing Over Board): 투하 및 갑판유실

⑦ Denting and/or Bending: 움푹 들어가거나 휘어짐으로 발생한 손해

⑧ Spontaneous Combustion: 자연발화

⑨ Mould and Mildew: 곰팡이로 인한 손해

⑩ ROD(Rust, Oxidation, Discolouration): 녹, 산화, 변색

⑪ Hook and Hole: 갈고리의 취급 부주의로 인한 구멍 발생

⑫ Contamination: 오염에 의한 손해

05 보험금 청구

1) 보험금 청구절차

수출입 화물의 보험사고(insured accident)가 발생하였을 때 보험계약자, 피보험자 및 그 대리인은 사고 사실을 인지하게 되면 지체 없이 보험자(보험회사 또는 그 대리점)에게 사고발생 사실을 구두나 서면으로 통보하여야 한다.

그리고 보험사고 통보를 접한 보험회사 또는 그 대리인은 지정된 공인 검정회사를 선임하여 사고발생 사실 및 원인과 손해의 정도에 대한 조사를 실시하고 이를 토대로 작성된 검정보고서에 따라 보험금의 지급여부 및 지급할 보험금의 수준을 결정하게 된다.

따라서 수출입 화물 사고 발생시 피보험자(수출자, 수입자)가 사고 통보를 지체하면 손해의 원인규명이 어려워지거나 손상된 화물의 방치로 손해가 확대되는 경우 손해에 대한 보험보상이 불가하거나 불이익을 당할 우려가 있으므로 주의가 필요하다.

2) 보험회사에 대한 통지내용

수출입 화물의 보험사고가 발생하였을 때 피보험자(수출자, 수입자) 등이

보험자(보험회사)에게 통지해야 할 주요내용은 다음과 같다.

① 보험조건의 내용(증권번호, 화물의 명세, 선명, 보험가입금액, 보험증권 등)

② 손상화물의 상태(수량 및 외관에서 본 손상상태)

③ 화물의 보관장소 및 그 후의 예정 등

06 한국무역보험공사의 수출보험

1) 수출보험의 의의

수출보험(export insurance)는 대외무역거래시 발생하는 수출입화물에 대한 여러 가지 위험으로부터 무역업체를 보호하기 위한 제도이다. 우리나라에서는 공공기관인 한국무역보험공사(Korea Trade Insurance Corporation)에서 정부 출연에 의해 조성된 수출보험기금으로 수출보험제도를 운영한다.

수출보험은 수입자의 계약파기·파산·대금 지급지연 또는 거절 등의 신용위험(credit risk)과 수입국에서의 전쟁·내란 또는 환거래 제한 등의 비상위험(political risk)으로 인하여 발생할 수 있는 수출자·생산자 또는 수출대금을 대출해 준 금융기관이 입게 되는 불의의 손실을 보상하는 제도이다. 궁극적으로 우리나라의 수출진흥을 도모하고 중소 수출업자를 보호하기 위한 비영리 정책보험이다.

2) 수출보험의 기능

수출자는 수출대금을 받지 못하여 발생한 손실을 수출보험을 통하여 보상받을 수 있다. 따라서 수출자는 위험성이 있는 외국 바이어와의 외상 거래(USANCE L/C, D/A) 등이 가능하다. 또한 해외 신규 바이어의 적극적인 발굴을 통한 신시장 개척 및 시장 다변화를 도모할 수 있다.

그리고 수출업체의 외국환은행 무역금융 활용시 수출보험증권을 담보제공으로 활용할 수 있다. 외국환은행은 담보능력이 부족한 수출업체에 대해서 수출보험증권이나 수출신용보증서를 담보로 무역금융 지원을 확대할 수 있고 위험도가 높은 수출거래에 대하여 금융지원이 가능하다.

3) 수출보험의 종류

우리나라의 수출입업자에 대하여 한국무역보험공사가 제공하고 있는 수출보험의 종류는 여러 가지가 있다. 각종 대외 수출입 거래와 관련하여 단기성 종목, 중장기성 종목, 기타 보험종목 서비스 등이 있으며 전체적으로 13개의 보험제도, 2개의 보증제도 및 기타 서비스를 제공하고 있다.

■ 단기성 종목

• 결제기간 2년 이내의 수출거래를 대상
• 단기수출보험, 수출신용보증(선적전, 선적후, Nego), 중소기업 Plus + 보험

■ 중장기성 종목

• 결제기간 2년 초과 수출거래 대상
• 중장기수출보험, 해외사업금융보험, 해외투자보험, 해외자원개발펀드보험, 해외공사보험, 수출보증보험, 이자율변동보험, 서비스종합보험 등

■ 기타 보험종목 서비스

• 환율변동 보험, 신뢰성 보험, 수입자 신용조사 서비스, 해외채권 추심대행 서비스 등

4) 단기수출보험

■ 단기수출보험 개요

• 수출기업이 수출대금 결제기간 2년 이하의 수출계약을 체결하고 수출물품 선적 후, 수입자(개설은행)로부터 수출대금을 받을 수 없게 된 때에 입게 되는 손실을 보상

■ 담보위험

• 신용위험: 수입기업(개설은행)의 지급불능, 지급지체, 인수거절 등
• 비상위험: 전쟁위험, 송금위험, 환거래 제한 등

■ 보험료

- 수입자 신용등급, 결제조건 및 결제기간에 따라 결정
- 무신용장 0.25~10.32%, 신용장 0.06~2.19%

5) 수출신용보증

■ 수출신용보증 개요

- 수출기업이 수출계약에 따라 물품을 선적한 후 금융기관이 환어음 등의 선적서류를 근거로 수출채권을 매입(NEGO)하는 경우 한국무역보험공사가 연대 보증하는 제도

■ 지원분야

- 선적후 보증: 수출대금 결제기간 2년 이내의 수출거래
- NEGO 보증: 수출대금 결제기간 180일 이내의 무신용장거래
- 매입 보증: 수출대금 결제기간 1년 이내의 수출거래

■ 보증요율

- 선적후 보증: 0.05~0.38% + 단기수출보험 보험료(수출통지건마다 납부)
- NEGO 보증: 0.45~2.43%(연 1회 선납)
- 매입 보증: 0.45~2.43%(연 1회 선납)

6) 환율변동보험

■ 환변동보험 개요

- 수출대금 외화획득 과정에서 발생할 수 있는 환차손익을 제거, 사전에 수출금액을 원화로 확정시킴으로써 환율변동의 불확실성 위험을 커버하는 상품

■ 보험대상 통화: 미국 달러화, 일본 엔화, 유로화, 중국 위안화

■ 보험요율: 0.01~0.063%(12개월 초과시 0.02%씩 가산)

01 수출입통관 개요

수출입 통관(customs clearance)이란 관세법의 규정에 의한 절차를 이행하여 물품을 수출·수입 및 반송하는 것(관세법 제2조)을 말한다. 실무적으로는, 수출자 및 수입자가 세관장에게 수출입신고 사항(C/O, 품명, 수량, 가격, 대상국가, 수출입 요건 등)을 제출하여 "수출입 면허를 취득하는 것"을 의미한다.

전체 수출입단계에서 수출입통관은 어느 단계에 있을까? 수출절차를 순서대로 나열하면 ① 무역업 창업(Korea Trading Company) ② 해외시장조사(Oversea Market Research) ③ 바이어 찾기(finding buyer) 및 신용조사(Credit Inquiry) ④ 무역계약(Trade Contract) 체결 ⑤ 수출신용장(L/C) 접수 ⑥ 수출승인 및 수출요건확인 ⑦ 수출물품 조달 및 무역금융 이용 ⑧ 수출물품 포장(packing) ⑨ 해상운송(marine transport) 및 해상보험(marine insurance) 계약 ⑩ 수출통관(export customs clearance) ⑪ 수출선적(shipment) ⑫ 수출대금 회수(negotiation) 순서이다. 즉, 최종 수출선적과 수출대금 회수 바로 직전 단계가 수출통관 단계이다.

02 수출통관 절차

1) 수출통관의 의의

수출통관(export customs clearance)이란 수출하고자 하는 물품을 세관장에게 신고하고, 세관장은 관세법 및 기타 법령에 따라 적법하고 정당하게 이루어진 경우에 이를 신고수리하고 수출신고필증을 교부하여 수출물품이 반출될 수 있도록 하는 일련의 과정을 말한다.

수출통관의 절차 흐름은 수출물품 세관 도착 → 수출신고 → 수출물품 검사 → 수출신고수리(수출신고필증 교부) → 수출물품 선적 등의 순서이다. 순서별로 좀 더 자세히 설명하면 다음과 같다.

2) 수출신고

수출하고자 하는 자는 자사 수출물품이 장치된 물품 소재지 관할 세관장에게 수출신고를 하여야 한다. 수출신고는 수출 화주(seller / shipper / consignor), 관세사, 관세법인, 통관취급법인의 명의로 한다. 수출신고는 당해물품을 외국으로 반출하고자 하는 선박 또는 항공기의 적재단위(S/R 또는 S/O, B/L 또는 AWB)별로 하여야 한다. 수출신고시 구비서류는 수출신고서(EDI 신고), 수출승인서(해당되는 경우), 상업송장(Commercial Invoice), 포장명세서(Packing List), 기타 수출통관에 필요한 서류 등이다.

수출통관 절차

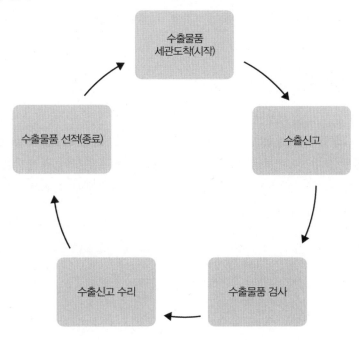

3) 수출물품 검사

세관장은 수출신고 물품을 확인할 필요가 있는 경우에는 물품검사를 할 수 있다. 수출검사 목적은 수출물품이 수출신고서상 기재내용과 동일한지 여부를 확인하여 위장수출, 불법수출 등을 방지하기 위한 것이다. 수출물품의 검사는 신고수리 후 선박 적재 전에 검사하는 것을 원칙으로 한다. 그러나 신속한 통관을 위해 특별한 경우를 제외하고 원칙적으로 수출검사를 생략하고 있다.

4) 수출신고 수리

수출신고필증은 세관이 수출자에게 물품이 수출됨을 증명하는 수출면허 서류이다. 세관장은 자동 신고수리, 심사후 수리, 검사후 수리 중 한 가지 방법으로 수출신고를 수리한다. 세관장이 수출신고를 수리한 때에는 세관특수 청인을 전자적으로 날인한 수출신고필증을 수출자에게 교부한다. 수출자는 수출신고필증을 제시하여야만 본선 선적 또는 항공기 적재가 가능하다. 이 필증은 또한 선적서류 매입, 수출용원자재 사후관리, 관세환급 등에 사용된다.

5) 수출물품 선적

수출자는 수출신고가 수리된 물품을 수출신고가 수리된 날부터 30일 이내에 우리나라와 외국간을 왕래하는 선박, 항공기 등 운송수단에 적재하여야 한다. 출항 또는 적재 일정변경 등 부득이한 사유로 인하여 적재기간을 연장하고자 하는 자는 변경전 적재기간내에 통관지 세관장에게 적재기간 연장승인을 신청하여야 한다.

수 출 신 고 서 (갑지)

※ 처리기간 : 즉시

제출번호 ① 신 고 자	⑤ 신고번호	⑥ 신고일자	⑦ 신고구분	⑧ C/S구분

② 수 출 대 행 자 (통관고유부호) 수출자구분 수 출 화 주 (통관고유부호) (주소) (대표자) (소재지) (사업자등록번호)	⑨ 거래구분	⑩ 종류	⑪ 결제방법
	⑫ 목적국	⑬ 적재항	⑭ 선박회사 (항공사)
	⑮ 선박명 (항공편명)	⑯ 출항예정일자	⑰ 적재예정보세구역
	⑱ 운송형태	⑲ 검사희망일	
	⑳ 품소재지		
③ 제 조 자 (통관고유부호) 제조장소 산업단지부호	㉑ L/C번호	㉒ 물품상태	
	㉓ 사전임시개청통보여부	㉔ 반송 사유	
④ 구 매 자 (구매자부호)	㉕ 환급신청인(1:수출대행자/수출화주, 2:제조자) 간이환급		

· 품명 · 규격 (란번호/총란수)

㉖ 품 명 ㉗ 거래품명	㉘ 상표명

㉙모델 · 규격	㉚ 성분	㉛ 수량	㉜ 단가	㉝ 금액

㉞ 세번부호		㉟ 순중량		㊱ 수량		㊲ 신고가격 (FOB)	
㊳ 송품장번호		㊴ 수입신고번호		㊵ 원산지		㊶ 포장개수(종류)	
㊷ 수출요건확인 (발급서류명)							
㊸ 총중량		㊹ 총포장개수		㊺ 총신고가격 (FOB)			
㊻ 운임(₩)		㊼ 보험료 (₩)		㊽ 결제금액			
㊾ 수입화물관리번호				(50) 컨테이너번호			

※신고인기재란	(51) 세관기재란

(52) 운송(신고)인 (53) 기간 부터 까지	(54) 적재 의무기한		(55) 담당자		(56) 신고수리일자	

1) 수입통관 의의

수입통관(import customs clearance)이란 수입하고자 하는 물품을 세관장에게 신고하고, 세관장은 관세법 및 기타 법령에 따라 적법하고 정당하게 이루어진 경우에 이를 신고수리하고 신고인에게 수입신고필증을 교부하여 수입물품이 반출될 수 있도록 하는 일련의 과정을 말한다.

수입통관의 절차 흐름은 적하목록(cargo manifest) 제출 → 수입화물 하역(Container Terminal) → 보세구역 반입(보세운송) → 수입신고 → 수입물품 검사 → 수입신고수리(수입신고필증 교부) → 관세 등 제세납부 등의 순서이다.

2) 수입신고방법 및 시기

- 신고방법: 관세청 UNI-PASS 전자통관시스템에 자료 전송
  ※ 수입신고 포함 통관 관련 인터넷 신고 및 신청은 관세청 전자통관시스템(UNI-PASS, unipass.customs.go.kr)을 이용
- 신고자: 관세사, 자가통관업체(화주)
- 신고시기: 물품의 항구(공항) 도착 후 신고 원칙 / 신속 통관 위해 도착 전 신고 가능
- 제출서류: 수입신고서(전산시스템), Invoice, Packing List, B/L, C/O, 검역증 등

3) 수입물품 검사방법 및 처리

- 검사목적: 수입신고내용의 정확성(품명, 수량, 원산지표기, 상표권위반)
- 검사선별: 수입업체 우범도, 동향정보를 바탕으로 수입신고건에서 선별
- 검사방법: 전량검사, 발췌검사, 분석검사, 과학장비에 의한 검사
- 적발물품처리: 시정조치, 벌금부과, 고발조치
- 검사비용: 수입화주의 부담으로 함

4) 수입신고 수리

수입신고필증은 세관이 수출자에게 물품이 수입됨을 증명하는 수입면허 서류이다. 세관장은 수입검사 및 서류심사에서 이상이 없는 경우 수입신고를 수리한다. 다만, 보완을 요구하거나 통관보류조치를 할 수 있다. 이때 보완요구 사유는 ① 신고서 항목의 기재사항이 미비된 경우, ② 신고서 심사결과 첨부서류가 누락되었거나 증빙자료의 보완이 필요한 경우, ③ P/L신고를 서류제출신고로 변경하려는 경우 등이다.

수입통관 절차

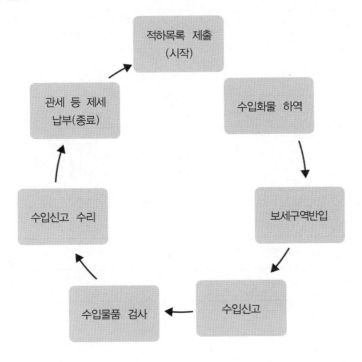

5) 관세 등 세금 납부 및 물품반출

관세 납부의무자인 수입자는 신고납부 방식에 따라 스스로 과세가격, 납부세액 등을 계산하여 관세 등 세금을 납부한다. 그리고 수입자는 수입신고

수 입 신 고 서(갑지)

※ 처리기간 : 3일

① 신고번호	② 신고일	③ 세관.과	⑥ 입항일	⑦ 전자인보이스 제출번호
④ B/L(AWB)번호		⑤ 화물관리번호	⑧ 반입일	⑨ 징수형태

⑩ 신 고 자	⑮ 통관계획	⑲ 원산지증명서 유무	㉑ 총중량
⑪ 수 입 자			
⑫ 납세의무자	⑯ 신고구분	⑳ 가격신고서 유무	㉒ 총포장갯수
(주소)			
(상호)	⑰ 거래구분	㉓ 국내도착항	㉔ 운송형태
(전화번호)			
(이메일주소)	⑱ 종류	㉕ 적출국	
(성명)		㉖ 선기명	
⑬ 운송주선인	㉗ MASTER B/L 번호		㉘ 운수기관부호
⑭ 해외거래처			

㉙ 검사(반입)장소

● 품명·규격 (란번호/총란수 :)

㉚ 품 명		㉜ 상 표		
㉛ 거래품명				

㉝ 모델·규격	㉞ 성분	㉟ 수량	㊱ 단가(XXX)	㊲ 금액(XXX)

㊳ 세번 부호		㊵ 순중량		㊸ C/S 검사		㊺ 사후확인기관
㊴ 과세가격 (CIF)		㊶ 수 량		㊹ 검사변경		
		㊷ 환급물량		㊻ 원산지	㊼ 특수세액	

㊽ 수입요건 확인(서류명)	

㊾ 세종	㊿ 세율(구분)	⑤① 감면율	⑤② 세액	⑤③ 감면분납부호	감면액	* 내국세종부호

⑤④ 결제금액 (인도조건-통화종류-금액-결제방법)		⑤⑥ 환 율

⑤⑤ 총과세가격		⑤⑦ 운임		⑤⑨ 가산금액		⑥④ 납부서번호	
		⑤⑧ 보험료		⑥⓪ 공제금액		⑥⑤ 총부가가치세과표	

⑥① 세 종	⑥② 세 액	※관세사기재란	⑥⑥ 세관기재란
관 세		- 전화번호	
특 소 세		- 이메일주소	
교 통 세			
주 세			
교 육 세			
농 특 세			
부 가 세			
신고지연가산세			
미신고가산세			

⑥③ 총세액합계		⑥⑦ 담당자		⑥⑧ 접수일시		⑥⑨ 수리일자	

수리 사실을 확인한 후 보세창고에서 당해 수입물품을 반출한다. 수출용 원자재 등 긴급하게 수출물품 생산에 사용할 필요가 있는 수입 물품은 수입신고 수리 전에도 반출이 허용된다.

04 AEO 제도

1) AEO의 개념

수출입안전관리 우수업체(AEO: Authorized Economic Operator)는 세관에서 수출기업이 일정 수준 이상의 기준을 충족할 경우 통관절차 등을 간소화시켜주는 제도이다. AEO 제도는 2005년 6월 세계관세기구(WCO) 총회에서 만장일치로 채택된 국제규범(SAFE Framework)에 의해 만들어졌다. AEO 업체는 수출입 화물이동과 관련된 여러 주체들 중에서 세관 당국에 의해 신뢰성과 안전성을 공인받은 업체이다.

2) AEO의 공인기준 및 공인대상

관세청에서 공인기준을 심사하여 AEO 업체를 선정한다. AEO 공인기준은 법규준수, 내부통제시스템, 재무건전성, 안전관리 공인기준의 적정성 등이다. AEO 공인대상 업체는 제조업자, 수입자, 관세사, 운송인, 중계인, 항구 및 공항, 배송업자 등 9개 업종의 업체이다.

3) AEO의 혜택

수출입통관시 세관은 AEO 업체들에 대해서 검사 및 절차 간소화, 자금부담 완화, 각종 편의 제공 등 다양한 혜택을 부여하고 있다. 또한 AEO 시행국가와 상호인정협정(MRA: Mutual Recognition Arrangement)이 체결되어 있을 경우 AEO 업체들은 협정체결 국가에서도 검사 및 절차 간소화 등 각종 통관편의 혜택을 부여받게 된다.

4) AEO 공인신청

AEO 공인 대상업체(9개 업종 업체)는 신청서 및 관련 서류(공인기준에 대한 수출입관리현황 자체평가표, 수출입관리현황 설명서)를 첨부하여 관세청 Uni-pass 를 통하여 제출하면 된다. 관세청장은 신청한 서류를 토대로 서류심사를 실시한 후 안전 관리 등에 대한 현장심사를 거쳐 공인심사위원회에서 공인여부를 결정한다.

05 수출입통관 요건 및 제한

세계화, 개방화 시대에 대부분의 국가는 개방경제체제(open economy)를 채택하고 있기 때문에 수출입 제한이 거의 없는 것이 사실이다. 그러나 국민경제상 필요한 경우 수출입을 제한하거나 아예 금지조치를 취하고 있다. 이러한 경우 수출입통관 절차에서 그 제한 요건을 충족하여야 한다.

1) 수출입통관 요건

수출자, 수입자의 수출입통관시에는 수출입 허가·승인·표시 등 조건이 필요한 물품은 세관장에게 그 허가·승인·표시 등 조건을 증명하여야 한다(관세법 제226조). 수출입 허가·승인·표시 등의 조건이란 수출입공고 요건, 통합공고 요건, 전략물자 요건 등을 의미한다.

수출입공고란 1편 3장 한국의 무역관리시스템에서 설명한 바와 같이 헌법에 따라 체결·공포된 조약의 이행(예: FTA 체결 등), 일반적으로 승인된 국제법규에 따른 의무의 이행(전략물자, 원산지규정 등), 생물자원의 보호(생물다양성협약 등) 등을 위하여 수출입 제한내용을 공고한 것(HS 6단위 기준)을 말한다.

2) 수출입의 금지

다음 각 호의 어느 하나에 해당하는 물품은 수출하거나 수입할 수 없다

(관세법 제234조).
- 헌법질서를 문란하게 하거나 공공의 안녕질서 또는 풍속을 해치는 서적·간행물·도화, 영화·음반·비디오물·조각물 등 *음란서적 / 야동
- 정부기밀 누설 및 첩보활동 사용 물품 *국방계획, 기밀문서, 칩, 무기 등
- 화폐·채권·유가증권의 위조품·모조품

3) 지식재산권 보호

다음의 지식재산권을 침해하는 물품은 수출하거나 수입할 수 없다(관세법 제235조).
- 상표권(trade mark right) * 모조품(짝퉁/counterfeit)
- 저작권(copyright) *외국교재 복사행위 / 음악, 동영상 등 무단 다운로드
- 지리적표시권(Geographical Indication: GI): 지역특산품 권리 보장 지적소유권
  * 국내 예: 보성 녹차, 순창 고추장, 횡성 한우, 해남 고구마,
     보은 대추 등 100여 개 등록
    * 외국 예: 프랑스 샴페인(France Champagne), 스코틀랜드 스카치
      (Scotland Scotch)
- 특허권(patent right)
- 디자인권(design right)
- 품종보호권: 신품종 육성자 권리 보장 지적소유권
  * 국내 예: 김천농기센터, 포도 및 복숭아 신품종 개발

06 관세의 납부

1) 관세의 개요

관세(customs duties / tariff)란 재화가 국경을 통과할 때 부과되는 조세를

말하며, 租稅法律主義(principle of no taxation without law)에 따라 국회의 의결을 거쳐 관세율이 제정된다. 영국의 경제학자 아담 스미스(Adam Smith)는 관세는 오래전부터 행해져 온 관습적 지불(customary payment)이라고 했다.

관세의 성격은 국제적 특성(WTO, FTA 등 관련성), 중앙정부가 징수하는 국세, 사람이 아닌 물품에 대하여 부과되는 물세(real tax), 소비에 대해 부과되는 소비세(consumption tax), 수입시마다 부과되는 수시세(occasional tax), 수입업자가 납부하지만 소비자에게 전가된다는 점 등의 특성이 있다.

관세의 부과목적은 재정수입(financial income)과 산업보호(industrial protection)이다. 일반적으로 후진국의 관세율이 높고 선진국의 관세율은 낮다. 후진국의 경우에는 유치산업(infant industry)을 보호하고 재정수입을 확보하기 위한 측면이 강하기 때문이다.

2) 과세물건, 납세의무자, 과세표준

과세물건이란 조세법규가 과세대상으로 정하고 있는 물건·행위 또는 사실을 말한다. 관세의 경우에는 관세법 제14조에 의하여 수입물품을 과세대상으로 규정하고 있다. 즉, 관세는 수입신고를 하는 때의 물품의 성질과 수량을 과세대상으로 하여 부과한다.

납세의무자란 세법에 의하여 조세를 납부할 의무가 있는 자를 말한다. 관세법상의 납세의무자는 원칙적으로 물품을 수입한 화주(貨主)가 된다. 여기서 화주는 수입업자(buyer), 선적서류(Invoice, B/L) 상의 受荷人(consignee)을 의미한다.

한편, 관세의 과세표준은 세금부과의 기준으로 수입물품의 가격(종가세) 또는 수입수량(종량세)을 말한다. 그리고 과세가격은 세금부과 금액으로 종가세 대상 물품의 경우 수입물품의 금액을 말한다. 이러한 과세가격을 결정하는 것을 관세평가라고 하는데 다음 항목에서 자세히 설명한다.

3) 과세가격의 결정

프랑스에서 화이트 와인(White Wine)을 수입하는 경우를 생각해 보자. A

사는 FOB 기준으로 10만 달러를 과세가격으로 하여 관세를 신고할 수 있다. 반면에 B사는 동일한 제품을 CIF 기준으로 11만 달러를 과세가격으로 하여 관세를 신고할 수 있다. 이 경우 B사는 A사에 비해 과세가격이 높아 관세를 더 많이 납부하여 손해가 된다.

따라서 과세가격 산정기준이 필요한 것이다. WTO 과세가격(관세평가) 정의에 따르면 과세가격은 구매자(buyer)가 실제로 지급하였거나 지급하여야 할 가격(the price actually paid or payable for the imported goods)에 가산요소를 더하고 공제요소를 빼 산출한다. 이것은 대체적으로 CIF기준 가격조건과 비슷하다. 여기서 가산요소(관세법 제30조)와 공제요소(관세법 제30조)를 구체적으로 살펴보면 다음과 같다.

■ 가산요소

- buyer 부담 수수료(import commission)
- 수입물품 용기(container)비용 및 포장비(packing charge)
- 수입물품 생산지원비용
- Royalty: 특허권, 실용신안권, 디자인권, 상표권 등의 사용 대가
- 사후귀속 이익금액: 수입물품의 판매 등에 따른 이익이 판매자에게 귀속되는 금액
- 수입항까지의 운임·보험료(ocean freight charge, insurance premium)

■ 공제요소

- 수입항 도착 이후 수입물품의 건설, 설치비용 및 기술지원 비용
- 수입항 도착 이후 운임, 보험료 등 운송에 관련된 비용
- 우리나라에서 해당 수입물품에 부과된 제세 공과금
- 연불조건의 수입인 경우에는 해당 수입물품에 대한 연불이자

4) 관세납부방식

수입자는 수입관세를 어떻게 납부하는가? 관세납부방식에는 신고납부 방

식과 부과고지 방식이 있다. 신고납부 방식(관세법 제38조)은 수입자인 관세 납부의무자가 스스로 과세가격, 납부세액 등을 결정하여 납부하는 방식으로 대부분이 이 방식으로 이루어지고 있다.

부과고지 방식(관세법 제39조)은 세관장이 관세를 부과 고지하는 방식으로 과세물건 확정의 시기가 수입신고 시점이 아닌 물품(도난 및 분실 물품, 우편수입물품, 수입신고전 소비물품, 보세운송대상 등), 보세구역 반입물품, 납세의무자가 특정사유로 부과고지를 요청하는 경우 등이다.

5) 가격신고

신고납부 방식에 의한 관세의 납세의무자는 수입 신고를 할 때 세관장에게 해당 물품의 가격에 대한 신고를 하여야 한다. 가격 신고시 제출하여야 하는 서류는 수입 관련 거래에 관한 사항, 과세가격 산출내용에 관한 사항 이외 과세가격의 결정에 관련되는 자료 등이다.

한편, 다음과 같은 경우 가격 신고를 생략한다. ① 같은 물품을 같은 조건으로 반복적으로 수입하는 경우 ② 수입항까지의 운임 및 보험료 외에 우리나라에 수출하기 위하여 판매되는 물품에 대하여 구매자가 실제로 지급하였거나 지급하여야 할 가격에 가산할 금액이 없는 경우, ③ 과세가격결정에 곤란하지 아니한 경우 등이다.

07 관세 등 수입제세의 산출

1) 관세 등 수입제세의 산출 방법

- 관세: 과세가격(A)×관세율＝관세액(B) *종가세인 경우
- 내국세: 수입의 경우만 부과하는 것이 아니고 모든 국내거래에도 부과
  • 개별소비세 : 보석, 고급시계, 승용차 등(사치성 소비재)
    (A＋B)×개별소비세율＝개별소비세액(C)
  • 주세: 주정 및 위스키, 맥주 등 주류

(A＋B)×주세율＝주세액(D)

* 주세율: 소주 맥주 위스키 72% / 과실주(와인) 청주 30% /
  탁주(막걸리) 5%

- 교육세: 개별소비세 및 주세 부과 물품

  (C 또는 D)×세율(10%)＝교육세액(E)

- 교통세, 에너지, 환경세(F): 휘발유와 이와 유사한 대체유류, 경유

- 부가가치세

  (A＋B＋C＋D＋E＋F)×세율(10%)

  → 수입 후 국내 판매시 부가세 전가

2) 관세 등 수입제세 산출 예

- 러시아산 화이트 와인(White Wine)을 10,000달러 수입하는 경우
  (과세환율 1$＝1,000원 / 관세율 10% / 교육세율 10% /
  주세율 30% 가정)

  - 과세가격(원화) : 10,000$×1,000원＝10,000,000원
  - 관세: 10,000,000원×10%＝1,000,000원
  - 주세: (10,000,000＋1,000,000)×30%＝3,300,000원
  - 교육세: 3,300,000×10%＝330,000원
  - 부가가치세
    ＝(10,000,000＋1,000,000＋3,300,000＋330,000)×10%＝1,463,000
  - 수입제세 합계: 6,093,000원 → 수입금액(과세가격)의 약 60%

08 보세구역

1) 개요

保稅區域(bonded area)이란 수입 물품에 관세를 부과하지 않고 보관하는
장소, 즉 "관세유보지역"을 의미한다. 보세구역 설치 목적은 통관절차 수행,

수출진흥, 비즈니스 촉진, FDI(Inflow) 유치, 관세채권 확보 등이다.

보세구역은 크게 지정보세구역, 특허보세구역, 종합보세구역으로 구분한다. 지정보세구역은 지정장치장 및 세관검사장으로 구분하며, 특허보세구역은 보세창고·보세공장·보세전시장·보세건설장 및 보세판매장으로 구분한다(관세법 제154조).

2) 지정보세구역

지정보세구역(authorized bonded area)은 세관이 직접 관리하며 물품의 장치, 운반, 검사를 목적으로 한다. 지정보세구역 중 지정장치장은 통관 물품을 일시 장치하는 장소로서 항만부두 야적장, 비행장 화물창고, 세관구역 창고 등에 설치된다. 지정보세구역중 세관검사장은 통관하기 위한 물품을 검사하기 위한 장소로서 세관장이 지정한다.

3) 특허보세구역

특허보세구역(licensed bonded area)은 세관장의 특허를 받아서 설치, 운영하는 보세구역이다. 즉, 외국물품이나 통관하려는 물품의 보세전시, 보세판매, 보세가공(공장), 보세건설 등을 목적으로 개인의 신청에 의하여 세관장이 특허한 구역으로서 주로 개인의 토지, 시설 등에 대하여 특허되고, 그 설치 운영은 특허를 받은 개인이 하는 것이다.

■ 보세전시장

보세전시장(bonded display area)은 전시회(Exhibition, Show)를 개최하는 전시장 시설(Venue)이 해당된다. 예를 들면 Seoul Motor Show가 개최되는 한국의 KINTEX, Canton Fair가 개최되는 중국 광저우 전시장, CES(Consumer Electronics Show)가 개최되는 미국 라스베이거스 컨벤션 센터 등이 여기에 해당된다.

■ 보세판매장

보세판매장(bonded Shop)은 해외관광객 유치와 민간소비 활성화를 위해 설치하는 "면세점"을 의미한다. 외국물품(保稅상태)과 내국물품, 예를 들면 프랑스 명품 화장품과 아모레퍼시픽 화장품이 혼재되어 판매되고 있다. 면세대상은 관세, 부가가치세, 개별소비세, 주세 등이다. 우리나라 보세판매장은 전국에 약 40개가 있으며 외교관 면세점, 공항 면세점, 시내 면세점 등으로 분류된다.

■ 보세공장

보세공장(bonded factory)은 외국물품이나 외국 물품과 내국 물품을 원재료로 하여 제조·가공 기타 이와 비슷한 작업을 하는 특허보세구역을 말한다. 외국 원재료를 과세 보류 상태에서 사용할 수 있으므로 자금부담 완화, 가공무역 활성화에 기여한다.

보세공장 업무처리절차

4) 종합보세구역

종합보세구역(general bonded area)은 외국인투자 유치(FDI inflow)를 촉진하기 위한 목적으로 만들어진 제도이다. 종합보세구역에서는 보세창고·보세공장·보세전시장·보세건설장 또는 보세판매장의 기능 중 두 가지 이상의 기능을 수행할 수 있다(관세법 제154조). 현재 우리나라에는 전국에 14개 종합보세구역(새만금, 익산, 속초, 울산 등)이 지정되어 있다.

즉, 지정보세구역이나 특허보세구역이 종류별로 각각 하나의 기능만을 수행하는 데 비해 종합보세구역은 동일 장소에서 특허보세구역의 6가지 기능을 복합적으로 수행할 수 있고, 종류별로 지정 및 설영특허를 별도로 받아야 하는 지정 및 특허보세구역에 비하여 종합보세구역은 한 번의 설영신고만 하면 된다.

CHAPTER 13 FTA 무역실무

01 FTA 개요

1) 정의

FTA(Free Trade Agreement)는 현대의 국제 무역거래에서 아주 필수적인 무역실무 요건이 되고 있다. 이에 따라 FTA 개요, 주요국 FTA 현황, FTA 무역실무절차 등을 효과적으로 이해하고 적용하는 것이 무역업자에게 있어 매우 중요하다.

그러면 FTA로 대표되는 경제통합(Economic Integration)이란 무엇인가? 헝가리 경제학자 발랏사(B. Balassa)는 "각 국민경제에 속한 경제 주체간의 차별을 제거하기 위한 모든 조치"라고 정의했고, 틴버겐(J. Tinbergen)은 "경제가 최적 상태로 운영되는 것을 저해하는 인위적 장벽을 제거하여 바람직한 경제구조를 형성하는 것"이라 정의했다. 이러한 정의를 종합하면 경제통합이란 국가간 교류장벽을 제거하여 경제적으로 통합하는 조치를 의미한다.

2) 용어

이러한 의미의 경제통합에는 여러 가지 유사표현이 존재한다. 즉, 지역무역협정(RTA: Regional Trade Agreement), 지역주의(Regionalism), 경제블럭(Economic Bloc) 등이 그것이다. 세계무역을 총괄하는 WTO는 경제통합의 협정(Agreement) 측면을 강조하여 공식적으로 "지역무역협정(RTA)"이라는 용어를 사용한다.

그리고 WTO는 지역무역협정(RTA)에 대하여 "자유무역지대 또는 관세동맹을 통하여 지역내 무역을 자유화하고 촉진하기 위한 정부의 조치(actions by governments to liberalize or facilitate trade on a regional basis sometimes through free – trade areas or customs unions)"라고 정의하고 있다. 실무적으로 이들 용어는 특별한 구별이 없이 거의 유사한 의미로 사용되고 있다.

3) 경제통합의 유형

발랏사(B. Balassa)의 경제통합 분류가 가장 많이 활용되고 있다. 경제통합 발전단계에 따라 ① 자유무역지역(free trade area 또는 free trade agreement), ② 관세동맹(customs union), ③ 공동시장(common market), ④ 경제동맹(economic union), ⑤ 완전경제통합(complete economic integration)으로 구분한다.

■ 자유무역협정(FTA)

자유무역협정(free trade agreement)은 역내에 대해서는 무역장벽(관세 및 비관세장벽)을 철폐하여 자유무역을 실시하고, 대외적으로는 각국이 독자적인 관세정책 및 무역제한조치를 취하는 형태의 경제통합을 의미한다. FTA의 대표적인 사례로서는 북미지역의 NAFTA(북미자유무역협정), 유럽지역의 EFTA(유럽자유무역협정) 등을 들 수 있다.

■ 관세동맹(customs union)

관세동맹(customs union)은 역내에서 자유무역을 한다는 점에서는 FTA와 비슷하지만, 더 나아가 역외에 대해서는 공통의 수입관세를 부과하는 대외공동관세정책(CET: Common External Tarrif) 등 공동무역정책을 취하는 것이다. EEC(유럽경제공동체), BENELUX 관세동맹이 관세동맹의 전형적인 예이다.

■ 공동시장(common market)

공동시장(common market)은 관세동맹이 더 발전하여 역내에서는 재화뿐만 아니라 노동, 자본 등 생산요소의 자유이동이 보장되며, 역외에 대해서는 각국이 공통의 관세제도를 채택하고 있는 형태의 경제통합이다. 남미지역의 MERCOSUR(남미공동시장)와 중미지역의 CACM(중미공동시장)이 공동시장의 예이다.

발랏사의 경제통합 유형

역내 관세/비관세 장벽 철폐	역외 대외공통 관세(CET)	역내 생산요소 자유이동 보장	역내 공동경제 정책 수행	초국가적기구 설치 운영
자유무역협정(FTA)				
관세동맹(customs union)				
공동시장(common market)				
경제동맹(economic union)				
완전경제통합(complete economic integration)				

■■ 경제동맹(economic union)

경제동맹(economic union)은 공동시장형태에서 더욱 진전하여 역내 재화 및 생산요소의 자유이동과 역외 공통관세 이외에도, 역내 공통의 거시경제정책, 금융재정정책을 취하는 형태의 경제통합이다. EU(유럽연합)의 전신인 EC (유럽공동체)가 지향했던 단계이다.

■■ 완전경제통합(complete economic integretion)

최종단계인 완전경제통합(complete economic integretion)은 초국가기관을 설치하여 각 가맹국의 모든 사회, 경제정책을 조정, 통합, 관리하는 형태의 통합을 의미한다. 아직 이에 해당하는 경제통합은 없으며 EU(유럽연합)가 완전 경제통합을 목표로 하고 있다.

02 최근 지역무역협정의 특징

1) FTA의 중요성 증대

FTA의 중요성을 강조하는 말이 FTA 영문표현 첫 글자를 사용하여 생겨 났다. Fruit To All(모두의 이익), Fast Track To Advancement(발전의 지름길) 등 이 그것이다. 이는 FTA 체결을 통하여 해당 국가의 수출입 확대, 경제성장 촉진, 소비자효용 증대 등의 긍정적 효과가 나타나기 때문이다.

2) Mega FTA 증가

Mega(메가) FTA란 여러 나라가 참여하는 FTA를 의미한다. 유럽지역의 EU와 미주지역의 NAFTA가 대표적인 메가 FTA이다. 최근 이러한 메가 FTA 협상이 증가하는 추세이다. 아시아지역의 RCEP(역내 포괄적 경제동반자 협정), 환태평양지역의 CPTPP(포괄적·점진적 환태평양경제동반자협정) 그리고 유럽과 미주지역의 TTIP(범대서양무역투자동반자협정) 등이다. 스파게티볼 효과(Spaghetti bowl effect)는 여러 나라와 각각 FTA 체결시 국별 원산지규정, 통관절차, 표준 등의 차이로 인하여 시간과 인력 등 거래비용이 증가(기대효과 반감)되는 현상을 의미한다. 그런데 메가 FTA는 여러 나라와 한꺼번에 체결하기 때문에 이러한 거래비용 증가 등을 회피할 수 있다.

3) 지역무역협정의 대상 범위 확대

종전에는 FTA(Free Trade Agreement) 등 지역무역협정의 협상대상이 주로 공산품의 관세인하 등을 목표로 하였다. 그러나 최근 들어서는 지역무역협정의 협상대상이 서비스, 지식재산권(Intellectual Property Rights), 농업, 정부조달협정(Government Procurement Agreement), 투자, 기술표준화 등 여러 가지 분야로 확대되고 있다.

4) 지역무역협정 체결 건수의 증가

FTA 등 지역무역협정을 체결한 당사국은 반드시 그 체결 사실을 WTO에 통보(notify)하도록 되어 있다. 이에 따라 WTO 웹사이트(www.wto.org)를 통해서 전 세계 지역무역협정(RTA)의 수를 파악할 수 있다. 현재 WTO에 통보되고 있는 전체 지역무역협정 수는 약 500여 건(발효기준)에 육박하고 있는 것으로 나타났다. 특히 1990년대 이후 21세기 들어 지역무역협정이 급격하게 증가하는 추세이다.

5) 지역무역협정 회원국 수의 확대

EU의 경우 2004년에 동유럽 10개국이 가입하여 25개국이 되었다. 그 이후 2007년에 루마니아와 불가리아가 가입하였고 2013년 크로아티아가 추가로 가입하여 현재 EU의 총 회원국은 27개국(영국 탈퇴)으로 늘어났다. 미주지역의 경우 북미지역의 NAFTA(North American Free Trade Agreements)와 남미지역 경제통합체 등 2개 지역을 통합하는 FTAA(Free Trade Area of the Americas) 형성을 목표로 하고 있으며 FTAA가 타결되면 회원국 수가 크게 늘어날 것이다.

6) 지역무역협정의 결속도 심화

경제통합의 결속도가 깊어지는 것을 의미한다. 유럽의 경우 당초 느슨한 형태의 경제통합인 EEC(European Economic Community)에서 출발하여 1967년 EC(European Community), 1993년 EU(European Union)로 변화되면서 통합의 결속도가 점차적으로 높아졌다. EU는 정치, 정치, 경제, 통화 통합을 지향한다. 또한 정치·안보적 목적으로 출발하였던 동남아시아국가연합(ASEAN)의 경우도 동남아시아의 EU를 최종 목표로 하는 아세안 경제공동체 AEC(ASEAN Economic Community)를 결성하였다.

최근 지역무역협정(RTA)의 특징

FTA의 중요성 증대	• Fruit To All(모두의 이익) • Fast Track To Advancement
Mega FTA의 증가	• EU, NAFTA • CPTTP, RCEP, TTIP
RTA 대상범위확대	• 공산품 관세인하 플러스 • 서비스, 지재권, 투자, 기술 등 포함
RTA 체결 건수의 증가	• RTA 체결국은 WTO에 통보 의무 • RTA수는 전체 500여 건에 육박
RTA 회원국수의 확대	• EU 회원국수 27개국으로 증가 • NAFTA → FTAA 가능성
RTA 결속도 심화	• EEC → EC → EU • ASEAN → AEC

03 주요국의 FTA 추진현황

1) 한국의 FTA 추진현황

우리나라는 2003년 처음으로 한·칠레 FTA를 체결한 이후, 신성장동력을 창출하고 동아시아 FTA 허브국가를 달성한다는 취지에 따라 미국, EU, 중국 등 거대경제권을 비롯한 세계 여러 나라와 FTA를 적극적으로 추진하고 있다. 이러한 FTA 체결 증가에 힘입어 이들 나라와의 무역이 증가 추세를 보이고 있다.

FTA 경제영토는 세계 전체 GDP에서 차지하는 FTA 체결 국가 GDP 합계가 얼마나 되는가(비중)를 계산한 것이다. 우리나라의 FTA 경제영토는 75%로 세계 3위이다. 세계 1위 경제대국인 미국, 세계 2위 경제대국인 중국, 세계최대 경제권인 EU와 FTA를 체결하였기 때문이다. 경제영토 세계 1, 2위는 우리나라보다 앞서 EU, 미국, 중국과 FTA를 체결한 칠레(경제영토 85%)와 페루가 차지하고 있다. 4위는 멕시코, 5위는 코스타리카이다.

한국의 FTA 추진현황은 표에서 제시하는 바와 같다. 여기서 EFTA는 유럽자유무역연합(European Free Trade Association)으로 4개국(노르웨이, 아이슬란드, 스위스, 리히텐슈타인)이다. 한국－인도 CEPA에서 CEPA는 포괄적 경제동반자 협정(Comprehensive Economic Partnership Agreement)을 의미하며 FTA와 유사한 것으로 보면 된다. 한편, 브렉시트를 완성하여 EU를 떠난 영국과는 한영 FTA를 새롭게 체결(2021년 발효)하였다.

2) 미국의 FTA 추진현황

1994년 미국, 멕시코, 캐나다 3국의 NAFTA(North American Free Trade Agreement: 북미자유무역협정)가 발효되었다. 그런데 미국 트럼프 행정부 출범 이후 미국의 요청으로 3국간 NAFTA 재협상이 추진되었다. 그리고 2018년에 재협상이 타결되어 NAFTA는 USMCA(US Mexico Canada Agreement: 미국 멕시코 캐나다 협정)라는 이름으로 새롭게 태어났다.

한편, 2013년부터 본격적으로 논의가 시작된 미국과 EU와의 FTA인 TTIPT (Transatlantic Trade and Investment Partnership: 범대서양무역투자동반자협

정)는 미국과 유럽이라는 양대 경제권간에 이루어지는 FTA라는 측면에서 세계최대 규모의 시장이 형성될 것으로 기대되고 있다. 미국과 EU의 FTA는 관세 인하, 비관세장벽 철폐 등 양측간의 무역장벽 완화가 주목적이지만 이것 외에 세계 통상질서의 변화 및 규범에 영향을 주는 분수령이 될 것이라는 측면에서 세계적으로 이목이 집중되고 있다. 한편, 2012년 한미 FTA가 발효되었는데 이것도 미국 트럼프 행정부의 요청으로 2018년에 재협상 후 개정되었다.

3) 중국의 FTA 추진현황

2013년 시진핑(習近平) 정부의 출범 이후 그동안의 지리적 인접 국가 및 자원확보 중심의 FTA 수준을 넘어 세계 여러 나라로 FTA 외연을 넓혀가고 있다. 중국은 한·중·일 FTA, RCEP, GCC 등 다자간 FTA 협상에도 적극적으로 참여하고 있어 향후 중국의 FTA 네트워크가 더욱 넓어질 것으로 기대된다.

한편, RCEP(역내 포괄적 경제동반자 협정; Regional Comprehensive Economic Partnership)은 아시아·태평양 지역을 하나의 자유무역지대로 통합하는 역내 지역경제통합이다. 회원국은 아세안 10개국, 동북아시아 3개국(한국, 중국, 일본), 오세아니아 2개국(호주, 뉴질랜드) 등 15개국으로 구성되어 있다. 중국이 주도적으로 추진하여 2020년 11월에 최종 타결 및 서명이 이루어졌다. 인도는 협상 과정에서 장기간 중국과의 마찰을 거듭한 끝에 최종 서명을 거부했다.

4) 일본의 FTA 추진현황

아베노믹스(Abenomics)를 통하여 일본 정부는 FTA 분야에서 적극적인 행보를 보였다. 특히 일본은 FTA 대신 EPA라는 용어를 사용하고 있는데 EPA는 경제협력협정(Economic Partnership Agreement)을 의미한다. FTA는 무역자유화를 위한 무역장벽의 제거에 초점을 맞추고 있는 반면에, EPA는 투자, 인적자원의 이동, 정부조달, 비즈니스환경 정비, 국가간 협력강화 등 협상범위가 넓다는 특징이 있다.

한편, 환태평양경제동반자협정 TPP(Trans Pacific Partnership)는 당초 미국이 주도하였지만 미국이 탈퇴하고 현재는 일본이 주도하는 CPTPP(Comprehensive

주요국의 FTA 추진현황(발효기준)

구 분	FTA 현황
한 국	칠레 FTA, 싱가포르 FTA, EFTA FTA, ASEAN FTA, 인도 CEPA, EU FTA, 페루 FTA, 미국 FTA, 터키 FTA, 콜롬비아 FTA, 호주 FTA, 캐나다 FTA, 중국 FTA, 뉴질랜드 FTA, 베트남 FTA, 중미 FTA, 영국 FTA, RCEP
미 국	이스라엘 FTA, NAFTA, 요르단 FTA, 싱가포르 FTA, 칠레FTA, 호주 FTA, 모로코 FTA, 바레인 FTA, DR-CAFTA, 오만 FTA, 페루 TPA, 한국 FTA, 콜롬비아 TPA, 파나마 TPA
중 국	태국 FTA, 홍콩 CEPA, 마카오 CEPA, ASEAN FTA, 칠레 FTA, 파키스탄 FTA, 뉴질랜드 FTA, 싱가포르 FTA, 페루 FTA, 코스타리카 FTA, 대만 ECFA, 아이슬란드 FTA, 스위스 FTA, 한국 FTA, 호주 FTA, 조지아 FTA, RCEP
일 본	싱가포르 EPA, 멕시코 EPA, 말레이시아 EPA, 칠레 FTA, 태국 EPA, 인도네시아 EPA, 브루나이 EPA, 필리핀 EPA, ASEAN EPA, 스위스 EPA, 베트남 EPA, 인도 EPA, 페루 EPA, 호주 EPA, 몽골 EPA, CPTPP, EU EPA, RCEP

자료: WTO Regional Trade Agreements Database/www.wto.org
　　　한국무역협회, FTA종합지원센터/www.kita.net

and Progressive Trans Pacific Partnership: 포괄적·점진적 환태평양경제동반자협정)로 명칭이 변경되었다. 현재 TPP 회원국은 11개국으로 미주지역 4개국(캐나다, 멕시코, 페루, 칠레), 오세아니아 2개국(호주, 뉴질랜드), 아시아 5개국(일본, 말레이시아, 싱가포르, 베트남, 브루나이) 등이다.

04 FTA의 한국에 대한 영향

1) 한미 FTA의 영향

■ 거시경제 효과

통상마찰 혹은 무역분쟁은 제로섬 게임(zero sum game)이며 잘못하면 마이너스 섬게임(minus sum game)이 되지만 FTA는 추가적 기회를 창출하는 플러스 섬게임(plus sum game)이다. GTAP(Global Trade Analysis Project) 모형을 이용한 대외경제정책연구원(KIEP) 등의 분석에 따르면 한미 FTA의 결과 한국의 GDP, 생산, 무역수지, 고용 등 거시경제지표에 모두 긍정적인 영향을 미치는 것으로 나타났다.

■■ 수출시장의 안정적인 확보

미국의 GDP는 압도적으로 세계 1위이며 수입규모도 세계 1위이다. 미국시장이 세계최대인 점을 반영하여 테스트베드 시장(Test Bed Market) 성격을 가지고 있다. 이러한 미국과 FTA를 체결했다는 것은 한국 수출시장의 안정적 확보를 의미한다. 특히 미국 수출시장점유율이 중국에 비해 상대적으로 감소하고 있는 시점이기 때문에 더욱 의의가 크다. 아울러 미국시장에서 치열한 경쟁자인 중국, 일본 제품에 비하여 관세인하효과는 이들과의 가격경쟁력 싸움에서 결정적인 역할을 할 것이다. 미국 소비자는 합리적이고 계획적인 구매성향을 보이고 있기 때문에 가격경쟁력이 매우 중요하다.

■■ 세계최고의 과학기술 도입

미국은 세계최고의 과학기술 경쟁력을 보유하고 있는 국가이다. 그리고 세계의 우수한 젊은 인재들이 미국의 대학으로 몰려들고 있어 미국의 교육인프라를 더욱 빛나게 하고 있다. 한국은 한미 FTA 체결을 활용하여 첨단기술을 비롯한 미국의 우수한 과학기술 도입을 적극적으로 추진하고 한미간 과학기술 인적교류를 활성화할 수 있다. 미국은 세계에서 가장 많은 노벨상 수상자를 배출하는 나라이다. 노벨상 수상을 염원하는 한국으로서는 미국과학자를 벤치마킹하여 노벨상 수상자 등 우수한 과학자를 배출할 수 있도록 노력하여야 한다.

■■ 서비스산업의 육성

한국은 국민경제에서 서비스 산업이 차지하는 비중이 다른 선진국에 비하여 낮은 편이다. 서비스 산업의 생산성도 일본, 미국 및 EU 등 주요 국가들에 비하여 매우 낮은 수준이다. 따라서 향후 경제구조의 고도화 과정에서 서비스 산업의 육성이 불가피하다. 한미 FTA의 결과 서비스산업의 경쟁요소 도입과 그를 통한 경쟁력 확보를 도모할 수 있다. 한국의 경쟁력이 상대적으로 열위에 있는 법률, 교육, 금융 등 분야에서는 중장기적 경쟁력을 강화할 수 있도록 한미 FTA를 적극적으로 활용하여야 한다.

2) 한중 FTA의 영향

■ 거시경제 효과

한중 FTA 체결에 따라 우리나라의 GDP 및 일자리에 긍정적인 영향을 미치는 것으로 나타났다. 한국무역협회에 따르면 한중 FTA 발효 5년 후, 발효 10년 후 모두 GDP 상승효과가 있는 것으로 분석되었다. 우리나라의 일자리수도 한중 FTA 발효 5년 후, 발효 10년 후 모두 증가하는 것으로 나타났다.

■ 세계최대 내수시장 진출

중국은 우리나라의 최대 수출국이자 수입국이다. 한국의 전체 수출에서 중국이 차지하는 비중은 25%를 상회하여 미국과 일본을 합친 것보다 크다. 이러한 상황에서 한국은 미국·일본·EU보다 먼저 중국과 FTA를 체결함으로써 거대한 중국 시장을 선점할 수 있게 됐다. FTA로 중국의 관세가 철폐되거나 인하되는 혜택을 먼저 받는 한국 기업들이 다른 나라 기업보다 유리한 조건으로 중국 시장을 공략할 수 있게 됐다.

■ 경제영토의 확장

우리나라는 2014년 한중 FTA 타결의 영향으로 FTA 체결 국가 GDP 합계가 세계 전체 GDP에 차지하는 비중을 나타내는 FTA 경제영토가 크게 상승하였다. 세계 1위 경제대국인 미국, 세계 2위 경제대국인 중국, 세계 최대 경제권인 EU와 FTA를 체결하였기 때문이다.

■ 산업별 영향

산업별로는 상품, 서비스, 투자, 금융, 통신 등 양국 경제전반을 포괄하는 총 22개 분야의 FTA가 타결됐다. 제조업 부문에서는 중국 관세철폐에 따라 한국의 대중수출에 긍정적인 영양을 미칠 것이다. 농수산물 부문에서 쌀, 고추·마늘·양파 등 양념 채소류, 소·돼지고기, 사과, 배 등이 양허 대상에서 제외됐다.

■ 한국의 통상협상력 제고

한중 FTA 체결로 한국이 세계 통상 무대에서 협상력과 위상이 높아진 것으로 분석된다. 현재 아시아 지역에서는 일본이 주도하는 CPTPP(Comprehensive and Progressive Trans Pacific Partnership: 포괄적·점진적 환태평양경제동반자협정) 체결이 완료되었고, 중국이 주도하는 RCEP(Regional Comprehensive Economic Partnership: 역내 포괄적 경제동반자 협정)협상이 역시 2020년에 체결되었다. 우리나라는 아직 CPTPP에는 참여하지 않고 있다. 중국과 FTA를 체결했다는 사실로 이러한 지역경제통합체 등 논의 과정에서 한국의 협상력이 제고될 수 있다.

05 FTA 수출실무

우리나라는 미국, 중국 등 세계 여러 나라와 FTA를 체결하고 있다. FTA 수출실무는 우리 회사의 수출물품을 해당 FTA 체결국가에 수출하는 경우 관세혜택(세율경감 및 면세)을 받기 위한 절차이다. FTA 수출실무 절차는 한국과의 FTA 체결 확인 → HS CODE 확인 → FTA 관세혜택 확인 → 수출용 수입원자재 품목분류 → 수입국의 원산지결정기준 확인 → 원산지증명서 발급 → 바이어에게 증명서 제공 등의 순서로 진행된다.

1) 한국과의 FTA 체결여부 확인

우리 회사가 수출하는 물품의 수입국이 어디인지를 파악하여 FTA 체결여부를 확인한다. 우리나라는 거대경제권인 미국, 중국, EU, ASEAN 등과 모두 FTA가 체결되어 현재 활용되고 있다. 그 FTA 협정국으로 수출하는 경우, 해당 FTA에 따른 현지 수입 관세율을 확인하여 수입자가 관련 혜택을 받을 수 있는지 확인한다.

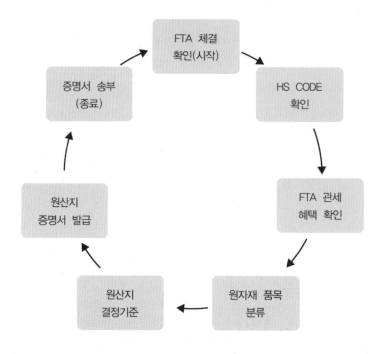

2) HS CODE 확인

우리 회사가 수출하는 물품의 HS Code를 확인한다. HS Code에 따라 FTA 세율과 원산지결정기준이 정해지므로 정확한 품목번호 확인이 중요하다. 이때 우리나라에서의 수출물품 HS Code뿐만 아니라 해당 수출물품을 수입하는 FTA 체결국 적용 HS Code 6단위를 확인하여야 한다. 왜냐하면 HS Code 는 세계상품분류체계이지만 HS Code 적용이 국별로 다를 수 있기 때문이다.

3) FTA 관세혜택 확인

우리 회사 수출물품의 HS Code를 찾은 후 수입 상대국의 FTA 관세혜택 여부를 확인한다. FTA 세율 확인은 FTA 협정문상 관세양허안을 보면 알 수 있 으며, 관세율이 경감되는 품목인지 아니면 아예 면세되는 품목인지 확인한다.

4) 수출용 수입원자재 품목분류

수출제품에 투입된 원자재 목록을 작성하고 원재료에 대한 HS Code 품목분류를 진행한다. HS Code 변경기준인 경우 수입원자재와 생산된 수출제품의 HS Code가 달라져 실질적인 변형(substantial transformation)이 이루어져야 한다. 따라서 수출용 수입원자재의 정확한 품목분류가 바탕이 되어야 수출제품의 적절한 원산지 판정을 진행할 수 있다.

5) 수입국의 원산지결정기준 확인

수출물품의 HS Code 6단위를 확인하여 해당국 FTA협정의 원산지결정기준이 어떻게 되어 있는지 파악한다. 원산지결정기준은 협정별, HS Code별로 상이하므로 우리나라와의 FTA 협정 내용을 HS Code별로 잘 파악하여야 한다. 원산지결정기준이란 각 FTA에서 정하고 있는 해당 품목별 원산지 판단기준을 말한다. 우리나라에서 생산이 이루어지더라도 해당국 FTA 협정에 규정되어 있는 원산지결정기준을 충족하여야만 원산지를 인정받을 수 있다.

6) 원산지증명서 발급

원산지증명서(C/O: Certificate of origin)는 수입국에서 FTA 세율 적용을 위해 한국산 제품임을 증빙하는 서류이다. 원산지결정기준 확인 결과 "우리나라 원산지" 물품으로 확인되면 FTA 협정에서 정한 방식에 따라 기관발급 또는 자율발급의 형태로 원산지증명서를 발급 신청(대한상공회의소, 관세청)하거나 자체 발행한다. 그리고 FTA 협정에 의하여, 당해 수출물품이 원산지 상품임을 입증하는 데 필요한 자료를 5년간 보관하여야 하며 세관 당국의 제출 요구가 있을 경우 요청된 기한 내에 제출하여야 한다.

7) 바이어에게 원산지증명서 송부

발급된 원산지증명서는 FTA 협정에 따라 사본 및 원본을 해당 FTA 협정국 관세당국 및 수입자에게 송부한다. 제품이 협정국에 수입통관 되기 전 도착하는 것이 일반적이므로 발급 후 이메일 또는 국제특송으로 송부한다. 만약 수입자가 물품을 협정국에서 수입통관하기 전까지 구비가 되지 않을 경우, 협정에 따라 수입통관 후 1년 이내에 FTA 특혜원산지증명서를 제출하면 소급 적용해 주는 경우도 있다.

06 FTA 수입실무

우리나라와 FTA 체결국인 프랑스 또는 중국에서 각각 와인, 의류제품를 수입하고자 하는 경우 해당물품 수입시 관세혜택(세율경감 및 면세)을 받기 위한 절차이다. FTA 수입실무 절차는 한국과의 FTA 체결여부 확인 → HS Code 확인 → FTA 관세혜택 확인 → 원산지증명서 요청 → FTA 협정관세 적용 신청 → 증빙서류 보관 등의 순서로 진행된다.

FTA 수입실무 절차

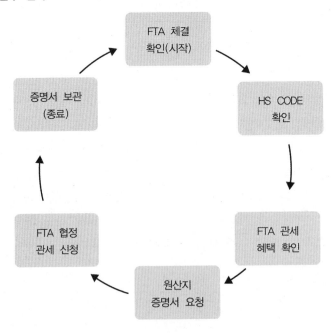

1) 한국과의 FTA 체결여부 확인

우리나라는 세계 여러 나라와 FTA 협정을 체결하고 있다. 우리 회사가 수입하는 물품이 FTA 협정관세를 적용 받기 위해서는 당연히 당해 물품의 수출자가 FTA 체결 당사국이어야 한다. 따라서 우리 회사가 수입하는 물품을 수출하는 국가가 우리나라와 FTA 협정을 체결한 체약당사국인지 여부를 먼저 확인하여야 한다.

2) HS Code 확인

우리 회사가 수입하는 물품(와인 또는 의류제품)의 HS Code를 확인한다. HS Code에 따라 FTA 협정세율이 달라질 수 있으므로 HS Code를 정확히 확인하여야 한다. 이때 해당물품의 우리나라 HS Code뿐만 아니라 해당 FTA 체결국 적용 HS Code 6단위를 확인하여 일치하도록 하여야 한다.

3) FTA 관세혜택 확인

수입물품(와인 또는 의류제품)의 HS Code를 찾은 후 관세율표상 FTA 관세혜택여부를 확인한다. FTA 세율 확인은 FTA 협정문상 관세양허안을 보면 알 수 있으며, 관세율이 경감되는 품목인지 아니면 아예 면세되는 품목인지 확인한다. 해당 물품에 적용되는 일반관세율과 FTA 협정관세율을 비교하여 FTA 협정관세 적용에 따른 관세절감효과를 분석한다.

4) 원산지증명서 요청

해외의 수출자에게 FTA 원산지증명서를 요청한다. 원산지증명서 발급은 우리나라에서와 마찬가지로 외국에서도 기관발급방식, 자율발급방식 등 각 협정마다 발급방식 및 양식이 다른 점에 유의한다. 한편, FTA 특혜관세 신청 시 원칙적으로 원산지증명서를 제출하여야 하지만, 각 협정별로 여행자휴대품, 우편물, 특송물품 등의 소액물품에 대해서는 원산지증명서 제출이 면제되고, 구매영수증 등을 통해 간이하게 확인한 후 FTA 특혜관세를 적용받을 수 있다.

5) FTA 협정관세 적용 신청

FTA 협정관세를 적용하고자 하는 경우 수입신고수리 전까지 세관장에게 협정관세 적용신청을 하여야 한다. 이 경우 수입자는 수입물품 원산지증빙서를 제출하여야 한다. 수입신고의 수리전까지 FTA 협정관세 적용을 신청하지 못한 경우에는 해당 물품의 수입신고수리일로부터 1년 이내에 협정관세적용신청을 하여야 한다.

6) 증빙서류 보관

FTA 협정관세 적용신청하여 관세혜택을 받은 경우 수입자는 관련서류를 일정기간 동안 보관하여야 한다. 수입자가 보관하여야 하는 서류는 원산지증명서(전자문서 포함) 사본, 수입신고필증, 수입거래 관련 계약서, 지식재산권거래 관련 계약서, 수입물품의 과세가격결정에 관한 자료, 수입물품의 국제운송 관련 서류 등이다.

주요국
수출현장의 이해

CHAPTER 14 미국 수출현장의 이해

01 미국경제의 이해

1) 미국 개요

미국은 유럽의 식민지로서 유럽강국의 각축장이 되었다가 영국과의 독립 전쟁에서 승리하여 1776년 독립 국가를 이룩하게 되었다. 20세기 들어 두 차례의 세계대전을 거치면서 미국은 세계 최강국으로 등장하였고 팍스 아메리카나(Pax Americana)를 구현하게 되었다. 그리고 제2차 세계대전 후 사회주의 국가인 구소련과의 냉전(Cold War)에서 승리하면서 미국의 파워는 더욱 커졌으며 민주주의와 자본주의 체제를 수호하는 최강국의 지위를 유지하고 있다.

미국의 정식명칭은 아메리카합중국(United States of America)이다. 본토와

미국 지도

알래스카·하와이로 구성된 연방공화국이다. 남쪽으로 멕시코, 북쪽으로 캐나다와 국경을 마주하고 있으며 서쪽으로 태평양, 동쪽으로 대서양에 접해 있다. 50개주(state)와 1개 특별구(Washington D.C.)로 이루어진 연방 국가이다.

미국의 국토면적은 러시아, 캐나다에 이어 세 번째로 넓다. 한반도의 약 43배이다. 인구는 약 3억 3천만 명이다. 다양한 민족이 이주하여 정착한 다민족국가로 중국, 인도에 이어 세계에서 세 번째로 인구가 많은 국가이다.

2) 미국의 지역 구분

* 미국인구조사국(U.S. Census Bureau) / 4개 지역 구분
- North East(북동부): 뉴욕주, 매사추세츠주
  • 소득수준 및 학력수준 높은 지역/아이비 리그(Ivy League) 대학 위치
  • New York(세계금융 중심지) / Boston(교육 중심지)
- Midwest(중서부): 미시간주, 미네소타주, 일리노이주
  • 미국의 전통적인 굴뚝산업(자동차, 철강)이 발달한 지역
  • Detroit(자동차) / Pittsburgh(철강) / 필라델피아(기계) / Cleveland
- South(남부): Texas주, Florida주
  • sun belt, 온화한 기후, 풍부한 석유, 저렴한 노동력, 세금 혜택 등
  • Houston(에너지) / Atlanta(글로벌 기업) / 내슈빌(음악) / Miami(휴양)
- West(서부): 캘리포니아주, 알래스카, 하와이주
  • 세계 IT 산업 중심지 / Apple, HP, Intel 등 Global IT Company 본사 위치
  • Silicon Valley(첨단산업), LA(우주항공),
    Sanfrancisco, Lasvegas(엔터테인먼트)

3) 경제규모 및 1인당 GDP

미국은 제2차 세계대전 이후 브레튼우즈 체제(Bretton Woods system)에 의한 자유무역을 주도하면서 세계경제의 패권국가가 되었다. 그러나 1980년대 이후 재정수지 적자 및 경상수지 적자 확대, 미국 제조업의 경쟁력 약화 등으

로 인하여 팍스 아메리카나(Pax Americana) 위상은 다소 퇴조하는 양상을 보이고 있다. 그렇다 하더라도 GDP, 무역, FDI, 글로벌기업 그리고 소프트파워(Soft Power)면에서 여전히 미국은 세계 최고의 위치를 굳건히 지키고 있다.

2019년 미국의 명목 GDP는 21.4조 달러(IMF, World Economic Outlook Database)로 세계 1위 자리를 계속하여 지키고 있다. 그러나 중국경제의 급성장으로 세계 GDP 2위인 중국과 격차가 좁혀지고 있어 과거와 같이 압도적인 경제력 격차를 보이지 못하고 있는 상황이다. 한편, 미국의 1인당 GDP(per capita GDP)는 2019년 6만 5천 달러(IMF, World Economic Outlook Database)를 기록하고 있다.

4) 무역

미국의 상품수출(Merchandise Export) 규모는 2019년 1.6조 달러(한국무역협회, 미국무역통계)로 중국에 이어 세계 2위이다. 중국 수출은 2조 달러를 상회하고 있지만 미국 수출은 아직 2조 달러 이하이다. 미국의 상품수입(Merchandise Import)은 2019년 2.5조 달러로 세계 1위이다. 세계에서 미국, 중국만이 수입규모가 2조 달러를 상회하고 있다.

2019년 미국의 무역수지는 8천 5백만 달러의 적자를 기록하고 있다. 상품수출에 비하여 상품수입규모가 커 미국은 지속적으로 무역수지 적자상태를 면치 못하고 있다. 무역수지 적자는 기본적으로 미국경제 아킬레스건인 쌍둥이 적자(경상수지 적자, 재정수지 적자)의 원인이 되고 있다.

미국의 GDP 및 무역 개요(2019년)

GDP	• 명목 GDP 약 21.4조 달러(세계 1위) • 1인당 GDP 약 6만 5천 달러
무역	• 상품수출 약 1.6조 달러(세계 2위) • 상품수입 약 2.5조 달러(세계 1위)

5) 미국경제와 세계경제의 관계

■: 커플링

커플링(coupling, 同調化)은 미국경제 변화에 따라 세계경제가 미국경제와 같은 방향으로 영향을 받는 현상을 의미한다. 생산, 무역, 고용, 주식시장 등 미국경제지표가 변동을 하면 한국, 중국, 일본 등 세계 다른 나라 경제도 미국경제의 동향과 비슷하거나 동일한 방향으로 움직인다는 의미이다.

■: 디커플링

디커플링(decoupling, 脫同調化)은 미국경제 변화에도 불구하고 세계경제가 영향을 받지 않는 현상을 의미한다. 디커플링은 BRICs 등 이머징 마켓(Emerging Market)의 자체 성장능력 및 경제규모 확대, 유로지역과 아시아지역 간 교역 및 투자 증가 등으로 말미암아 세계경제의 미국 경제의존도가 감소되고 있기 때문에 나타나는 현상이다.

■: 리커플링

리커플링(recoupling, 再同調化)은 미국경제 변화에 따라 세계경제가 다시 미국경제와 같은 방향으로 영향을 받는 현상을 의미한다. 2008년에 미국에서 촉발된 글로벌금융위기(Global Financial Crisis), 제4차 산업혁명 등의 영향으로 세계경제에 대한 미국의 영향력이 다시 증대되었음을 반영한다. 이러한 리커플링 현상은 미국경제가 세계에서 차지하는 비중이 다소 하락한 것은 사실이나 여전히 미국경제의 영향력이 크다는 것을 나타내고 있다.

6) 중국과의 G2 경쟁

미국은 21세기 들어 GDP 세계 2위 국가로 부상한 중국과 G2 시대를 열어가고 있다. 그러나 미국의 미래예측가 조지 프리드만(George Fridman)은 그의 저서 "백년 후(The Next 100 Years)"에서 100년 후에 중국은 종이호랑이(Paper Tiger), 미국은 여전히 강력한 슈퍼파워(super power)가 될 것이라고 예측한 바 있다. 조지 프리드만 등 미래예측자들의 분석을 종합해 보면, 미국과 중국의 경쟁에서 경제력, 군사력, 지리적 여건 등 7가지 면에서 미국이 유리하다는 평가이다.

첫째, 경제규모 측면을 보면 중국이 추격하고 있지만 아직은 미국 우위이다. 명목 GDP 규모에서 미국 1위, 중국 2위이며 1인당 GDP에서 미국은 약 6만 5천 달러, 중국은 1만 달러 내외이다. 둘째, 군사력면에서는 군사비지출, 전략무기, 첨단무기 등에서 미국이 월등한 우위를 보이고 있다. 셋째, 지리적 여건에서 중국은 동서남북이 적으로 둘러쌓여 있어 치명적 약점이 있지만, 미국은 친미국가(멕시코, 캐나다)와 국경을 접하고 있고 태평양과 대서양으로 바다와 직면한 천혜의 방위조건을 갖추고 있다. 넷째, 식량 에너지 부문에서 중국은 부존자원이 풍부함에도 불구하고 인구가 많아 수입국이지만, 미국은 자급자족을 넘어 충분한 수출국가이다. 다섯째, 미국의 달러는 국제기축통화 역할을 수행하고 있지만, 중국 위안화는 그러하지 못하다. 여섯째, 민주주의 대 사회주의 대결로서 이미 역사적으로 미국이 주도하는 민주주의 승리로 결정났다. 일곱째, 국가통합 여부인데 중국은 불안한 다민족 국가인 반면에, 미국은 통합된 다민족 국가이다.

02 미국의 무역정책

1) 관세율

미국 평균관세율은 3%대 수준으로 일본 등과 마찬가지로 선진국 중에서 아주 낮은 수준이다. WTO의 MFN 실행관세율(Simple Average MFN applied)은 실제로 적용된 관세율을 의미하는데, WTO Tariff Profiles(www.wto.org)에 따르면 미국의 MFN 실행관세율은 비농산품 3.1%, 농산품 5.3%, 전체 3.4%를 기록하고 있다.

공산품의 평균관세율은 다른 여타 선진국처럼 낮은 수준이며, 농산품의 평균관세율은 미국 농산품의 비교우위를 반영하여 다른 선진국에 비해 아주 낮은 수준이다. 한편, 2012년 한미 FTA가 발효되었는데 한국, 미국 무역업자가 각각 상호 수입하는 경우 품목에 따라 관세인하 및 면세 등 FTA 협정관세 혜택을 받고 있다.

2) 미국 통상법 체계

미국 통상법은 미국의 통상정책과 통상조치에 관한 법률의 총칭이다. 미국의 통상법 체계는 단일통상법 체계가 아니라 대외통상과 관련된 일련의 법들로 구성되어 있는 것이 특징이다. 그리고 미 헌법상 대외통상에 관한 모든 권한과 규제는 입법부인 의회가 관장한다. 그러나 국제 교역이 점차 전문화 복잡화됨에 따라 의회는 대외통상과 관련된 권한을 일정한 조건하에 한시적으로 대통령에게 위임해 오고 있다.

미국 통상법은 미국의 통상정책기조의 변화에 따라 제2차 세계대전 이후 1970년대 초까지는 자유무역주의 색채가 강하였지만, 1970년대 중반 이후에는 보호무역주의적인 경향이 강해졌다고 할 수 있다. 미국의 대표적인 통상법으로는 1962 통상확대법(Trade Expansion Act), 1974 통상법(Trade Act), 1984 통상관세법(Trade and Tariff Act), 1988 종합무역법(Omnibus Trade and Competitiveness Act), 1994년 UR 협정법(Uruguay Round Agreements) 등이 있다.

3) USTR 국별 무역장벽보고서

미국의 국별무역장벽보고서(National Trade Estimate Report on Foreign Trade Barriers)는 NTE 보고서라고도 하는데 1974 무역법(Trade Act), 1988 종합무역법(Omnibus Trade and Competitiveness Act) 등에 의거, 미국 무역대표부(USTR: United States Trade Representative)가 외국의 무역장벽과 관행을 조사하고 업계의 의견 등을 기초로 하여 매년 3월말 의회에 제출하는 연례보고서이다.

이 보고서에는 주요 교역상대국의 무역투자 관련 장벽들에 관하여 포괄적으로 제시하고 있다. 조사대상국은 60여 개국이며 조사범위는 수입정책, 정부조달, 수출보조금, 지식재산권 보호, 서비스장벽, 투자장벽, 반경쟁관행(독점, 과점), 전자상거래, 교역장애 무역장벽, 기타장벽 등이다.

4) 슈퍼(super) 301조

슈퍼 301조는 1988년 종합무역법에 근거한 것으로 상품 무역에 관한 통상정책수단이다. 불공정 무역상대국에 대한 보복조치를 의무화한 것이다. 앞에서 설명한 것처럼 미국의 USTR은 외국의 무역장벽과 관행을 조사한 국별 무역장벽 보고서(NTE 보고서)를 매년 의회에 제출한다.

동 보고서에서 USTR은 불공정 무역관행 우선협상대상국(PFC: Priority Foreign Country)과 우선협상대상관행(PFP: Priority Foreign Practice)을 지정하고 이들 국가와의 협상(3년 이내)을 통하여 불공정 무역관행을 제거하기 위한 노력을 한다. 그리고 동 관행이 제거되거나 완화되지 않을 경우(협상결렬) 보복조치를 의무화한 것이다. 보복조치 내용은 상대국에 대한 관세율 인상, 수입쿼터 실시, 무역협정 철회 등이다.

한국은 1989년 2월 통신관련 분야에서 우선협상대상국으로 지정된 바 있으며 이후 한국은 우선협상대상국 지정을 우려하여 농산물시장개방, 외국인 투자개방조치를 취하였다. 일본도 우선협상대상국에 지정된 바 있으며 결국 미국의 미일구조협의에 응하였다. 슈퍼 301조는 미국경제가 악화된 1989~1991년에 한시적으로 운용되었으며 1990년대 들어 클린턴 행정부 시절 행정명령 형식으로 슈퍼 301조를 세 번 발동한 바 있다.

5) 스페셜(special) 301조

스페셜 301조 역시 1988년 종합무역법에 근거하고 있으며 지식재산권 분야에만 적용하는 통상법조항이다. 이 조치 역시 보복조치를 의무화한 것이다. 미국의 USTR은 1989년 이후 미국과 교역을 하는 주요국의 지식재산권 보호 내용을 평가한 "스페셜 301조 보고서(Special 301 Report)"를 발표한다.

USTR은 동 보고서에서 지식재산권 보호 정도에 따라 각국을 우선협상대상국(PFC: Priority Foreign Country), 우선감시대상국(PWL: Priority Watch List), 감시대상국(WL: Watch List), 관찰대상국(OO: Other Observation)으로 분류한다. 스페셜 301조에 의해 불공정 국가로 지정되면 미국은 해당 국가와 해당 분야에 대해 협상을 개시하고 협상이 제대로 진전되지 않을 경우 해당 분야 및 다른 어떤 분야에 대한 수입 제한, 고관세율 적용 등 보복조치를 시행한다.

미국 USTR은 1989~2008년 기간 중 한국에 대하여 우선감시대상국에 9차례, 감시대상국에 11차례 지정하였다. 그러나 2009년에 처음으로 감시대상국에서 제외된 데 이어 그 이후에도 USTR의 불공정 대상국에서 제외되었다.

03 미국의 무역관련기관

1) 상무부

미국의 상무부(DOC: United States Department of Commerce)는 한국의 산업통상자원부(MOTIE)에 해당하는 통상관련 정부부처이다. 상무부에서 수행하는 주요 업무는 경제의 지속적 발전, 미국의 국제경쟁력 촉진, 미국인들의 고용 창출 등 경제에 관한 업무이다. 특히 통상관련업무로는 미국의 수출 증대를 위한 지원 시책 수립, 수입상품으로부터 국내 산업 보호 업무 등을 수행한다. 미식축구의 수비수 역할이라 볼 수 있다.

2) 무역대표부

미국의 무역대표부(USTR: United States Trade Representative)는 한국 산업통상자원부(MOTIE)의 대외통상관련 기능에 해당한다. 미국의 무역정책을 총괄적으로 수립, 집행하며 대외교섭 창구로서의 역할을 수행하고 있다. 특히 USTR은 해마다 국별무역장벽보고서(NTE)를 발행하고 동 보고서를 기초로 하여 종합무역법 301조(슈퍼 301조, 스페셜 301조)에 의한 불공정무역행위에 관한 조사와 관련 상대국과의 협상, 보복조치를 집행하고 있다. 미식축구의 공격수 역할이라 볼 수 있다.

3) 국제무역위원회

미국의 국제무역위원회(ITC: United States International Trade Commission)는 한국의 무역위원회(Korea Trade Commission)에 해당하는 기관이다. 대외무역이 국내의 생산, 고용, 소비에 미치는 영향에 관한 모든 요인을 조사하는 미국의 대통령 직속의 준사법적 독립기관이다. 구체적으로 ITC는 수입급증으로 인한 국내산업피해 여부의 조사(Import Injury Investigations), 그리고 이에 따른 관세

인상 등의 피해구제 조치를 대통령에게 권고하며, 무역과 관세에 관한 연구 및 수입수준에 대한 감시 등의 업무를 수행한다.

4) 미국 관세 및 국경보호청

미국의 관세 및 국경보호청(U. S. Customs and Border Protection, CBP)은 한국의 관세청(Korea Customs Service)과 출입국관리소 역할을 동시에 하는 기관이다. 미국 국토안보부 산하의 정부 기관이며 미국 시민 및 영주권자, 그리고 미국을 방문하는 외국인에 대한 출입국관리(불법이민, 테러 등), 그리고 관세부과 및 통관업무 등 세관에 대한 업무를 수행한다. 다른 나라의 관세관련 기관보다 훨씬 강력한 권한을 가지고 있다. 특히 최근 들어 불법이민 통제 정책 등으로 인하여 그 역할이 중요시 되고 있다.

5) 국제개발처

미국의 국제개발처(USAID: United States Agency for International Development)는 미국의 대외원조를 총괄하는 기관이다. 한국의 국제협력단(KOICA: Korea International Cooperation Agency)에 해당한다. 세계최대의 ODA (Official Development Assistance) 공여국가인 미국의 ODA 정책은 세계의 국제통상정책에서 중요한 변수중의 하나이다. 매년 약 300억 달러 내외의 규모로 아프리카, 아시아, 남미 등 저개발국에 대한 원조를 실시한다.

04 미국의 주요지역별 시장특성

1) New York 지역

- 주요 산업: 세계경제, 무역, 금융의 중심(Wall Street)
- 세계외교의 중심, 세계문화의 중심
- 구매력 높은 지역: Metropolitan Area GDP 세계 1위
- 뉴욕항: 대서양에 직면한 국제무역항

- 미국시장진출의 교두보 및 중심지: 한국기업의 미국 내 현지법인 다수 위치
- 특징: 주택 문제, 하층계급 문제(흑인계층), 고물가 문제(고주거비, 고임금)

2) LA 지역

- 주요 산업: 전자 및 항공산업, 패션, 영화(할리우드), 엔터테인먼트 중심지
- 물류중심지: Longbeach 항구(우리 수출상품의 미국 물류거점)
- Silicon Valley: 샌프란시스코 인접 지역 / 세계 IT 산업 중심지 / Stanford 대학 위치
- 구매력 높은 지역: 미국 제2의 대도시권
- 미국 서부지역 시장 교두보 역할
  * Califonia 주: LA, Sanfrancisco, Sandiego
- 특징: 인종문제(흑백 갈등 / Hispanic 인종 갈등), 높은 물가수준

3) Chicago 지역

- 주요 산업: 철강, 전기, 화학, 기계 등 미국 전통산업 중심지
- 최근 동향: 교통상의 이점으로 무역전시회 및 국제회의 개최
- 특징: 뉴욕, LA에 이어 미국 제3위 인구

4) Houston 지역

- 주요 산업: 에너지 산업, 보건서비스, 법률서비스
- 최근 동향: EXXON MOBIL, SHELL OIL 등 대형석유회사의 본사 위치
- 특징: NAFTA(USMCA)에 따른 미국 멕시코 무역 중심지 역할

5) Washington 지역

- 주요 산업: 법률, 교육, 통신 등 서비스 분야, 생명공학
- 최근 동향: 교외지역 중심으로 서비스 업종의 큰 폭 신장세 지속
- 특징: 고등교육을 받은 전문직 종사자 유입 / 타 지방에서의 젊은 층 이주

6) Boston 지역

- 주요 산업: 정밀기계, IT 제품, 화학공업
- 최근 동향: 다수의 IT 벤처기업 위치
- 특징: 하버드, MIT 등 Ivy League 대학 밀집 / 가장 역사가 오래된 도시

7) Detroit 지역

- 주요 산업: 미국 자동차 산업
- 최근 동향: GM, FORD 등 미국 빅3 자동차 본사 위치
- 특징: 미국 러스트벨트(rust belt) 지역 중 하나 / 도시 쇠퇴 이미지

8) Atlanta 지역

- 주요 산업: 항공기, 자동차, 화학, 가구류, 식료품, 건강제품
- 최근 동향: 미국 남부의 경제중심지, 다국적기업의 본사 및 현지법인 위치
- 특징: 육상, 항공 교통요지(2시간 비행거리 내 미국 인구의 80% 거주)

05 미국 수출현장의 특성

1) 미국 국가 이미지

미국하면 떠오르는 이미지는 무엇일까? 아메리칸드림(American Dream)이라 할 수 있을 것이다. 무한한 기회가 있고 성공 가능성이 높은 국가 이미지이다. 미국은 다민족 국가이며 개방적이고 명랑하며 활기에 찬 미국인 이미지가 있다. 그러나 인종차별과 빈부격차가 많은 나라, 물질만능주의 국가 등 부정적 이미지도 존재한다. 또한 2020년에는 코로나 팬데믹의 최대 피해자로 부상하면서 국가 이미지가 크게 훼손되었다.

비즈니스 측면에서 볼 때 미국은 전통적으로 세계 대부분의 나라들이 수출상품의 최종 목적지(Final Target Market)로 간주하는 거대시장 이미지가 있다. 중국이 한국의 세계 최대 수출시장으로 부상했지만 미국이 여전히 우리 기업이 추구하여야 할 가장 중요한 시장이다.

미국 수출현장의 특성 요약

미국사회 이미지	• American Dream 이미지(기회와 성공 이미지)
세계최대소비시장	• 명목 GDP 및 수입규모 세계 1위
인종전시장	• 백인, 히스패닉, 흑인, 아시안, 인디언 구성
다양, 복합적 시장	• 지역별로 문화, 산업구조, 소득수준 등 상이
합리적 소비성향	• 프라그마티즘과 청교도정신의 영향
전시회의 중요성	• 미국은 무역전시회, 마이스 산업의 메카
세대별 소비성향	• 베이비붐 세대, x세대, 밀레니엄 세대별로 차이
소프트파워 위상	• 정보과학, 문화, 예술, 스포츠, 대학경쟁력 등

2) 세계최대의 소비시장

미국의 명목 GDP는 세계 1위이며 수입규모도 2조 달러를 상회하는 세계 1위이다. 미국의 GDP 구성항목에서 민간소비지출이 차지하는 비중이 70%를 상회한다. 다시 말하면 외국으로부터의 수입 등 소비지출동향이 미국 GDP에 가장 중요한 영향을 미치는 변수이다. 우리나라를 비롯하여 중국, 일본 등의 최대 수출시장이며 이들 나라들은 미국에 대한 수출을 통하여 빠른 경제성장을 하였다고 해도 과언은 아니다.

또한 세계에서 경쟁이 가장 치열한 표준화된 시장이며 세계에서 가장 자유롭고 공정한 시장이다. 이와 같은 시장 특성을 반영하여 미국시장은 테스트베드 시장(Test Bed Market) 성격을 가지고 있다. 미국시장에서의 성패 여부가 궁극적으로 다른 시장에서의 성공여부를 판가름하는 척도 역할을 한다는 의미이다.

3) 인종전시장

미국은 잘 알려져 있는 바와 같이 이민으로 이루어진 나라이며 미국을 흔히 인종전시장, 또는 인종의 용광로라 한다. 미국인구조사국(U.S. Census Bureau)의 인구센서스(population census)에 따르면 미국의 총인구는 약 3억 3천만 명으로 중국, 인도에 이어 세계 3위이다.

미국의 인종(race)구성을 보면 대략적으로 백인(White) 60%, 히스패닉(Hispanic) 18%, 흑인(African American) 13%, 아시아인(Asian) 5%, 혼혈인(Two or More Races) 3%, 아메리칸 인디언(American Indian) 1%를 각각 차지하고 있다.

미국사회는 백인이 주류이나 히스패닉, 흑인, 아시안 등 소수인종(minority)이 총인구의 약 1/3(1억명 이상)을 차지하고 있으며 이들 인구가 급증하고 있다. 이에 따라 2050년에 백인과 소수인종 비율은 50:50이 될 것이라는 전망이 나오고 있다. 인종별 수득수준을 보면 백인계가 높은 것이 사실이나

미국의 인종구성

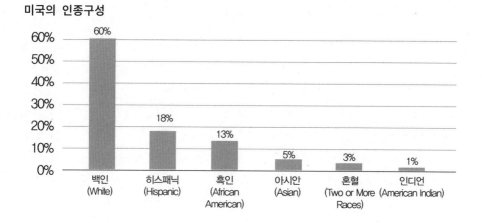

아시안계, 히스패닉계 등의 소득수준도 높아지고 있어 인종별로 차별화된 마케팅 전략이 필요하다. 지역별로는 백인 북동부, 흑인 남동부, 아시아계 남서부, 히스패닉 남부 지역에 분포되어 있다.

4) 다양하고 복합적인 시장

지역별로 문화, 역사, 산업구조, 소득수준 등이 각각 상이하다. 보스턴, 뉴욕 등 동북부지역은 전통이 깊고 오래된 도시, 상업화된 도시들이 있는 지역이다. 소득수준 및 학력수준이 높은 지역(아이비 리그 대학)으로 진보적인 구매 패턴을 보인다.

LA, 샌프란시스코 등 서부지역은 다양한 인종과 직업의 소비자 거주지역으로 유행에 민감한 특성을 나타낸다. Silicon Valley의 첨단산업, LA의 우주항공 및 물류산업, Las Vegas의 엔터테인먼트 산업 등으로 각각 지역 고유의 특성을 지니고 있다.

댈러스, 뉴올리언스 등 남부지역은 대체적으로 전통을 중시하고 개인간의 관계를 중요시하며 보수적 구매패턴을 보인다. 소위 sun belt 지역으로 온화한 기후, 풍부한 석유, 저렴한 노동력, 세금 혜택 등을 특징으로 하고 있다.

5) 합리적인 소비성향

프라그마티즘(Pragmatism)과 청교도정신의 영향으로 전통적으로 실리 위주의 구매 성향을 보인다. 기존 상품보다 좋은 품질(Better), 저렴한 가격(Cheaper), 그리고 색다른 상품(Different)을 구입하려는 성향이 있다. 이것을 모두 갖춘 상품이 존재하지는 않겠지만 어쨌든 미국 소비자의 소비성향을 BCD(Better, Cheaper, Different)로 요약할 수 있다.

일반적으로 구매의사 결정에 중요한 5가지 요소는 품질, 가격, 특색, 서비스 보증, 원산지(제조국가) 등이다. 미국 소비자들은 수입 상품과 미국 상품을 구별하지 않는다. 즉, 미국인들은 5가지 요소 중 원산지의 중요성을 가장 낮게 보기 때문에 실제 품질, 가격 등이 중요하다.

6) 전시회의 중요성

마이스(MICE) 산업은 기업회의(Meeting), 포상관광(Incentives), 컨벤션(Convention), 전시회(Exhibition) 등을 말하는데 21세기 굴뚝 없는 고부가가치 산업으로 각광받는 산업이다. 미국은 마이스산업의 메카라 할 정도로 활성화되어 있다.

특히 미국의 전시산업은 독일과 함께 세계를 리드하고 있다. 연간 약 5,000회의 전시회가 개최되며 이 중 순수 트레이드쇼(Trade Show) 성격의 전시회가 연간 약 1,000회 개최된다. 주요 개최지역은 뉴욕, 시카고, LA, 샌프란시스코, 라스베가스, 댈러스, 아틀란타 등이다. 라스베가스에서 개최되는 CES(Consumer Electronics Show, 소비자가전전시회)는 우리나라의 삼성, LG 등이 매년 참가하는 글로벌 전시회이다.

7) 세대별 소비성향

미국의 베이비붐(Baby boom) 세대는 1946~1964년 사이에 태어난 세대를 말한다. 현재 약 8,000만 명에 달한다. 전후 미국의 황금시대(Pax Americana)를 이끌었던 세대이다. 이들의 소비지출 규모는 미국 전체 소비지출의 약 50%를 차지할 정도로 비중이 크다. 일본 베이비붐 세대(1947~1949년생), 한국 베이비붐 세대(1955~1963년생)와 비교된다.

미국의 X세대는 1965년~1980년 출생한 세대를 가리키는 말로 약 6,000만명에 달한다. 미국사회의 중추적 역할을 수행하는 세대이며 왕성한 소비계층이다. 여기서 "X"의 의미는 베이비붐 세대 이후 한마디로 정의할 용어가 없다는 뜻에서 유래되었다.

밀레니얼(Millennial) 세대는 1980년대 초반~2000년대 초반 출생한 세대를 가리키는 말로 약 7,000만 명에 달한다. 정보기술(IT)에 능통하며 대학 진학률이 높다는 특징이 있다. 독립심 높은 신세대이며 새로운 패션 등 유행을 선도한다. 베이비붐 세대가 낳았다고 해서 echo세대(메아리세대)라고도 한다.

8) 소프트 파워가 강한 나라

미국은 대부분의 매크로 경제지표(GDP, 무역 등)에서 세계 1위이다. 그런데 미국의 정치외교 전문 격월간지 포린 어페어스(Foreign Affairs)는 미국의 파워에 대하여 이러한 매크로 경제지표뿐만 아니라 소프트 파워(soft power)도 세계에서 탁월하다고 지적하고 있다.

소프트 파워는 정보과학이나 문화·예술 등이 행사하는 영향력을 의미한다. 소프트 파워는 군사력이나 경제력 등의 물리적 힘으로 표현되는 하드 파워(hard power)에 대응하는 개념이다. 하버드대 케네디스쿨의 조지프 나이(Joseph S. Nye) 교수가 1990년에 처음으로 사용한 용어이다.

미국의 소프트 파워는 어떤 것이 있는가? 세계를 리드하는 음악 및 영화산업, 세계가 열광하는 미국 프로스포츠 산업, 미국의 우수한 대학경쟁력(아이비리그 대학 등), 독보적인 과학기술수준(가장 많은 노벨상 수상자), 젊은 인구(2050년 65세 이상 인구비율이 선진국 중 최저인 20% 예상) 등을 열거할 수 있다.

06 미국시장 마케팅 체크포인트

1) 한국제품의 미국시장 경쟁력 10년간 변화

미국 무역통계(한국무역협회, 미국무역통계)로 계산한 한중일 3국의 미국시장 점유율 10년간 추세를 보자. 미국시장 점유율 6위인 우리나라 제품은 2010년 2.6%, 2019년 3.1%로 다소 상승하였다. 그리고 미국시장 점유율 1위인 중국제품은 2010년 19.1%, 2019년 18.1%로 지속적으로 높은 점유율을 차지하고 있다. 반면에 미국시장 점유율 4위인 일본제품은 2010년 6.3%, 2019년 5.7%로 시장점유율이 다소 낮아졌다.

2012년 한미 FTA 발효로 인하여 한국제품의 가격경쟁력이 다른 경쟁국에 비하여 향상된 것은 사실이나 미국시장에서 크게 약진하지 못하는 상황이다. 이는 한국의 주종품목인 자동차, 스마트폰, 평판디스플레이 등은 여전히 선전하고 있지만 경공업제품 및 중공업제품을 막론하고 중국제품과 비교하여 가격경쟁력이 상실되었기 때문이다. 그러나 중국 등에 투자한 한국 해외투자

미국시장에서의 10년간 한중일 점유율 변화

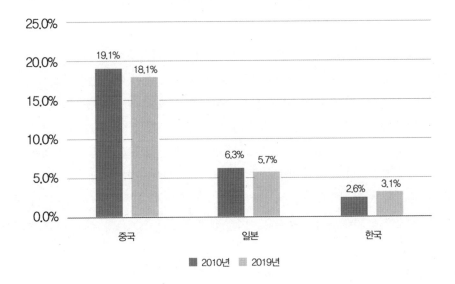

기업의 최종 수출목적지가 결국 미국이 대부분인 점을 감안하면 미국시장의 중요성은 아무리 강조해도 지나치지 않는다.

2) 무역계약시 체크포인트

미국 바이어들의 상품 오더패턴(order pattern)을 숙지하는 것이 필요하다. 시즌오더(season order)와 비시즌오더(non-season order)가 있다. 시즌오더는 봄·여름 오더와 가을·겨울 오더가 있으며 비시즌오더는 크리스마스 오더, 독립기념일(7월 4일) 오더, 추수감사절(11월 넷째 목요일) 오더 등이 있다.

무역계약시 미국인의 실용주의적 사고를 숙지하는 것이 중요하다. 가격조건(FOB, CIF 등), 제품의 정확한 스펙, 효능, 제품 구입 시 얻는 이익 등을 미국 바이어에게 명확히 설명해야 한다. 특히 우리나라는 미국 농산물을 많이 수입하는데, 오렌지 등 신선도가 요구되는 제품의 품질조건 및 수량조건을 명확히 하는 것이 중요하다.

3) 문화 차이에 따른 유의사항

미국은 다양성이 많은 자유로운 국가이다. 따라서 종교, 소수민족, 인종, 여성 등에 대한 차별적 발언은 하지 말아야 한다. 특히 New York, LA, Boston, Chicago, San Francisco 등 대도시에서는 여러 인종들이 살고 있기 때문에 무역계약시 이러한 금기사항을 숙지하는 것이 필요하다.

한국과는 달리 남녀평등 사상이 높기 때문에 무역상담시 여성 존중 에티켓(lady first)이 절대적으로 필요하다. 한국에서의 습성대로 하면 좋지 못하다. 특히 여성 외모, 나이, 결혼 여부 등에 대한 이야기는 꺼내지 말아야 한다. 또한 미국인들은 자신의 문화적인 테두리 안에서는 상대방에게 우호적이기 때문에 상대방의 학문적 및 직업적 배경, 취미, 특기 등을 사전에 파악할 필요가 있다.

4) 옷차림과 상대방 호칭

옷차림의 경우 미국에서는 가벼운 미팅시 한국에 비해 형식을 중시하지 않고 간편한 옷차림을 좋아한다. 그러나 공식적인 비즈니스 미팅 시에는 정장을 입는 것이 바람직하다. 그리고 미국인과 처음 만나 악수를 나누거나 대화를 할 경우 상대방과 눈을 마주치고 웃는 것이 중요하며 명함 교환시 상대방이 보는 위치를 기준으로 바르게 보이도록 건넨다.

다음으로 호칭의 경우 미국에서는 처음 만나는 사람에게 바로 이름(First Name)을 부르는 것은 좋지 않다. Mr. Mrs. Ms. 등을 사용하거나 직업 명칭(President, Chairman, Director, Manager, Dr, Professor)을 성(姓)과 같이 호칭하는 것이 좋다.

5) 식사 에티켓

식사비용을 지불하는 것은 대부분의 선진국처럼 Dutch Pay가 일반적이다. 그러나 초대받은 경우라면 초대한 쪽에서 비용을 부담하기도 한다. 미국에서 풀 코스(Full Course) 식사는 보통 2시간 정도 소요되는데, 부드러운 대화

분위기 조성을 위해 무역상담외 대화내용으로 미국 문화, 스포츠 등 미국에 관한 이야기 거리를 준비하는 것이 필요하다.

식사 시 한국에서처럼 웨이터를 큰 소리로 부르거나 재촉하지 않도록 유의해야 한다. 또한 미국에는 한국 등 동양권과는 달리 팁 문화가 있다는 것을 숙지하여야 한다. 일반적으로 10%이지만, 고급 레스토랑의 경우 20% 정도이다.

CHAPTER 15 중국 수출현장의 이해

01 중국경제의 이해

1) 중국 개요

세계 최대의 인구와 광대한 국토를 가진 중국의 정식 명칭은 중화인민공화국(中華人民共和國, People's Republic of China)이다. 중국에서 발생한 황하문명은 세계 4대 문명 중 하나이며 중국인의 자긍심으로 남아 있다.

중국 지도

중국의 현재 수도는 베이징(北京, Beijing)이며 12세기 이후 金·元·明·淸 등 6개 왕조의 수도로서 천년 고도를 자랑한다. 시안(西安)은 秦, 前漢, 唐나라 등 13개 왕조 수도로서 역시 천년간 수도 역할을 수행하였다. 뤄양(洛陽)은 後漢, 晉나라 수도였으며, 카이펑(開封)은 宋나라 수도였다. 일반적으로 중국 도시를 한마디로 정리하면 "중국의 현재 베이징(北京), 중국의 미래 상하이(上海), 중국의 과거 시안(西安)"으로 일컬어진다.

중국의 전체 면적은 960만㎢로 러시아, 캐나다, 미국 다음으로 세계 제4위이다. 아시아 대륙의 동부와 태평양의 서안에 위치해 있다. 중국의 총인구는 약 14억 4천만 명으로 세계 1위이다. 중국 인구는 대부분 한족(漢族)이고, 한족 외 몽골족·회족·장족·묘족·조선족 등 55개의 소수민족으로 구성되어 있다. 이들 소수민족은 전체 인구의 약 7%에 불과하지만 이들이 분포되어 있는 지역의 면적은 전체 면적의 약 60% 이상으로 대부분 변경지역이다.

2) 중국의 행정구역

- 4個 直轄市
  北京(베이징, 2,100만 명) 天津(텐진, 1,500만) 上海(상하이, 2,400만) 重慶(충칭, 3,000만)

- 2個 特別自治區
  홍콩(香港) 마카오(奧門)

- 22個 省(臺灣 포함 23個 省)
  河北(허베이) 河南(허난) 山西(산시) 陝西(산시) 遼寧(랴오닝) 吉林(지린) 黑龍江(헤이룽장) 山東(산둥) 江蘇(장쑤) 江西(장시) 安徽(안후이) 浙江(저장) 福建(푸젠) 湖北(후베이) 湖南(후난) 廣東(광둥) 四川(쓰촨) 貴州(구이저우) 云南(윈난) 甘肅(간쑤) 靑海(칭하이) 海南(하이난) 臺灣(타이완)

- 5個 自治區
  新疆維吾爾自治區(신강위구르), 西藏自治區(시짱), 內蒙古自治區(네이멍구) 廣西壯族自治區(광시장족), 寧夏回族自治區(닝샤후이족)

3) 경제규모 및 1인당 GDP

중국경제는 1978년 개혁개방정책 이후 30년 이상 연평균 10% 내외의 경제성장률을 기록하였다. 높은 경제성장에 힘입어 중국의 명목 GDP 규모는 2019년에 14.1조 달러(IMF, World Economic Outlook Database)를 기록하여 미국에 이어 세계 제2위 경제대국의 위치를 확고히 하고 있다.

한편, 중국의 1인당 GDP(per capita GDP)는 2019년 약 10,000달러(IMF, World Economic Outlook Database)를 기록하였다. 세계 2위 경제대국이지만 14억 명을 상회하는 인구대국인 점을 반영하여 1인당 GDP가 아직 낮은 수준이다. 그러나 상하이(上海), 베이징(北京), 광저우(廣州) 등 중국 대도시의 1인당 GDP는 2만 달러 내외를 기록하고 있으며 소비 수준이 선진국 수준으로 매우 높다.

4) 무역 및 외환보유고

중국이 이미 세계의 공장(World Factory) 및 세계의 시장(World Market)으로 떠오른 가운데 중국의 무역은 세계를 리드하는 중심적인 위치로 자리를 굳혀가고 있다. 중국의 상품수출(Merchandise Export)은 2019년 2.5조 달러(한국무역협회, 중국무역통계)를 기록하여 세계 1위, 상품수입(Merchandise Import)도 2019년 2.1조 달러를 기록하여 미국에 이어 세계 2위이다.

수출증가로 인하여 중국의 무역흑자 및 외환보유고가 급격하게 증가하여 이것이 글로벌 불균형 및 미중 무역마찰의 원인으로 지적되고 있다. 중국의 외환보유고(Foreign Exchange Reserve)는 상품수출 확대를 통한 막대한 무역흑자를 배경으로 현재 약 3조 달러 내외를 기록하여 압도적인 세계 1위를 지속적으로 유지하고 있다.

중국의 GDP 및 무역 개요(2019년)

GDP	• 명목 GDP 약 14.1조 달러(세계 2위) • 1인당 GDP 약 1만 달러
무역	• 상품수출 약 2.5조 달러(세계 1위) • 상품수입 약 2.1조 달러(세계 2위)

5) 중국 경제성장의 배경

▪▪ 풍부한 노동력 및 자원

세계최대 인구 국가인 중국의 총인구는 14억 4천만 명(2020년 기준)이다. 거대경제권 인도(13억 8천만 명), EU(5억 1천만 명), 미국(3억 3천만 명)과 비교된다. 그리고 광대한 토지, 풍부한 지하자원(석유, 천연가스, 희토류, 석탄, 철 등)을 보유하고 있다. 이에 대해 중국은 예로부터 "땅은 넓고 자원은 풍부하다(地大物博)"라는 자부심을 가지고 있다. 경제성장은 기본적으로 노동력과 자원을 얼마나 확보하고 있느냐에 달려 있는데 중국은 이러한 조건을 충분히 갖추고 있는 것이다.

▪▪ 중국정부의 실용주의 정책

중국의 실용주의 정책은 덩샤오핑(鄧小平·등소평)의 흑묘백묘론(黑猫白猫論)으로 설명된다. 흑묘백묘론은 검은고양이든 흰 고양이든 쥐를 잘 잡는 고양이가 좋은 고양이라는 뜻으로 다시 말하면 자본주의든 사회주의든 상관없이 중국 인민을 잘 살게 하면 그것이 좋은 제도라는 것이다. 이에 따라 중국이 도입한 경제체제가 사회주의 시장경제(Socialist Market Economy)체제이며 이러한 정책에 힘입어 중국경제는 비약적으로 성장하고 있다. 한편, 현재 시진핑(習近平) 국가주석도 일대일로(一帶一路) 정책, 반부패정책 등 실용주의 정책을 추진하고 있다.

▪▪ 대외개방과 외자유치

1978년 이후 중국은 대외개방 및 외자유치정책을 적극적으로 추진하였다. 중국에 들어온 외국의 자본과 기술이 중국의 산업클러스터(Cluster) 형성에 결정적 역할을 수행하였다. 특히, 1992년 덩샤오핑의 남순강화(南巡講話: 심천, 주해 등 중국 남부의 주요 지역을 순시하면서 행한 강연) 이후 개혁·개방 정책을 더욱 활발하게 추진하였고 시장경제체제를 적극적으로 도입하였다. 중국의 외국인직접투자 유치(FDI inflow) 규모는 미국과 함께 세계 1, 2위를 다투고 있다.

■ 중국인의 상업주의적이고 현실주의적인 기질

중국인은 기본적으로 상업주의적이고 현실주의적인 기질을 가지고 있는데 중국에 시장경제가 도입되면서 더욱 힘을 발휘하고 있다. 중국인의 이러한 기질은 세계 각국에서 번성하고 있는 차이나타운(China Town)과 화교자본을 통해서 확인할 수 있다. 특히 화교자본은 동남아시아 지역의 경제적 주류를 형성하며 그 지역의 경제성장에 지대한 역할을 수행하고 있다. 화교자본은 인위적 통합체(EU, NAFTA, TPP)가 아닌 동일 민족의 자연적 통합체이기 때문에 더욱 강력한 것으로 평가된다.

02 중국 경제발전 중심지역의 변화

중국의 경제발전 중심지역은 1978년 개혁개방정책 실시 이후 중국의 경제발전 전략과 최고 지도자의 성향에 따라 크게 변화되어 왔다. 이를 연대별로 보면 1980년대 주장(珠江)삼각주(Pearl River Delta)지역, 1990년대 창장(長江)삼각주(Yangtze River Delta) 지역, 2000년대 환발해 및 동북3성 지역, 2017년 이후 슝안신구(雄安新区)지역 등으로 변화되어 왔다.

1) 주장삼각주 지역

1980년대 덩샤오핑(鄧小平) 시대의 경제발전 중심지역이다. 1978년 개혁개방정책 실시 이후 1980년대 경제발전 지역은 선전(深圳), 주하이(珠海), 광저우(廣州) 경제특구를 중심으로 한 주장(珠江)삼각주(Pearl River Delta) 지역이다. 높은 수준의 경제개방을 실시하였고 수출지향형 경제구조, 높은 외국인투자 유치(FDI inflow) 등이 장점으로 손꼽힌다. 경제특구 1호 선전은 인구 3만 명의 어촌에서 100m 이상 고층빌딩 1,000여 곳, 인구 2,000만 명의 초현대 글로벌 도시로 탈바꿈했다.

2) 창장삼각주 지역

1990년대 장쩌민(江澤民) 시대의 경제발전 중심지역이다. 상하이(上海) 푸둥(浦東) 지역, 장쑤성(江蘇省), 저장성(浙江省) 등을 중심으로 한 창장(長江)삼각주(Yangtze River Delta) 지역이다. 주요도시는 상하이(푸둥지구), 쑤저우(蘇州), 항저우(杭州), 난징(南京), 닝보(寧波) 등이다. 인력자원, 천연자원 등 생산요소가 풍부하고 국제화 수준이 높으며 시장수요가 큰 지역이다. "중국의 미래를 보려면 상하이로 가라"는 말처럼 상하이는 중국의 세계화, 현대화를 상징하는 도시가 되었다.

3) 환발해 및 동북3성 지역

2000년대 후진타오(胡錦濤) 시대의 경제발전 중심지역이다. 베이징(北京), 톈진(天津), 허베이성(河北省)을 포함하는 징진지(京津冀) 지역과 동북3성 지역의 경제발전을 추구하는 전략이다. 징진지는 베이징, 톈진, 허베이성의 약칭으로 중국의 수도권에 해당한다. 동북 3성은 중국의 최동북쪽에 위치한 지린성(吉林省)·랴오닝성(遼寧省)·헤이룽장성(黑龍江省) 등을 말하는데, 중국의 대표적인 낙후지역으로 꼽히는 지역이다.

4) 슝안신구 지역

슝안신구(雄安新区)는 2017년 발표되었다. 현 시진핑(習近平) 시대에 허베이성 슝셴·룽청·안신 등 3개 현 일대에 조성되는 경제개발특구이다. 중국의 "천년대계"로 추진중인 신도시 개발 프로젝트라고 일컬어진다. 베이징에서 남서쪽으로 160㎞가량 떨어져 있다. 슝안신구 계획 발표 이후, 중국 3대 IT기업으로 불리는 BAT(바이두, 알리바바, 텐센트)를 중심으로 IT 기업들이 대거 참여하고 있다. 슝안신구는 1980년대 덩샤오핑이 추진했던 "선전 경제특구", 1990년대 장쩌민이 추진했던 "상하이 푸둥신구"와 비교된다.

1) 관세율

중국의 1992년 평균관세율은 43.2%로 매우 높은 수준이었다. 중국이 2001년 WTO에 가입하면서 중국의 관세장벽은 크게 완화되었다. 1992년 이후 중국은 지속적인 관세인하를 실시하여 공산품의 경우 평균관세율이 10% 수준으로 인하되었다.

WTO의 MFN 실행관세율(Simple Average MFN applied)은 실제로 적용된 관세율을 의미하는데 WTO Tariff Profiles(www.wto.org)에 따르면 중국의 MFN 실행관세율은 비농산품 8.8%, 농산품 15.6%, 전체 평균은 9.8%이다. 중국의 관세율이 아직 상당히 높다는 것을 알 수 있다. 한국과 중국간에는 FTA가 체결되어 있어 상호간 수출입시 관세상 혜택을 받을 수 있다.

2) 비관세장벽

중국은 2001년 12월 WTO에 가입한 이후, 가입 조건으로 약속하였던 사항을 이행하기 위하여 무역관련 법규 및 불공정 무역관련 규범 등을 국제적인 수준으로 끌어올리기 위한 행정적 조치를 지속해 왔다. 따라서 불투명한 무역관련 규제가 상당히 완화되었다고 평가할 수 있다.

그러나 중국의 시장개방 확대와 무역량 증가에 따라 불명확하고 불투명한 각종 비관세장벽(Non Tariff Barriers)이 증가 추세에 있어 수입규제 장벽으로 작용하고 있다. 중국 비관세장벽의 특징은 자국산업 보호를 위한 직접적 수입통제가 많다는 점, 그리고 표준 및 인증제도와 같은 기술무역장벽(TBT: Technical Barriers to Trade)이 많다는 점 등이다. 특히 기술무역장벽 중에 제품 품질 및 안전에 대한 인증제도인 중국 강제인증제도(CCC: China Compulsory Certificate)가 중요한 비관세장벽으로 지적된다.

최근 들어 중국은 한국으로부터의 중간재 등 수출용원자재와 소비재 수입증가로 인하여 한국에 대한 무역적자가 점차적으로 증가하고 있다. 이러한 점을 반영하여 중국은 한국제품에 대하여 수입규제를 강화하고 있는데 한국제품에 대한 반덤핑관세 부과, 불필요한 통관절차 등이 대표적인 사례이다.

특히 2017년 사드(THAAD) 배치에 따른 중국의 우리나라에 대한 무역보복은 중국 비관세장벽의 또 다른 형태라 할 수 있다.

3) 지속적인 개혁개방정책

1980년대에 덩샤오핑(鄧小平)에 의해 중국의 개혁개방정책이 시작되었고, 1990년대에 사회주의체제에 시장경제체제의 옷을 입힌 사회주의 시장경제 (Socialist Market System)가 본격적으로 시행되었다. 그리고 2000년대에 WTO 가입(2001년 11월) 이후 본격적인 무역자유화 정책이 시행되었다. 중국은 WTO에 가입한 이후 평균관세율을 대폭적으로 인하하였고 통상관련 규제를 완화하거나 철폐하였다. WTO 가입 이후 중국이 세계경제체제에 본격적으로 진입하면서 자유롭게 조성된 글로벌 경제 및 무역환경에서 중국의 경제 및 무역은 더욱 획기적으로 발전하였다.

4) 적극적인 대외통상정책

중국은 2013년 시진핑(習近平) 정부의 출범 이후 좀 더 적극적인 대외통상정책을 추진하고 있다. 우선 2015년 한중 FTA가 발효되었다. 그리고 2020년에 아시아지역에서 미국을 견제하기 위해 중국 주도로 역내 포괄적 경제동반자 협정(RCEP: Regional Comprehensive Economic Partnership)이 체결되었다. 회원국은 아세안 10개국, 동북아시아 3개국(한국, 중국, 일본), 오세아니아 2개국(호주, 뉴질랜드) 등 총 15개국이다. 또한 중국의 주도로 아시아 국가들의 사회간접자본 건설지원을 위해 아시아 인프라투자은행(AIIB: Asian Infrastructure Investment Bank)을 2015년 말에 창설하였다. 이는 세계은행(WB), 아시아개발은행(ADB)에 대항하기 위한 중국 주도의 국제금융기관이다.

5) 일대일로 정책

일대일로(一帶一路, one belt one road) 정책이란 중국 주도의 "신(新) 실크로드 전략 구상"으로, 내륙과 해상의 실크로드 경제벨트를 지칭한다. 35년 간

(2014~2049) 고대 동서양의 교통로인 현대판 실크로드를 다시 구축해, 아시아 지역 SOC 건설(철도, 도로, 공항, 항만), 중국경제발전, 현지 자원 확보 등을 목표로 한 대규모 프로젝트다. 2013년 시진핑 주석의 제안으로 시작되었으며, 2020년 현재 100여 개 국가 및 국제기구가 참여하고 있다. 내륙 3개, 해상 2개 등 총 5개의 노선으로 추진되고 있다.

04 중국의 무역관련기관

1) 상무부

중국 상무부(Ministry of Commerce People's Republic of China)는 중국의 대외무역관리를 총괄하는 기구이다. 기존의 대외무역경제합작부가 변경된 정부 부처이다. 각 성단위 무역관리기구는 상무청(기존의 대외무역청)이라 한다. 중국 무역의 방침, 정책, 규정을 제정하고 집행하며 국가계획위원회와의 협의하에 장기적인 통상정책을 수립하고 추진한다. 그 밖에 각종 경제수단에 의한 수출입 조정조치 제정, 무역기업 활동에 대한 지도, 상벌제도의 제정 및 집행 등을 수행한다.

2) 국제무역촉진위원회

중국국제무역촉진위원회(CCPIT: China Council for the Promotion of International Trade)는 중국의 무역 및 투자 진흥을 위한 반관 반민 통상기구이다. 동 기구는 1952년에 설립되었으며 한국의 대한무역투자진흥공사(KOTRA), 일본의 일본무역진흥기구(JETRO)와 유사한 기능을 수행한다. 전세계에 걸쳐 방대한 해외조직망을 가지고 있으며 주요 업무내용은 무역진흥, 외국인투자 유치, 해외선진기술 유치, 외국과의 통상협상 등이다.

3) 무역거래주체

현재 중국의 대외무역기업 유형은 ① 상무부 소속의 각종 수출입총공사 및 그 하부기구 ② 국무원 소속의 공업무역회사 ③ 성급 소속의 각종 수출입 회사 ④ 외상투자기업 ⑤ 수출입 경영자격이 있는 제조기업 ⑥ 임대수출입회사 ⑦ 수출입업무 경영자격을 취득한 기타 회사 등이 있다.

중국의 "대외무역법"에 근거하여 수출입 업무를 취급하는 대외무역 경영업체는 ① 기업명칭 및 조직기구 ② 대외무역 경영범위 ③ 대외무역에 필요한 장소, 자금 및 전문인원 ④ 타회사를 통한 수출입 실적 등을 구비하여야 한다. 이러한 조건을 갖추어 상무부의 비준을 취득한 기업은 전국범위의 대외무역업무를 취급할 수 있다.

4) 중국 해관총서

중국의 해관총서(海關總署, General Administration of Customs of the PRC)는 관세부과 및 통관업무 등 중국의 수출입 통관 업무, 수출입 통계 업무 등을 총괄하는 국무원 직속기구이다. 한국의 관세청(Korea Customs Service), 미국의 관세 및 국경보호청(U. S. Customs and Border Protection, CBP)에 해당하는 기관이다.

5) 대외원조국

중국의 상무부내 대외원조국(Department of Foreign Assitance)은 중국의 대외원조를 총괄한다. 한국의 KOICA, 미국의 USAID에 해당하는 기관이다. 중국은 OECD 국가가 아님에도 불구하고 아시아, 아프리카, 중남미지역에 대한 대외원조 규모가 크다. 특히 중국의 아프리카 지역에 대한 원조 및 투자가 다른 선진국에 비하여 월등한 것을 반영하여 차이나프리카(ChinAfrica)라는 말이 생겨났다.

05 중국 수출현장의 특성

1) 세계 최대의 공산품 생산국가

중국은 수출금액면에서 2009년 이후 미국, 독일 등을 제치고 세계 1위로 올라섰으며 세계에서 유일하게 수출규모 2조 달러를 상회(2012년 이후)하고 있다. 또한 중국은 세계수출 1위 품목수에서도 압도적인 비중으로 1위를 확고하게 지키고 있다. UN 상품무역통계(UN Comtrade)를 활용하여 분석한 한국무역협회 보고서에 따르면 중국은 HS(Harmonized System) 6단위 기준으로 2018년 세계수출 1위 품목 수가 1,735개에 달하여 2위 독일의 685개에 비하여 1,000개 이상 더 많다. 3위 미국 511개, 4위 이탈리아 215개, 5위 일본 162개이다. 한국의 2018년 세계수출 1위 품목 수는 68개로 세계 13위를 기록하였다.

예를 들면 자동차의 경우 중국의 자동차 생산과 판매량은 2010년 이후 모두 1천만대를 돌파하며 세계 최대 자동차 생산 및 마켓으로 부상하였다. 전통적인 자동차 생산 강국인 미국, 독일, 일본 등을 제친 것이다. 자동차 생산 내역을 보면 세계적인 자동차 브랜드가 별로 없고 대부분 자동차 다국적기업의 중국공장에서 생산한 것이기는 하지만 향후 자체브랜드의 자동차생산 확대, 전기자동차 등 첨단자동차의 생산 등이 기대된다.

세계수출 1위품목수 순위

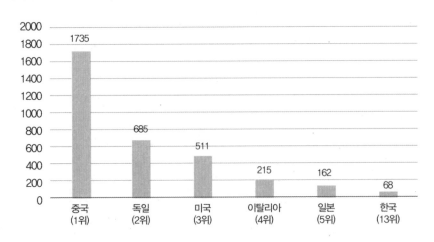

2) 세계 최대인구의 거대한 소비시장

소비관련 매크로 지표를 보면 중국의 총인구는 14억 4천만 명으로 인구대국 인도(13억 8천만 명)와 비슷하며, EU(5억명 1천만 명)와 미국(3억 3천만 명)의 인구를 크게 상회한다. 그리고 매년 높은 경제성장률, 세계 제2위의 명목 GDP규모, 세계 제2위의 상품수입규모 등으로 비추어볼 때 중국은 미국과 함께 세계의 시장(World Market)으로서 세계 여러 나라의 상품을 흡수하는 역할을 수행하고 있다.

또한 소비 잠재력면에서도 세계 최고이다. GDP에서 차지하는 민간소비의 비중을 보면 미국, 영국 등 선진국은 60~70%이지만 중국은 40% 정도를 나타내어 상대적으로 민간소비 비중이 낮다. 이것은 향후 중국의 소비 잠재력, 소비의 활성화 가능성과 잠재력이 대단히 크다는 것을 의미한다.

더구나 1인당 GDP가 지속적으로 증가하면서 이러한 중국소비의 잠재력은 폭발적으로 증가할 것으로 기대된다. 특히 신흥 고소득 소비계층이 급격하게 증가하고 있다. 중국의 신흥 고소득 소비계층은 CHABOS(China BOBOS)라고 불리는데 이는 중국의 BOBOS(Bohemia Bourgeois: 자유분방한 부유층)라는 뜻이다. 이러한 신흥 고소득 소비계층은 자동차, 사치품, 전자제품 등의 소비에 커다란 영향을 미치고 있다.

3) 중국의 도시화 확대

OECD 분석에 따르면 중국의 도시화율은 현재 약 60% 정도로 추정되고 있다. 도시화율(urbanization)은 전체 인구 중에서 도시에 사는 인구가 차지하는 비율을 의미한다. 세계평균은 50%, 선진국은 80%, 개도국은 60% 정도로 파악되고 있다.

이와 같이 중국의 도시화율은 아직 낮은 수준이나 중국의 급속한 경제발전으로 말미암아 중국 도시의 광역화와 농촌의 도시화가 빠르게 진행되고 있다. 2020년 현재 인구 100만 이상인 중국 도시는 160개 정도에 달하며, 미국 10개, 유럽 20개, 일본 11개, 한국 8개에 비하여 월등하게 많다.

이러한 도시화 증가는 직접적으로 중국 민간소비의 급격한 확대로 연결된다. 이는 중국에 대한 수출비중이 높은 한국으로서는 기회요인이다. 주목받는 광역도시권으로서 기존의 베이징, 상하이 외에 충칭(重庆)과 청두(成都), 주장(珠江)삼각주권, 창장(長江)삼각주권, 푸젠(福建)성의 해협서안(海峽西岸)권 등이 있다.

중국 수출현장의 특성 요약

세계최대 생산국	• 세계 수출 1위 품목 수 1,735개(1위)
거대한 소비시장	• 세계 2위 명목 GDP, 세계 2위 수입규모
도시화 확대	• 인구 100만 이상 중국 도시, 160개 정도
인구정책의 변화	• "독생자녀제(獨生子女制)" 정책의 완화
젊은 소비계층	• 지우링허우 세대, 링링허우 세대의 소비증가
노인인구의 소비	• 65세 이상 노인인구의 소비증가
중국의 4대요리	• 北京요리, 上海요리, 廣東요리, 四川요리 등

4) 인구정책의 변화

1979년 덩샤오핑(鄧小平)이 산아제한정책인 "독생자녀제(獨生子女制)" 정책을 시행하여 56개 소수민족(소수민족 우대정책)과 농촌가구(농촌노동력확보 목적)에만 두 자녀까지 허용하고 도시지역가구는 한 자녀만 허용되었다. 이러한 정책의 영향으로 일명 샤오왕(小王), 샤오황띠(小皇帝)라 부르는 독남, 독녀를 위한 부모들의 극심한 투자가 증가하였다.

두 가지 측면의 영향이 나타나고 있다. 하나는 아동관련 키즈산업, 프랜차이즈 외식산업, 생일, 결혼 등 이벤트사업의 호황을 누리고 있다는 점이다. 다른 하나는 부정적인 측면으로 청년층이 감소하고 노년층이 증가(고령화)하는 현상으로 "잘 살기도 전에 늙는다(未富先老)"는 이야기가 생겨날 정도이다.

그런데 2014년 이후 "독생자녀제(獨生子女制)" 정책에 대한 완화조치를 취하여 부부 가운데 한 명만 독자이면 두 자녀가 가능하도록 변경하였다. 이는 사실상 두 자녀 정책으로 받아들여지고 있다.

5) 떠오르는 젊은 소비계층

중국 젊은 소비계층에는 바우허우(85년 이후 출생자) 세대, 지우링허우(90년대 이후 출생자) 세대, 링링허우(2000년대 이후 출생자) 세대 등이 있는데, 이들은 중국의 경제발전과 함께 새로운 소비계층으로 부상하고 있다.

지우링허우 세대는 약 2억 5,000만 명에 달하며 전체 인구의 약 16%를 차지한다. 이들은 디지털 문화에 매우 익숙한 세대로, 2030년대까지 전체 소비 증가의 20%를 차지할 것으로 예상된다. 지우링허우는 제품 품질, 브랜드를 중시하며 생필품 구매가 비교적 많으며, 바우허우는 개성을 중시하고 디지털 제품 소비가 비교적 많다. 2000년대생으로 태어난 링링허우는 신소비층으로 떠오르고 있다. 이들은 스마트폰과 함께 자랐기 때문에 스마트 세대라고도 불린다.

6) 노인인구의 소비 증가

최근 노인인구의 소비가 점차적으로 증가하고 있는 추세이다. 중국의 65세 이상 노인인구는 1억 8,000만 명으로 전체 인구(14억 4천만)의 약 12.5%를 차지하고 있다. 최근 3년간 65세 이상 인구 매년 800만 명씩 늘어나는 추세이며 80세 이상 고령노인 비중도 점차 증가하는 추세이다.

따라서 중국 시니어 비즈니스 시장 규모가 확대되는 추세이다. 식품, 의류, 생활용품 및 가전 등 일반 시니어 용품 소비규모는 2019년에 2조 5천억 위안 정도의 규모로 급속히 증가하고 있다. 노인인구의 인터넷 쇼핑 활용이 점차 커지고 있으며 고소득 노인 인구 증가로 제품 수요 다양화 및 고급화 추세로 전환되고 있다. 또한 기존 실버세대와 달리 상품 품질, 디자인, 혁신제품에 대한 요구가 까다로운 편이다.

7) 중국 4대요리

중국은 국토가 넓어 각 지방의 기후, 풍토, 산물 등에서 각각 다른 특색을 나타낸다. 여기에 역사, 경제, 사회, 문화 등 다양한 요소가 작용하여 北京

(베이징)요리, 上海(샹하이)요리, 廣東(광둥)요리, 四川(쓰촨)요리 등 4대 요리가 형성되었다. 중국 비즈니스맨과의 무역협상에 중국 4대요리를 이해하고 공감하는 것이 아주 중요하다.

北京(베이징)요리는 황허강 유역 및 북방 지역의 한랭한 기후로 인한 고칼로리 음식으로 튀김과 볶음 요리가 대표적이다. 우리나라 중국집의 대표적인 요리 중 하나이다. 上海(샹하이)요리는 南京, 上海, 蘇州 등 남부지방 요리로서 풍부한 해산물 요리가 특징이다. 廣東(광둥)요리는 廣州, 潮州, 東江 지방 요리이며 향기롭고 개운하고 부드러운 맛으로 탕수육, 팔보채, 딤섬 등이 대표적이다. 四川(쓰촨)요리는 쓰촨성 산악지대 요리로서 맵고 강한 향기를 내며 누룽지탕, 마파두부 등이 대표적이다.

06 중국시장 마케팅 체크포인트

1) 한국제품의 중국시장 경쟁력 10년간 변화

중국 무역통계(한국무역협회, 중국무역통계)로 계산한 한국, 미국, 일본 3국의 중국시장 점유율 10년간 추세를 보자. 중국시장에서의 한국제품 시장점유율은 2010년 9.9%, 2019년 9.0%로 다소 하락하였다. 그러나 중국시장 점유율 순위에서 지속적으로 1위를 기록하고 있다. 일본의 중국시장 점유율은 2010년 12.6%, 2019년 8.8%로 큰 폭으로 하락하였다. 미국의 중국시장 점유율은 2010년 7.3%, 2017년 6.4%로 조금 하락하였다.

한국제품의 중국시장 경쟁력은 경쟁국인 일본, 대만, 미국 등을 앞지르고 있는 상황이다. 중국의 한국제품에 대한 수입수요가 꾸준한 추세를 유지하고 있는 반면에 경쟁국인 일본, 대만 제품에 대한 수입 수요는 다소 하락하고 있는 것으로 분석된다. 이는 중국의 한국산 수출용원자재 및 자본재, 소비재 등에 대한 수입수요가 지속적으로 유지되고 있음을 의미한다.

K-pop, 한국 드라마 등 TV프로그램을 통해 의류, 화장품, 식품 등 다양한 소비재 분야의 한국 제품이 중국에 진출하고 있다. 중국에서의 한국 상품은 대체적으로 고가격·고품질 및 개성 있는 디자인으로 시장점유율을 넓혀가고 있다. 특히 한국 식품은 중국 소비자들한테 큰 인기를 끌고 있는 가운데

중국시장에서의 10년간 한국 일본 미국 점유율 변화

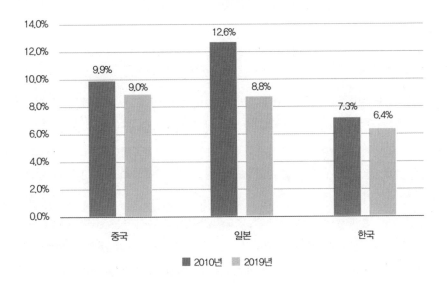

농산품보다 가공식품과 음료가 강세를 보이고 있다.

2) 붉은색과 8자 마케팅

중국인이 좋아하는 색은 붉은색 또는 황금색이다. 중국에서 붉은색은 금·돈·재물의 색이고 나쁜 것을 몰아내는 색이다. 한국기업들은 중국인들의 이러한 성향을 활용하여 소위 컬러 마케팅(Color Marketing)을 하고 있다. 오리온 초코파이는 중국 진출시 포장지를 파란색에서 붉은색으로 바꾸었고, 삼성전자·현대자동차·진로 등도 자사제품의 중국시장 진출시 붉은색을 활용한 마케팅 전략을 구사하였다. 삼성전자의 진시황 프로젝트(붉은색과 황금색 위주로 용, 구름 문양을 TV에 새겨 수출)가 그러한 예이다.

중국인이 좋아하는 숫자는 8 또는 9이다. 8은 發財(파차이: 돈 벌다)의 중국어 발음 파와 발음이 비슷하기 때문에 좋아하는 숫자이다. 베이징올림픽 개막식은 2008년 8월 8일 8시에 열렸다. 9의 중국어 발음 '주(九)'는 '오래'라는 뜻의 '주(久)'와 발음이 동일하기 때문에 좋아한다. 9는 오래오래 산다는 의미를 내포하고 있다. 2009년 9월 9일에 중국과 홍콩, 싱가포르 등 중화권에 결혼식이 급증한 이유이다. 한국기업들도 공장 준공일자 또는 신상품 런칭일자 등에서 8 또는 9를 활용한 숫자마케팅(Number Marketing)을 하고 있다.

3) 소수민족에 대한 대응

중국 소수민족의 수는 56개이며 소수민족의 인구는 약 1억 명에 달한다. 소수민족 거주 면적은 중국 전체의 64%에 달한다. 중국의 소수민족 자치구는 티베트 자치구(西藏自治區), 신강위구르 자치구(新疆維吾爾自治區), 내몽고 자치구(內蒙古自治區), 광서장족 자치구(廣西壯族自治區), 영하회족 자치구(寧夏回族自治區) 등 5개가 있다.

인구수 면에서 漢族이 압도적으로 많지만 소수민족은 수나 면적 측면에서 무시할 수 없는 존재이다. 중국은 지역균형발전을 위해 서부대개발 동북진흥 중부굴기 동부선도(西部大開發 東北振興 中部崛起 東部先導) 전략을 추진하고 있다. 즉, 중국의 5개 소수민족 자치구에 대한 개발이 본격화될 것이다. 우리 기업들의 대응전략이 요구된다.

4) 꽌시(關係) 활용

중국은 땅덩어리가 크고, 인구가 많으며, 다양한 민족(56개 민족)이 함께 거주하는 특성으로 인하여 새로운 상대방에 대한 의심이 많은 것으로 알려져 있다. 즉, 동일한 집단 내에서는 철저한 신뢰관계가 형성되지만 집단 외부에 대해서는 매우 배타적이다.

이에 따라 지연, 학연 등 각종 이해관계에 얽힌 꽌시가 매우 중요시된다. 꽌시는 관계(關係)라는 단어의 중국식 발음으로 인간관계(Human Network)를 의미한다. 따라서 중국 비즈니스에서는 친분 있는 중국인 또는 관련분야 중국인 전문가 등을 활용하는 마케팅 전략이 필요하다.

5) 문화민족 자부심 및 체면 중시

중국인은 문화민족으로서 자존심이 매우 강하다. 중국은 2008년 베이징

올림픽(Beijing Olimpic) 개막식에서 중국의 4대 발명품(종이, 화약, 인쇄술, 나침반)에 대한 홍보를 적극적으로 함으로써 문화민족으로서의 자부심을 높인 바 있다. 반면, 이러한 문화민족으로서의 자부심과는 상반되게 중국인의 질서의식은 아직 부족하여 공공장소에서 줄서기에 끼어드는 사람이 많고 차도에서 무단 횡단하는 사람이 많은 것도 사실이다.

중국인은 또한 체면을 중시하는 성향이 있다. 체면중시 성향은 한국보다 강한 것으로 알려져 있다. LG전자의 경우 이러한 중국인의 특성을 활용하여 미엔즈(面子: 체면) 마케팅을 하고 있다. 즉, 냉장고, TV, 세탁기 등 대중국 수출제품을 대형, 고급형으로 만들어 중국인의 미엔즈 중시 소비성향을 활용하고 있다.

6) 중국인의 언어습관

중국인은 고도의 표정관리가 가능하고 노(No)라는 의사표시를 잘 하지 않는다. 考慮(고려하겠다)는 일반적으로 노(No)라는 표시일 경우가 많고, 好(좋다)라고 답변할 때도 상대방의 표정과 정황을 잘 살펴야 예스(Yes)인지 노(No)인지 알 수 있다.

또한 한국사람은 의사표현이 직선적이고 의사결정이 빠른 문화에 익숙해 있어 기다리는 것을 매우 싫어하지만 중국사람은 여유(만만디) 문화에 익숙하며 말할 때도 의사표현이 완곡한 편이어서 빙 둘러 이야기하는 화법이 발달되어 있다. 따라서 중국인과의 비즈니스 상담시 서둘러 결정하지 말아야 하며 중국인과 보조를 맞추는 것이 중요하다.

7) 지역별 기질

- 北京 사람: 文化를 중시 / 중국의 북방지역에 위치하고 성격이 호쾌하고 시원시원하다.
- 天津 사람: 순박하며 유행을 따르지 않는다.
- 東北 사람: 술을 좋아하며 성격이 직선적이고 적극적이다.
- 山東 사람: 몸집이 크고 성격이 단순하며 교제시 의리를 중시, 한국

인 성격과 유사하다.

- 上海 사람: 계산에 밝은 국제인/상해 사람들끼리 대화할 때 주로 상해 사투리를 사용한다.
- 浙江 사람: 계산이 빠르고 추진력이 강하다.
- 廣州 사람: 실력을 중시, 유행을 선도한다.
- 深圳 사람: 새로운 것을 좋아하고 규칙을 중요시 한다.

CHAPTER 16 일본 수출현장의 이해

01 일본경제의 이해

1) 일본 개요

일본에 대하여 흔히 작은 섬나라라고 하는데 사실은 인구도 많고 사는 면적도 작은 나라가 아니다. 일본의 인구는 현재 1억 2천 6백만명으로 세계에

일본 지도

서 11번째로 많다. 일본보다 인구가 많은 나라는 중국, 인도, 미국, 인도네시아, 브라질, 파키스탄, 나이지리아, 방글라데시, 러시아, 멕시코 등 10개국뿐이다.

일본의 국토 면적은 377,915㎢로 세계 62위에 불과하지만 세계의 주요나라와 비교하면 결코 작은 면적이 아니다. 일본의 면적은 유럽의 선진국이며 강대국들인 독일, 이탈리아, 영국 등의 면적보다 크다. 한반도 면적에 비해서도 1.7배나 크다.

2) 일본의 지역구분 및 행정구역

일본의 국토는 크게 혼슈(本州), 홋가이도(北海道), 규슈(九州), 시코쿠(四国) 등 4개 섬으로 구성되어 있다. 도쿄, 오사카 등이 위치하는 혼슈의 면적은 한반도, 영국의 잉글랜드의 면적과 비슷하다. 홋가이도는 혼슈의 약 1/3, 규슈는 홋가이도의 약 1/2, 시코쿠는 규슈의 약 1/2 수준이다. 本州는 東北地方(아키타, 후쿠시마), 關東地方(도쿄, 치바), 中部地方(나고야, 나가노), 關西地方(오사카, 교토), 中國地方(시마네현, 돗토리현) 등으로 구성된다.

일본의 행정구역은 도도부현(都道府県), 시정촌(市町村)으로 구성되어 있다. 도도부현(都道府県)에는 1都 1道 2府 43県 등 총 47개 지방자치단체가 있다. 한국의 광역자치단체에 해당한다. 都는 東京都, 道는 北海道, 府는 京都府와 大阪府가 있다. 시정촌(市町村)은 한국의 기초자치단체에 해당한다. 주요도시 인구를 보면 도쿄 1,300만, 요코하마 370만, 오사카 270만, 나고야 230만, 교토 150만 등이다.

3) 경제규모 및 1인당 GDP

일본은 미국에 이어 세계 제2위의 경제대국의 위치를 유지하여 왔지만 2010년에 제2위 경제대국의 위치를 중국에 넘겨주고 제3위로 밀려났다. 특히 1990년대 이후 버블경제 붕괴, 즉 자산가격(부동산 가격 및 주식 가격) 하락으로 장기적인 경기침체에 빠져 소위 "잃어버린 20년"을 경험하였다. 그 이후 일본경제는 21세기 초까지 좀처럼 활력 있는 모습을 보여주지 못하였다. 그러나

고이즈미 정부와 아베정부를 거치면서 경제는 다소 회복되었다.

일본경제는 세계경제를 리드하는 거대경제국가임에 틀림이 없으며 한국 경제에 있어서는 항상 벤치마킹의 대상이 되는 국가이다. 2019년 일본의 명목 GDP는 약 5.1조 달러(IMF, World Economic Outlook Database)를 기록하여 세계 3위이며 제2위인 중국과 격차가 벌어지고 있는 상황이다. 한편, 일본의 1인당 GDP(per capita GDP)는 약 4만 달러(IMF, World Economic Outlook Database) 내외를 기록하고 있다.

4) 무역 및 외환보유고

2019년 상품수출(Merchandise Export)은 7,055억 달러(한국무역협회, 일본무역통계)로 중국, 미국, 독일, 네덜란드에 이어 세계 5위이며, 2019년 상품수입 (Merchandise Import)은 7,477억 달러로 미국, 중국, 독일에 이어 세계 4위를 기록하고 있다. 일본은 전통적인 제조업 강국으로 무역수지 흑자국이지만 최근에는 수출제품의 경쟁력 약화와 수입증가로 인하여 무역적자국으로 반전하였다.

한편, 일본의 외환보유고(Foreign Exchange Reserve)는 그동안의 무역수지 흑자와 해외직접투자 증가에 따른 해외투자수익 증가 등을 배경으로 경상수지 흑자기조가 지속되어 2019년 현재 1조 달러를 상회하여 중국에 이어 세계 2위이다.

일본 GDP 및 무역 개요(2019년)

GDP	• 명목 GDP 약 5.1조 달러(세계 3위) • 1인당 GDP 약 4만 달러
무역	• 상품수출 약 7천억 달러(세계 5위) • 상품수입 약 7천 5백억 달러(세계 4위)

5) 일본경제 발전과정

■ 1950년대-1970년대

1950년대~1970년대는 일본의 고도성장기이다. 일본경제는 한국전쟁에 따른 전쟁 특수와 미국의 강력한 지원에 힘입어 10% 내외의 경제성장을 지속하게 된다. 그러한 경제발전을 배경으로 일본은 1964년 도쿄올림픽을 개최하여 선진국으로 발돋음하는 데 중요한 전환점을 마련했다.

1964년 IMF 8조국으로 이행(외환거래의 자유화 의미), GATT 11조국으로 이행(무역의 자유화 의미)조치를 취하게 되고 1967년에 선진국 클럽인 OECD에 가입하였다. 1968년에 세계 2위 경제대국으로 부상하였다. 그리고 1970년대 이후 일본기업은 막대한 무역흑자와 강력한 기업경쟁력을 배경으로 본격적인 해외투자를 실시하여 다국적기업이 탄생하기 시작하였다.

■ 1980년대

1980년대는 강력한 경제대국으로 부상한 시기이다. 미국의 무역적자 확대와 일본의 무역흑자 확대에 따른 세계경제 불균형으로 말미암아 1985년 플라자 합의(Plaza Agreement)가 이루어졌고 이후 일본은 급격한 엔고현상에 직면하게 된다.

일본기업은 이러한 위기상황에 대하여 구조조정, 원가절감, 품질향상 등으로 극복하고 세계적 글로벌기업으로 성장하는 계기가 되었다. 또한 대규모 무역흑자와 이를 배경으로 한 해외 직접투자로 일본은 세계 최고의 채권국가가 되었다. 일본은 스위스 IMD(국제경영개발원)의 국가경쟁력 평가에서 1989년~1993년 기간(5년 연속)에 세계 1위를 기록하게 된다. 또한 당시 미국 예일대학교의 폴 케네디(Paul Kennedy) 교수는 "강대국의 흥망"에서 21세기는 일본의 세기가 될 것이라는 전망을 하였다.

■ 1990년대

1990년대는 소위 "잃어버린 10년"으로 일컬어진다. 일본경제는 1980년대 후반 이후 경기상승, 물가상승, 부동산 가격 앙등 등에 따라 이른바 버블(거품)이 형성되었다. 이러한 버블경제현상이 한꺼번에 꺼지게 되면서 그 영향으로 일본경제는 "잃어버린 10년", 혹은 "잃어버린 20년"의 경제침체기를 맞이하게 되었다.

천정부지로 치솟았던 부동산 가격이 급격하게 하락하고 주가지수인 니케이(Nikkei)지수가 최고 정점의 1/4수준으로 폭락하였다. 일본기업의 파산이 확산되고 실업률이 상승하고 내수경기가 침체되었다. 일본정부는 이러한 경기침체를 타개하기 위하여 지속적으로 공공투자 정책 등 재정확대정책을 시행하였으나 경제는 회복되지 못하고 재정적자만 확대되는 결과를 초래하였다.

■■ 2000년대

2000년대는 고이즈미 수상의 개혁에 의해 일시적으로 경기가 회복된 시기이다. 고이즈미 준이치로(小泉純一郎) 수상의 재임기간(2001년 4월~2006년 9월)은 전후 사또(佐藤), 요시다(吉田) 수상에 이어서 3번째로 길게 유지되었다. 고이즈미 수상의 개혁의 핵심은 사유화, 탈규제, 경쟁체제 도입 등이었다. 이러한 개혁정책은 그동안의 패러다임을 타파하는 조치로서 일본경제는 완만하나마 회복되는 조짐을 보였다. 영국 경제지 이코노미스트(Economist)는 "해가 다시 뜨고 있다(The sun also rises)"며 일본경제(sun) 회복을 예상했다.

그러나 일본경제의 회복세는 오래 지속되지 못하였다. 일본경제신문은 2000년대(2000~2009년) 10년 동안 전체적으로 오그라든 10년(연평균 실질 GDP 성장률: 0.7%)이라고 평가하였다. 최근 일본경제의 문제점은 생산연령인구가 감소하는 인구 오너스(demographic onus) 시기에 진입했다는 점, 세계최고의 경쟁력을 보였던 일본기업의 활력이 되살아나지 못하고 있다는 점 등을 지적할 수 있다.

■■ 2010년대

아베노믹스(Abenomocs)는 아베 신조(安倍晋三) 일본 총리(2012년 12월~2020년 8월)의 경제정책을 말한다. 아베는 총리가 된 이후 약 20년간 계속된 경기침체를 해소하기 위하여 연간 물가상승률 상한선 제한, 과감한 금융 완화(통화공급 확대), 엔화의 평가절하, 인프라 투자 확대 재정 정책, 적극적인 경제성장 정책 등을 추진하였다.

아베노믹스의 성과를 보면 엔화 약세정책 등에 따라 일본기업의 대외무역 증가, 고용 확대, 해외관광개 급증 등 긍정적인 효과가 나타났다. 이러한 아베노믹스의 성공 원인은 아베의 강력한 리더십, 정책 계승(Cool Japan, 도시 재개발 등), 국민공감정책 등으로 분석된다. 그러나 2020년에 전 세계에 불어닥친 코로나 팬데믹(Corona Pandemic)의 영향으로 일본경제는 급격한 침체국면을 맞이하게 되었다.

02 일본의 무역정책

1) 관세율

일본의 평균관세율은 선진국 중에서도 아주 낮은 수준이다. 특히 자동차, 전자전기 분야의 관세율은 0% 수준에 가깝다. 일본이 그동안 GATT 다자간협상에 적극적으로 참여하여 관세율을 지속적으로 인하하였으며 선진국으로서의 개방의무를 충실하게 이행하고 있음을 보여주고 있다. WTO Tariff Profiles (www.wto.org)에 따르면 일본의 MFN 실행관세율은 비농산품 2.5%, 농산품 13.3%, 전체 평균은 4.0%이다. 공산품 관세율은 아주 낮지만 농산품의 경우 일본의 농업보호를 위해 아주 높은 것으로 나타났다.

한편, 일본은 한국으로부터 수입하는 일부 품목에 대하여 높은 관세율을 부과하고 있다. 예를 들면 조제식료품인 라면류, 김치 등에 10% 이상의 고관세를 부과하고 있으며, 위스키는 무세이나 위스키와 대체관계에 있는 한국산 소주에 대해서는 16%의 높은 관세율을 부과하고 있다. 이러한 제품들은 주로 한국이 수출하는 품목들이기 때문에 한일간 통상협상에서 쟁점이 되고 있다.

2) 비관세 장벽

일본의 관세장벽이 선진국 중에서도 낮은 수준을 나타내고 있는 것과는 달리 비관세장벽(Non Tariff Barriers)은 여타 선진국에 비해 까다롭고 불투명 것으로 평가되고 있다. 일본의 비관세장벽은 전통적으로 일본시장 접근을 어렵게 만드는 요인이며 또한 이것이 일본의 막대한 경상수지 흑자의 요인이라는 것이 미국, 한국 등 주요 무역상대국의 평가이다.

특히 일본의 비관세장벽에는 일본 특유의 상관행 및 유통장벽이 있다. 이는 일본의 비관세장벽이 법 등 정부 차원의 제도에 의해서 발생하는 장벽 이외에 민간차원의 오래된 관행에서 기인된 비제도적인 장벽이 많이 존재하기 때문이다. 즉, 일본의 비관세장벽은 역사적 배경이나 산업구조적인 측면, 거래관행 등에 기인하는 바가 크다는 것이 일반적인 평가이다.

특히, 미국 및 유럽 국가들이 반덤핑관세(Anti Dumping Duties), 상계관세 (Countervailing Duties), 긴급수입제한조치(Safeguard) 등 가격 메커니즘을 이용한 수입규제를 실시하는 데 비하여 일본은 수입할당(Import Quota), 관세할당 (Tarif Quota) 등 직접적 수량규제 비관세장벽이 많은 것이 특징이다.

3) 통상정책기조

일본의 통상정책기조는 시대별로 1950년대~1960년대 수출드라이브 정책, 1970년대~1980년대 자유무역주의 중시정책, 1990년대 후반 이후 다자주의 및 지역주의 중시정책 등으로 변화되어 왔다.

1950년대~1960년대 일본의 통상정책은 유치산업(Infant Industry) 육성정책과 수출드라이브 정책을 기본으로 하였다. 전후 폐허가 된 일본의 유치산업을 육성하고 수출드라이브를 위한 산업정책을 적극적으로 추진하였다. 이러한 보호주의 정책에 힘입어 일본경제는 고도성장을 이룩하였다.

1970년대~1980년대의 통상정책은 GATT의 자유무역주의를 중시하는 정책이다. 1950년대~1960년대 실시한 보호무역주의 정책을 점차적으로 완화하는 조치를 취하였다. GATT의 다자간협상(Round)에 따라 수입관세를 점차적으로 완화하였고 농산물시장 및 서비스시장 개방을 실시하였다.

1990년대 이후 통상정책기조는 다자주의 및 지역주의의 적극 추진이다. 1995년 WTO가 출범하였고 일본은 WTO의 다자간 무역체제를 중시하는 것을 기본적인 통상정책기조로 삼았다. 그러나 2001년 시작된 WTO체제하의 다자간협상인 DDA(도하개발어젠다)가 지지부진하게 되자 세계 여러 나라와의 FTA 등 경제통합(지역주의)을 적극적으로 추진하게 된다.

03 일본의 무역관련기관

1) 경제산업성

일본의 경제산업성(METI: Ministry of Economy, Trade and Industry)은 한국의 산업통상자원부(MOTIE)에 해당하는 일본의 통상관련 정부 부처이다. 산업·통상 정책, 산업기술, 무역 등의 통상업무와 광물자원 및 에너지의 안정적이고 효율적인 공급 등의 업무를 담당하고 있다.

경제산업성의 전신인 통상산업성(MITI: Ministry of International Trade and Industry)은 일본의 고도성장시기 "일본주식회사"의 총사령탑으로 일본경제성장의 견인차 역할을 수행하였다. 비슷한 영어 발음으로 "Mighty MITI"(대단한 통상산업성)라고 일컬어졌다. 흔히 "일본 정치는 2~3류, 일본관료는 1류"라고 하는데 이는 바로 일본 공무원의 우수성 및 깨끗함을 의미하는 말이다.

2) 외무성

일본의 외무성(MOFA: Ministry of Foreign Affairs)은 통상정책의 대외창구역할을 수행한다. 한국의 외교부(MOFA), 산업통상자원부(MOTIE)의 통상기능 조직에 해당하며, 미국의 무역대표부(USTR: United States Trade Representative)에 해당하는 정부조직이다.

통상외교정책, 통상조약 및 협상 등에 관한 업무 등을 수행하고 있다. 1885년에 일본이 정부형태로서 내각제도를 창설한 이후, 통상산업성 등 다른 정부 부처들은 명칭이 수시로 변경되었으나 외교부는 한번도 명칭을 변경하지 않은 유일한 부처이기도 하다.

3) 일본무역진흥기구

일본무역진흥기구(JETRO: Japan External Trade Organization)는 일본의 대외무역 진흥과 무역관련 정보제공을 위해 1951년 2월에 설립된 정부조직이다. 1962년 설립된 한국의 대한무역투자진흥공사(KOTRA)와 유사한 조직이다. 실제로 한국의 KOTRA는 JETRO를 벤치마킹하여 설립되었다.

세계 여러 나라에 걸쳐 방대한 네트워크(해외사무소)를 운영하고 있으며, 일본 내 각 지역에 도 국내사무소를 두고 있다. JETRO는 전 세계에 걸친 방대한 조직망을 이용하여 가장 빠르고 정확한 경제 및 무역관련 정보를 수집하는 체제를 가지고 있다는 평가를 받고 있다.

4) 일본 세관

일본 세관은 재무성의 관세국 소속으로 되어 있는데 관세 및 수출입통관업무를 수행하고 있다. 한국의 관세청 소속 세관에 해당하는 기관이다. 일본 관세국(세관) 조직(약 9,000명)은 한국 관세청(세관) 조직(약 4,500명)의 약 2배 수준이다.

5) 일본국제협력기구

일본의 일본국제협력기구(JICA: Japan International Cooperation Agency)는 일본의 대외원조기관으로 ODA(Official Development Assistance) 집행기관이다. 한국의 KOICA(국제협력단)에 해당하는 기관이다. 일본 JICA의 대외원조활동으로 말미암아 동남아시아 지역에서의 일본에 대한 이미지가 높아져 이것이 이 지역에서의 일본의 대외통상 협상력에 플러스 역할을 하고 있는 것으로 평가되고 있다.

04 일본기업의 이해

1) 일본의 글로벌기업

일본의 4대 재벌(zaibatsu)은 三井group, 三菱group, 住友group, 安田group이며 7대 총합상사(Sogo shosha)는 미쓰이(三井物産) 미쓰비시(三菱商事) 스미토모(住友商事) 이토추(伊藤忠商事) 마루베니(丸紅) 토요다(豊田通商) 소지쯔(双日) 등이다. 일본 대학생의 인기기업 랭킹 Top 10은 미쓰비시도쿄 은행, 미쓰이스미토모은행, 하쿠호도(博報堂), 덴쓰(電通), ANA 항공, JAL, 이토추(伊

藤忠商事), Toyota, JTB Group, Shiseido(資生堂) 등이다.

　매출액(Revenues) 기준으로 본 포춘 500대기업(Fortune Global 500)에 일본
기업은 약 50여 개 정도가 포함되어 있으며 미국, 중국에 이어 세계에서 세
번째로 많은 글로벌기업을 보유하고 있다(한국은 14~16개 정도).

　또한 인터브랜드(Interbrand)의 세계 100대 브랜드(Best Global Brand 100)에
는 일본기업이 8개 포함되어 있다. 도요타(Toyota), 혼다(Honda), 닛산(Nissan),
캐논(Canon), 소니(Sony), 파나소닉(Panasonic), 닌텐도(Nintendo) 등 7개 브랜드
이다. 100대 브랜드의 수는 미국, 독일, 프랑스에 이어 세계에서 네 번째로 많
다(한국은 3개).

2) 일본기업의 장점

　첫째, 일본기업의 지속적인 R&D 투자이다. 일본경제는 1990년대 이후
잃어버린 20년 동안 계속 부진을 면치 못하고 있지만 기업의 R&D 투자는 지
속적으로 증가하여 일본기업의 경쟁력을 뒷받침하고 있다. "글로벌 R&D
1,000대 기업" 조사를 보면 1,000대 기업에 미국이 가장 많고 이어서 일본이
두 번째로 많다.

　둘째, 부품소재의 독보적 기술력이다. 현장 기술자의 노하우, 기술력을
우대하며 이를 활용한다. 한국, 중국 등 주요 제조업 생산국가의 일본 부품소
재 의존도가 대단히 높다. 이로 인하여 2011년 3월 일본대지진으로 한국 등
세계 여러 나라의 생산활동에 차질이 발생한 바 있다. 일본의 기술력은 일본
의 노벨상(Nobel Prize) 수상에서 나타난다. 일본의 노벨상 수상자는 2020년
현재 27명인데 이 중 기초과학분야에서 23명을 배출하였다.

　셋째, 일본특유의 장인정신이 있다는 점이다. 일본기업은 생산 현장의 모
노즈쿠리(ものつくり: 혼이 담긴 고도의 제조 능력)를 중시한다. 세계시장에서 독
보적 경쟁우위 제품을 생산하는 것은 바로 이러한 장인정신에 기인한다. 자동
차(하이브리드 자동차, 전기자동차), 카메라, 게임기, 평판 TV, 태양전지, 비메모
리 반도체 등에서 세계 최고의 기술력을 자랑한다.

　넷째, 중소기업의 다품종 소량생산 체제이다. 일본은 글로벌기업 수가 미
국에 이어 세계 3위이지만 중소기업도 이에 못지않게 잘 발달되어 있다. 특히

일본기업의 장단점

장점	• 지속적인 R&D 투자
	• 부품소재의 독보적인 기술력
	• 일본특유의 장인정신
	• 중소기업의 다품종 소량생산
단점	• 현장은 강하지만 전략이 약하다.
	• 글로벌 마인드가 부족하다.
	• 기술자 출신의 CEO가 너무 많다.

다품종 소량생산 체제를 갖추고 대기업과의 협력관계가 잘 구축되어 있다. 또한 일본은 독일에 이어 두 번째로 중견기업을 의미하는 히든챔피언(Hidden Champion)이 많은 나라이다.

3) 일본기업의 단점

첫째, 현장은 강하지만 전략이 약하다는 점이다. 제품은 잘 만들지만 효과적인 비즈니스모델(Business Model)을 구축해 기술적 강점의 부가가치를 제고시키는 전략과 기획이 미국과 유럽의 선진 기업에 비해 부족하다는 점이다.

둘째, 글로벌 마인드(Global Mind)가 부족하다는 점이다. 일본의 미국유학생이 지속적으로 줄어들고 있다는 점, 국제화 시대에 뒤떨어진 제도(천황제 및 연호 사용, 관공서 도장사용 등), 영어 구사능력이 뒤떨어진다는 점 등이 지적된다.

셋째, 기술자 출신의 CEO가 너무 많다는 점이다. 이는 한국과 상반되는 점으로 장단점이 있을 수 있으나 일본의 경우 경영을 잘 모르는 "기술 오타쿠(한 분야에 깊게 파고드는 마니아)"가 기업을 운영하여 조직의 효율성이 떨어진다는 것이다.

05 일본 수출현장의 특성

1) 초일류 제품 및 부품 경쟁력을 갖춘 거대한 내수 시장

일본은 미국, 중국에 이어 세계 3위의 경제대국이며 세계 4위의 수입대국이다. 한국으로서는 제 5위 수출시장이다. 그리고 자동차, 정밀기계, 전자전기 등의 제품에서 초일류 경쟁력을 갖추고 있고 초정밀 고기능 부품 소재 기업은 압도적인 경쟁력으로 세계의 제조업을 리드하고 있다.

이에 따라 일본시장에서는 재팬 프리미엄(Japan Premium)이 작용하는 것으로 알려져 있다. 즉 일본소비자들이 일본제품의 우수성으로 인하여 외국 제품보다 일본 국산 제품을 선호하는 것이다. 한국의 글로벌기업인 삼성전자와 현대자동차가 일본에서만은 성공하지 못하는 이유이다.

2) "문화적 매력"이 있는 나라

일본은 문화적 매력이 높은 나라인가? 와패니즈(Wapanese)는 Wannabe와 Japanese의 합성어로 "일본 문화에 광적으로 집착하는 서양인들"이라는 의미이다. 아시아에서도 동남아시아 지역 국가들은 일본의 상품과 일본의 문화를 좋아하는 사람들이 많다.

실제로 일본은 국민총매력(GNC: Gross National Cool) 세계 1위 국가이다. 국민총매력은 문화적 파워, 소프트파워(soft power)를 계량화한 것이다. 영국 BBC 방송조사(2008년)에 따르면 세계주요국의 GNC는 1위 일본, 2위 독일, 3위 EU, 4위 프랑스, 5위 영국, 7위 중국, 10위 미국 순으로 나타났다. J-pop, 스시, Animation, 게임, 일본만화, 일본의 우수한 전자제품, 일본사회가 청결하다는 것, 일본의 국민의식 등이 반영된 것으로 평가된다.

3) 중요한 소비세력, 1인가구(solo economy)

일본은 1인가구(solo economy) 비중이 아주 높은 나라이다. 일본 전체가구의 약 50% 수준(한국의 1인가구 비중 40%)으로 세계 어느 나라보다 높다. 이렇게 1인가구 비중이 높은 이유는 무엇인가? 일본의 고령화 추세, 일본 젊은층의 미혼 및 만혼 증가 때문이다. 우리나라에서도 인기가 있는 일본 TV 프로그램 "고독한 미식가"도 이러한 추세를 반영한 것이다.

따라서 일본에 대해서는 1인가구에 대한 특별한 마케팅이 필요하다. 우리나라는 일본에 농수산물, 가공식품 등을 많이 수출하는데 이때 이러한 제품

일본 수출현장의 특성 요약

거대한 내수시장	• 세계 3위의 경제대국이며 세계 4위의 수입대국
문화적 매력	• 국민총매력(GNC) 세계 1위 국가, 와페니스
1인가구 증가	• 일본 전체가구의 약 50% 수준(세계 최고 수준)
초고령사회	• 실버산업 마케팅이 대단히 중요한 시장
베이비붐 세대	• 개인금융자산 절반이상 소유(왕성한 구매력)
저가, 고가시장	• 아키하바라 시장 / 아오야마 거리, 긴자 거리
일본 천황의 존재	• 상징적 국가 원수, 그러나 절대적 존경 대상

(김치, 라면, 김, 미역)을 1인가구를 위해 소량 단위로 포장 및 현지 마케팅하는 것이 중요하다.

4) 초고령사회

일본은 이탈리아와 함께 세계에서 가장 먼저 초고령사회에 진입하였다. 고령화사회(aging society)는 총 인구에서 65세 이상의 인구 비중이 7% 이상이고 고령사회(aged society)는 총 인구에서 65세 이상의 인구 비중이 14% 이상이며 초고령사회(post aged society)는 총 인구에서 65세 이상의 인구 비중이 20% 이상인 사회이다. 따라서 일본은 노년층을 대상으로 한 실버산업 마케팅이 대단히 중요한 시장이다.

참고로 한국은 2000년 고령화사회에서 2017년 고령사회에 진입한 데 이어 2026년에는 초고령사회에 들어설 것으로 보인다. 고령화사회에서 초고령사회로 진입하는 데 26년밖에 걸리지 않는다. 프랑스 154년, 스웨덴 127년, 미국 94년, 일본 36년과 비교하면 그 속도가 매우 빠르다.

5) 베이비붐 세대의 퇴직과 이들의 왕성한 구매력

일본의 베이비붐 세대는 1947년에서 1949년 사이에 태어난 세대로 약 700만 명에 달한다. 전후 일본의 고도 경제성장과 제2위 경제대국을 이룩한 세대이다. 이들은 일본의 인구구조에서 단괴(덩어리)처럼 되어 있다고 해서 단카이세대(団塊の世代)라고도 한다.

일본의 베이비붐 세대는 수년 전부터 이미 은퇴를 맞이하고 있으며 이제는 치열한 현역활동에서 벗어난 세대이다. 그러나 일본 전체의 개인금융자산을 절반이상 소유하여 왕성한 구매력을 보유하고 있다. 이들 실버세대를 대상으로 한 집중적인 마케팅이 필요하다.

6) 저가시장과 고가시장의 존재

일본은 저가시장과 고가시장 모두 활성화되어 있다. 이는 일본시장 마케팅에서 가격대에 따라 차별적 마케팅이 필요함을 의미한다. 저가시장(일반대중시장)은 한국의 남대문시장과 유사한 아메요코시장(도쿄 우에노 소재)과 전자제품 판매의 아키하바라 시장(도쿄 아키하바라 소재) 등이 있다. 저가 할인매장으로는 저가 의류백화점인 유니클로(Uniqlo)와 100엔숍, 그리고 각종 마트가 있다.

그러나 한편으로 일본인은 세계적으로 명품 소비가 많은 것으로 알려져 있다. 일본인의 소득증가에 따라 프랑스, 이탈리아 및 미국의 고가브랜드 제품을 소비하는 고가시장도 활성화되어 있다. 도쿄의 아오야마(青山) 거리, 긴자(銀座) 거리 등이 명품시장으로 유명하다.

7) 일본 천황(天皇)의 존재

일본 왕실은 세계에서 역사가 가장 오래된 王朝이다. 王朝(dynasty)는 일정기간동안 한나라를 다스리는 가문을 의미하는데 일본에서는 6C 중반 이후 천황제가 시작되었다는 것이 정설이다. 현 나루히토(德仁) 천황은 126대이다. 일본천황의 파워는 역사적으로 변화되어 왔다. 일본 고대에 "실권 있는 존재"였다가 중세(막부시대)에는 "실권없는 존재"로 변화되었다. 그리고 明治維新 왕정복고 이후 다시 "최고 권력자 겸 신적인 존재"로 부상했다. 그러나 제2차 세계대전 패전 이후 일본천황은 "상징적 국가 원수"로 전락했다.

입헌군주국가제도 일본에서 현재 나루히토 천황은 "일본국의 상징이며, 일본 국민 통합의 상징"(일본헌법 제1조)이다. 그리고 일본 국민의 "절대적인 존경 대상"이다. 따라서 일본 비즈니스맨과의 대화에서 일본 천황에 대하여 이야기할 때 주의하여야 한다. 일본천황에 대한 우리의 역사적 감정을 내세워 이야기하는 것은 바람직하지 않다.

06 일본시장 마케팅 체크포인트

1) 한국제품의 일본시장 경쟁력 10년간 변화

일본 무역통계(한국무역협회, 일본무역통계)로 계산한 한국, 중국, 미국 등 3 국의 일본시장 점유율 10년간 추세를 보자. 한국제품의 일본시장 점유율은 2010년 4.1%, 2019년 4.1%를 기록하였다. 일본수입시장에서 한국제품은 4위에 머물고 있다. 중국의 일본시장 점유율은 2010년 22.1%, 2019년 23.5%로 압도적인 1위를 나타내고 있다. 미국의 일본시장 점유율은 2010년 9.7%에서 2019년 11.3%로 상승하였다.

일본의 중국제품 및 미국제품에 대한 수입수요는 꾸준한 증가 추세를 유지하고 있는 반면에 한국제품에 대한 수입 수요는 정체되어 있는 모습이다. 시장점유율 차이도 대단히 크다. 중국 제품의 1/6 수준, 미국 제품의 절반 이하 수준에 불과하다. 국제무역이론 중의 하나인 중력모형(Gravity Model)에 따르면 양국간 무역규모는 양국간의 거리에 반비례하는데 한일간 무역에서는 그러하지 못하고 다른 양상을 보이고 있는 것이다.

일본시장에서의 10년 간 중국 미국 한국 점유율 변화

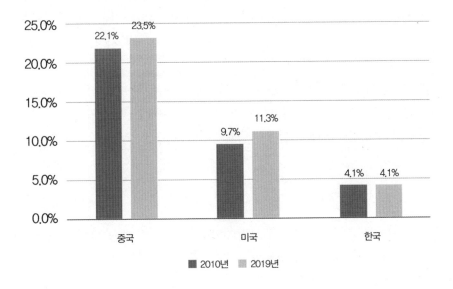

2) 대일수출 유망품목을 찾아라

우리나라 전체의 무역수지는 흑자기조를 유지하고 있지만 일본과의 무역에서는 지속적으로 무역적자를 기록하고 있다. 이러한 대일무역적자 추세는 좀처럼 개선되지 않고 있다. 한국의 대일무역적자를 가마우지 이야기에 비유하기도 한다. 가마우지는 강에서 물고기를 잡지만 먹지 못하고 결국 모두 어부에게 토해 내야 하는데, 한국무역 전체가 무역흑자이긴 하지만 그 무역흑자를 결국 일본에 토해 낸다는 이야기이다.

그 원인으로서 한국의 대일의존적 수출구조, 일본시장접근(Japan Market Access)의 어려움 등이 지적되고 있다. 최근 한국이 많이 추격하고 있지만 한일간에는 엄연하게 기술격차가 존재한다. 특히 부품 소재분야 및 첨단산업 분야에서의 기술격차가 뚜렷하다. 따라서, 기계류, 철강, 석유화학 등 한일 기술격차가 크지 않은 분야에 대하여 수출유망품목을 중점적으로 육성하는 것이 중요하다.

3) 기존 수출품목의 품질 고급화

일본 소비자에게는 재팬 프리미엄(Japan Premium)이 작용하여 일본제품을 선호하는 성향이 있어 외국제품의 일본시장 접근이 어려운 것으로 지적된다. 대표적으로 현대자동차는 세계를 누비고 있지만 일본시장에서만은 일본자동차의 견고한 아성을 뚫지 못하고 있다.

따라서 일본소비자를 품질 및 디자인 측면에서 만족시키는 것이 중요하다. 원론적인 이야기이지만 우리 주력수출품목의 품질고급화 및 디자인 개발 등이 일본제품의 우수성을 일본시장에서 이길 수 있는 가장 효과적인 방법이다.

4) 한일 FTA 추진

한국의 FTA 체결동향을 살펴보면, 거대경제권 중에서 한·EU FTA, 한미 FTA, 한중 FTA가 차례로 체결되었다. 그런데, 일본과의 FTA는 일본의 농산물 개방 문제, 한일간 정치적 문제 등으로 좀처럼 진전되지 못하고 있다.

Made In Japan의 강점은 높은 브랜드가치 및 품질 경쟁력, 원천기술부문의 독보적 기술력 등이 지적된다. 이러한 일본기업의 강점을 활용하는 방법은 무엇일까? 한일 FTA 체결이 중요한 방안이 될 것이다. 한일 FTA를 통하여 일본의 첨단산업 및 부품소재산업을 한국에 투자 유치하는 것이 중요하다. 또한 한일 FTA는 우리나라 제품의 일본시장접근을 용이하게 할 것이다.

5) 일본의 관세 및 비관세 장벽 완화

한일 FTA 체결이 단시일내에 이루어지지 않는다면 관세 및 비관세 장벽 측면에서의 한일간의 통상현안을 해결하는 것이 중요하다. 한국의 대일무역수지 적자가 항상적이고 지속적인 측면이 있기 때문에 일본의 이해가 중요하다. 이러한 현안은 일본 도쿄의 한국기업 연합체인 주일한국기업연합회(한국무역협회 도쿄지부)에 접수되고 있다.

일본은 전체적으로 관세율이 낮은 편이지만 우리나라만이 일본에 수출하는 품목의 경우 관세율이 높아 한일간의 통상마찰이 되고 있다. 김치, 김, 라면류, 소주 등이 대표적이다. 특히 소주의 경우 위스키와 대체관계에 있는데 위스키의 일본의 수입관세는 무세(0%)이지만 소주의 수입 관세는 16%로 대단히 높다. 기타 비관세장벽에서의 한일간의 통상마찰이 다수 존재한다.

6) 비즈니스 체크포인트

- 상담언어
  - 기본적으로 영어이지만 일본어가 가능하면 일본어 사용이 바람직함
  - 일본인은 영어발음이 제한적 → 한국인의 영어 발음에 감탄하는 경향
  - 일본어 사용시 다양한 외래어 표기에 주의(가타카나)
- 식사
  - Dutch Pay가 일반적이나 초대받는 경우는 초대한 측이 지불
  - 식사메뉴 종류: 중식, 한식, 양식, 일본식(和食)
  - 세계 최고의 "미식도시" 도쿄(프랑스 잡지 "미슐랭 가이드" 평가)

- 복장
  - 정장이 원칙 / 와이셔츠도 흰색이 주류
  - 기본적으로 일본의 비즈니스맨은 아무리 더운 여름철에도 긴 팔 와이셔츠 착용
  - 그러나 2005년부터 일본정부의 주도로 Cool-biz(하절기 간편복장) 운동이 확산
- 기업 방문시 주의사항
  - 반드시 사전 약속이 필요 / 일본 비즈니스맨은 철저히 연간 스케줄에 따라 행동
  - 명함(Business Card) 준비: 한자, 영어로 된 명함 준비
  - 일본인은 오랜만에 만난 경우도 기억하는 습성(명함관리)
  - 상담자료(카다로그, 샘플) 준비
- 상담 태도
  - 처음부터 끝까지 타협적 자세를 유지하는 것이 중요하다.
  - 일본인은 타협할 자세를 갖추고 있고 상대방의 의견을 경청한다.
  - 직접적인 비판이나 거부는 피하는 것이 좋다.
  - 혼네 & 다테마에 존재 / 일본인은 상대에게 나쁜 말은 하지 않는다.
  - 일본제국주의 역사, 한일역사 문제 등 민감한 문제를 꺼내지 않는다.
  * 일본인은 역사, 특히 한일 역사를 잘 모른다.
  - 일본 문화(소설, 만화), 일본 스포츠(야구, 스모, 축구 등) 등 가벼운 화제를 언급한다.

CHAPTER 17 유럽 수출현장의 이해

01 유럽경제의 이해

1) 유럽 개요

독일, 프랑스, 영국 등 세계의 주요 선진국이 위치하고 있는 유럽의 인구는 약 5억 명으로 중국, 인도에 이어 세계 3위이다. 유럽의 면적은 아시아 등 다른 대륙에 비하여 면적이 넓지 않지만 유럽에는 아시아 대륙에 이어 두 번째로 많은 인구가 거주하는 대륙이다. 즉, 인구밀도가 높기 때문에 시장 진출 잠재력이 다른 대륙에 비해 상대적으로 높은 지역이다.

전 세계 대륙별 국가수를 보면 아시아 지역 48개국, 미주지역(남북미 포함) 38개국, 아프리카 지역 54개국이며 유럽 지역은 44국이다. 다른 대륙에 비하여 많은 나라가 위치하고 있다. 현재의 국제 관계에서 유럽 여러 나라들의 정치적·경제적 비중은 제2차 세계대전 이전에 비해 떨어졌으나, 여전히 정치적·경제적 영향력 그리고 문화적 영향력이 다른 어느 대륙보다 앞섰다고 할 수 있다.

2) 유럽의 지역구분

■■ 북유럽(Northern Europe) 지역

스웨덴, 노르웨이, 핀란드, 덴마크, 발틱 3국, 아이슬란드, 그린란드 등의 국가가 위치하고 있다. 북유럽 국가들의 민족은 게르만족(German) 및 바이킹족(Viking)이며, 종교는 신교(Protestant)가 대부분이다. 요람에서 무덤까지를 표방하는 대표적인 복지형 국가들이다.

유럽 지도

■■ 서유럽(Western Europe) 지역

독일, 프랑스, 영국, 아일랜드, 베네룩스 3국, 스위스, 오스트리아 등의 국가가 위치하고 있다. 민족은 게르만족(German)이며, 종교는 신교(Protestant)가 대부분이다. 독일, 영국, 프랑스 등 유럽의 맹주들(세계 리드 국가)이 위치하고 있다.

■ 동유럽(Eastern Europe) 지역

헝가리, 폴란드, 체코, 슬로바키아, 러시아, 우크라이나 등의 국가가 위치하고 있다. 민족은 슬라브족(Slavs) 및 게르만족(German)이며, 종교는 구교(Catholic) 및 동방정교 중심이다. 과거 서유럽 민주주의 국가들과 대결을 벌였던 구 공산권 국가들이 여기에 포함된다.

■ 남유럽(Southern Europe) 지역

스페인, 포르투갈, 이탈리아, 그리스, 불가리아, 루마니아 등의 국가가 위치하고 있다. 민족은 라틴족(Latin)이며, 종교는 구교(Catholic) 중심이다. 유럽의 배짱이 국가들이 위치하고 있으며 이 중 그리스, 포르투갈 등은 유럽 재정위기를 촉발한 나라들이다.

3) 유럽 GDP 및 무역

IMF 세계경제통계에 따르면 EU의 2019년 명목 GDP는 약 16조 달러로 미국에 이어 2위 규모이다. EU(28)의 평균 1인당 GDP는 약 35,000달러이다. 10만 달러 이상(룩셈부르크), 8만 달러(스위스), 7만 달러 내외(노르웨이, 아일랜드), 6만 달러 내외(미국, 카타르, 싱가포르, 호주, 덴마크), 5만 달러 내외(스웨덴, 네덜란드, 오스트리아), 4만 달러 내외(독일, 영국, 프랑스, 캐나다, 일본), 3만 달러 내외(이탈리아, 스페인, 한국) 등으로 세계 어느 지역보다 높은 소득수준을 보이고 있다.

또한 2019년 EU수출은 5.6조 유로, 수입은 5.5조 유로(한국무역협회, EU무역통계)를 기록하여 미국, 중국의 무역규모를 월등히 상회하고 있다. EU는 세계 각국의 주요 타깃시장이 되고 있으며 세계에서 가장 경쟁적인 시장이다. EU시장에 대한 상품수출에서 한국은 미국, 중국, 일본 등에 비해 매우 뒤쳐져 있는 상황이며 이러한 점 때문에 오히려 우리 제품의 시장진출 잠재력과 가능성이 높은 시장이라고 할 수 있다.

EU의 GDP 및 무역 개요(2019년)

GDP	• EU 명목 GDP 약 16조 달러(세계 2위) • EU 1인당 GDP 평균 약 3만 5천 달러 • (독일·프랑스·영국 1인당 GDP 4~5만 달러)
무역	• EU전체 상품수출 약 5.6조 유로(세계 1위) • EU전체 상품수입 약 5.5조 유로(세계 1위)

4) 유럽경제 침체요인

EU 경제는 독일 등의 경제성장 호조에도 불구하고 장기적으로 볼 때 미국 등 여타 선진국과 비교하여 낮은 성장률을 나타내고 있다. 마스트리히트 조약으로 유럽이 통합되었으나 EU 경제와 미국의 경제력 격차는 여전히 존재하고 있으며 스위스 IMD의 국제경쟁력 평가에 따르면 EU의 종합 경쟁력은 20위권을 하회하는 것으로 나타났다. EU는 새로운 경제성장 동력을 위해 리스본 전략(Lisbon Strategy), 신리스본 전략(New Lisbon Strategy) 등을 추진하였으나 그 결과는 만족스럽지 못했다. 그러면 EU 경제가 이와 같이 저성장기조를 나타내는 기본적인 요인은 무엇인가? 다음 세 가지로 설명할 수 있다.

첫째, 유럽식 복지모델(라인란트 모델)의 한계이다. 서구 선진국의 경제성장 모델에는 라이란트 모델(Rheinland Model)과 앵글로색슨 모델(Anglo – Saxon Model)이 있다. 전자는 서유럽 라인강 유역 국가의 경제정책으로 복지중심의 성장모델을 의미한다. 정부의 시장개입과 규제를 통한 분배중심형 모델이다. 후자는 영국, 미국이 채택한 정책으로 분배보다는 성장을 중시하는 경제모델이다. 정부규제를 최소화하고 신자유주의적 정책을 중시한다. 긴 휴가, 조기 은퇴 후 넉넉한 연금, 미국과 비교되는 잘 갖춰진 건강보험 시스템 등 라인란트 모델(Rheinland Model)은 유럽경제의 발목을 잡고 있다.

둘째, BRICs(Brazil, Russia, India, China) 등 새로운 세계경제 중심축의 등장이다. 세계경제권력의 이동이 현실화되고 있다. 유럽국가 중심의 G7의 위상이 약화된 반면에 G20 정상회담의 중요성이 더욱 확대되고 있다. 특히 중국, 인도, 러시아, 브라질 등 BRICs 국가의 영향력이 점차적으로 확대되고 있다.

셋째, 유럽지역의 탈공업화 현상이다. 유럽지역의 해외직접투자(FDI Outflow)

가 신흥개도국으로 이동하고 있다. 서유럽의 주요기업들이 유럽지역 내 투자 환경 악화로 생산시설을 해외로 이전하고 있어 서유럽의 탈공업화가 가속화되고 있다. 이에 따라 유럽지역의 저성장 및 고실업이 고착화되고 있다.

02 유럽통합

1) 유럽역사의 이해

역사학자들은 유럽의 역사 시계를 거꾸로 돌리면 유럽통합의 마인드를 찾을 수 있다고 말한다. 팍스 로마나(Pax Romana)의 강력한 로마제국은 4세기 후반 게르만족의 대이동을 계기로 하여 476년에 서로마 제국이 멸망하였다. 그리고 7세기 후반에 오늘날 서유럽의 기원이 되는 통일국가 프랑크 왕국이 출현하였다. 프랑크 왕국은 게르만족이 세운 수많은 나라중의 하나로 가장 강성하였으며 카롤루스 대제(Charles the Great)가 다스린 8세기 후반은 프랑크 왕국의 전성기였다.

강성한 프랑크 왕국은 카롤루스 대제 사후 베르딩 조약(843), 메르센 조약(870) 등으로 동프랑크, 서프랑크, 중프랑크로 분리되는데 이 세 나라가 바로 독일, 프랑스, 이탈리아 등이다. 프랑크 왕국은 오늘날 서유럽의 근간이 되는 세가지 요소를 확립하였다. 즉, 그리스에서 로마로 이어지는 고대 라틴 전통, 그리스도교 신앙 그리고 게르만 문화 등이다. EU의 출현은 프랑크 왕국이라는 공동의 역사적 경험에서 비롯되며, 결국 프랑크 왕국의 재건(유럽의 통일)이라는 측면에서 이해될 수 있다.

2) 유럽통합의 마인드

유럽통합을 경제적인 측면에서 보면 유럽경제의 부활을 위한 움직임이다. 산업혁명(Industrial Revolution)은 18세기 후반 영국에서 시작되었고 18~19세기에 유럽각국으로 파급되어 팍스 브리태니카(Pax Britanica), 팍스 유로피나(Pax Europina)시대가 열렸다. 그러나 20세기 들어 세계경제의 패권이 미국으로 넘어가 팍스 아메리카나(Pax Americana)시대가 시작되었다.

제2차 세계대전이 끝난 후 1946년 윈스턴 처칠(Winston Churchill)은 스위스 취리히 대학에서 행한 연설에서 "독일과 프랑스가 다시 화합하여 유럽합중국과 유럽평의회를 창설하자"라고 말했다. 이 연설은 유럽을 통합하여 세계경제의 중심지 역할을 재창조하겠다는 강력한 의지를 반영한 것이었고 이를 계기로 유럽통합의 움직임이 본격화되었다.

3) EC의 출범

1967년에 합병조약(Merger Treaty)으로 EEC(European Economic Community), ECSC(European Coal and Steel Community), Euratom(European Atomic Energy Community) 등 3개 조직이 통합하여 유럽공동체(EC: European Community)가 출범하였다. 당시 회원국은 프랑스·서독·이탈리아·벨기에·네덜란드·룩셈부르크 등 6개국으로 유럽의 주요 핵심국가였다.

이후 EC는 확대, 심화되는 과정을 거친다. 1973년 덴마크·아일랜드·영국 가입, 1981년 그리스 가입, 1986년 포르투갈·스페인 가입, 1995년 오스트리아·핀란드·스웨덴 가입으로 회원국은 15개국으로 늘어났다. 그리고 1985년 유럽통합백서(White Paper on Completing the Internal Market)가 채택되고 1987년 단일유럽의정서(SEA: Single European Act)가 발효되면서 유럽 통합은 한층 진전되었다.

유럽통합 과정 요약

유럽역사의 이해	• 로마멸망 이후 중부유럽에 프랑크왕국 출현 • 유럽통합은 "프랑크 왕국"의 재건 의미
유럽통합의 마인드	• Pax Britanica, Pax Europina 시대에 대한 갈망 • 처칠의 연설 "프랑스 독일 화합하여 유럽 통합하자"
EC의 출범	• 1967년, 합병조약(Merger Treaty) • 프랑스, 서독, 이탈리아, 베네룩스3국 등 6개국 통합
EU의 성립	• 1993년, 마스트리히트 조약(Maastricht Treaty) • EU 28국 통합체 탄생 / 정치, 경제, 통화 통합 지향

4) EU의 성립

1990년대 들어 유럽통합은 더욱 가속화되어 마스트리히트 조약(Maastricht Treaty)을 통하여 1993년 11월에 유럽연합(EU: European Union)이 출범하였다. EU는 EC보다 역내 결속도가 한층 진전된 경제통합체이며 유럽의 정치, 경제, 통화 통합을 지향한다. 15개국에서 출발한 EU는 이후 회원국이 계속 증가하였다. 2004년에 폴란드·헝가리·체코 등 동유럽 10개국이 새로이 가입하여 25개국이 되었다. 그리고 2007년 불가리아·루마니아 가입, 2013년 크로아티아가 가입하여 EU의 전체 회원국수는 28개국으로 늘어났다. 그런데 2020년에 영국이 EU에서 탈퇴하여 현재는 27개국이 되었다.

유럽통합으로 정치적으로는 유럽에서 갈등의 역사를 극복하고 유럽의 평화가 실현되었다. 그리고 경제적으로 단일통화(EURO) 탄생, 공동경제정책 시행 등으로 통합의 시너지 효과가 나타났으며, 세계최강 미국과 경쟁하는 힘을 갖추게 되었다고 평가할 수 있다. 유럽통합의 최종목표는 미국과 같은 강력한 연합국가를 지향하는 것이다. 그러나 유럽주요국의 재정적자와 EURO화의 위기, 동유럽에서 서유럽으로의 이민자 급증 문제, 브렉시트(Brexit) 등 EU탈퇴 움직임, 통합 결속도 강화에 따른 주권상실의 문제, 이슬람문명권 터키의 가입문제 등 많은 과제에 직면하고 있다.

03 유로화 도입과 미래

1) EURO화 도입

유럽의 경제통합에서 가장 획기적인 성과 중의 하나는 유럽 단일통화의 탄생이다. 유로화(EURO)는 1999년 EU 15개 회원국들이 스페인 마드리드 정상회의에서 합의하여 탄생한 단일통화의 명칭이다. 1999~2001년 과도기를 거쳐 2002년 1월 1일부터 본격적으로 도입되었다.

출범 당시 유로화 사용국은 당시 EU 회원국 15개국 중 12개국이었으나 이후 7개국이 새롭게 가입하여 2020년 현재 유로화 사용국(Eurozone)은 19개국으로 늘어났다. 19개국은 오스트리아·벨기에·키프로스·핀란드·프랑스·

독일·그리스·슬로바키아·아일랜드·이탈리아·룩셈부르크·몰타·네덜란드·포르투갈·슬로베니아·스페인·라트비아·리투아니아·에스토니아 등이다.

유로화의 탄생 과정과 전개를 묘사하고 있는 T.R 리드의 "유럽합중국(the United States of Europe)"은 기존 15개 회원국 중 영국·스웨덴·덴마크의 미가입에 대하여 설명하고 있다. 이 저서에 따르면 영국은 "파운드화에 새겨진 여왕을 지키는 것이 중요하다"고 하여 유로화를 도입하지 않았고, 덴마크와 스웨덴은 "소중한 복지제도에 위협이 될 것"이라는 판단으로 유로화를 도입하지 않았다는 것이다.

2) EURO화 도입의 경제적 효과

유로화 탄생에 따른 경제적 효과를 보면, 먼저 환전비용 절감으로 전체적으로 매년 약 100억 달러의 절약 효과가 발생한 것으로 분석되었다. 또한 유로화는 달러화에 이어 제2의 국제기축통화로 부상하였다. 그러나 통화통합으로 인하여 환율조정을 통한 국별 경상수지 조정이 불가능하여 중국 등의 저가 공산품 수입급증에 대한 대처가 불가능하게 되었다.

유로화 도입으로 역사적인 유럽 주요 화폐가 영원히 퇴장하였다. 없어진 통화의 면면을 보면 그리스의 드라크마화(세계에서 가장 오래된 화폐), 독일의 마르크화(전후 독일의 경제기적을 상징이며 유럽의 중심통화), 프랑스의 프랑화(프랑스 국왕 장2세의 몸값을 지불하기 위해 1830년 주조), 이탈리아 리라화(미켈란젤로 시대부터 사용), 네덜란드의 길더화, 스페인의 페소화 등이다.

3) 유로화의 미래

그러나 현재 유로화의 상황은 불안전하며 미래는 불투명하다. 원래 유로화 가입조건은 국가부채 조건(GDP의 60% 이하), 재정적자 조건(GDP의 3% 이하)을 충족하여야 한다. 그러나 소위 PIIGS(Portugal, Italy, Irland, Greece, Spain) 국가의 국가부채가 급격하게 확대되면서 EU의 재정위기가 발생하였고 EU 통화체제가 흔들리고 있다. 이미 그리스, 아일랜드, 포르투갈 등이 IMF 구제금융을 받았으며 스페인, 이탈리아 등도 위험한 상태에 놓여 있다.

유로화의 미래에 대하여 많은 학자들은 다양한 평가를 하고 있다. 노벨상 경제학자 밀턴 프리드만(Milton Fridman)은 "미국을 잡겠다는 EURO의 의지는 유럽의 멋진 꿈에 불과하다. 5~15년 내에 붕괴될 것이다."라고 전망한 바 있다. 미국의 금융인 짐 로저스(Jim Rogers)도 "과거에도 통화동맹이 있었지만 살아남은 것은 없다. EURO는 15~20년 후에 사멸할 것이다."라고 말했다.

04 EU의 무역정책

1) 관세율

EU는 관세동맹(Customs Union)이므로 대외공동관세(CET: Common External Tarrif)를 시행하고 있다. EU 27개국(영국 제외)의 역외 수입관세가 동일하다는 의미이다. EU의 평균관세율은 5% 내외 수준으로 미국(3% 내외수준)보다는 높지만 일본(5% 내외수준)과 비슷한 수준이다.

WTO Tariff Profiles(www.wto.org)에 따르면 EU의 MFN 실행관세율(average MFN applied)은 공산품 4.2%, 농산품 11.1%, 전체는 5.2%이다. 공산품의 평균관세율은 낮은 수준이지만 농산품의 평균관세율은 EU의 농업보호 차원에서 높게 유지되고 있다. WTO의 다자간협상 DDA의 쟁점 중의 하나가 EU 농업관세문제이다. EU는 농산물 수입관세 인하에 대하여 소극적이며 이것이 협상타결의 걸림돌 중의 하나가 되고 있다.

2) 신통상정책수단(NCPI) 및 무역장벽규정(TBR)

EU도 미국처럼 국제수지 방어를 위해 공격적 통상정책을 추진하고 있다. 교역상대국의 불공정 무역(unfair trade) 등 무역장벽에 대한 정기적인 보고서를 작성하여 상대국과의 통상 협상시 활용한다. 그리고 법규 제정을 통하여 역외국의 불공정무역에 대한 규제를 강화하고 EU의 무역이익을 보호하는 정책을 추진하고 있다.

1984년에 미국의 통상법 301조를 모델로 하여 신통상정책수단(NCPI:

New Commercial Policy Instrument)을 제정하였고 1994년에 종전의 신통상정책 조치 규제내용보다 강화된 무역장벽규정(TBR: Trade Barrier Regulation)을 제정 하였다. 신통상정책수단(NCPI)은 불법적인 관행에만 제소할 수 있었으나, 무 역장벽규정(TBR)은 제3국의 무역관행이 국제협정과 일치하더라도 역내산업에 피해를 주거나 수출에 부정적인 영향을 미치는 모든 장애요인을 제소대상의 범위로 확대하였다.

3) 아시아지역과의 협력강화

아시아 지역과는 아셈(ASEM: Asia–Europe Meeting)을 통하여 협력을 강화 하고 있다. 아셈은 아시아와 유럽 여러 국가의 정상회담으로 1996년 태국에 서 1차 회의가 개최되었고 2000년에 서울에서 3차 회의가 개최된 바 있다. 회원국은 한중일 3국, 아세안 10개국, EU 28개국, 그리고 호주 뉴질랜드 러시 아 노르웨이 스위스 등이다. 아셈의 목적은 아시아와 유럽의 동반자 관계 구 축 및 정치, 경제, 사회·문화 분야 상호 협력이다.

세계경제는 아시아, 북미, 유럽 등 3개 지역을 축으로 국제 질서가 형성 되어 있는데 유럽과 북미는 전통적으로 긴밀한 관계이고 아시아와 북미도 APEC을 중심으로 협력관계가 진전되고 있는 상황이었다. 이에 이러한 협력 관계에서 소외된 아시아와 유럽의 관계 긴밀화 필요성이 제기되어 창설된 것 이 아셈이다.

4) 미주지역과의 협력강화

기본적으로 뿌리가 같은 유럽과 미국은 전통적으로 경제협력관계가 깊 다. 미국의 유럽 지원프로그램인 Marshall Plan(1947~1951)에 의해 유럽 경제 성장이 촉진되었고, 소련으로부터 밀려오는 공산주의 확대가 저지되었다. 정 치 안보적으로 미국이 참여하는 NATO(North Atlantic Treaty Organization: 북대 서양조약기구)에 의해 유럽집단안전보장체제가 구축되어 있다.

2013부터 본격적으로 논의가 시작된 미국과 EU와의 FTA인 TTIP(범대서 양무역투자동반자협정: Transatlantic Trade and Investment Partnership)는 세계최대

경제권간에 이루어지는 FTA라는 측면에서 세계 통상질서의 변화 및 규범에 커다란 영향을 줄 것으로 보인다. 그러나 양대 경제권 결합에 따른 대규모 무역전환 가능성에 대한 우려도 상존한다.

05 EU 수출현장의 특성

1) 한국제품의 EU 시장 경쟁력 10년 간 변화

EU 무역통계(한국무역협회, 미국무역통계)로 계산한 한중일미 4국의 EU시장점유율 10년 간 추세를 보자. EU시장에서의 한국제품 시장점유율은 2010년 1.0%(순위 22위), 2019년 0.9%(순위 23위)로 정체상태를 나타냈다. 일본제품의 EU시장 점유율도 동 기간 중 1.7%에서 1.3%로 하락하였다. 반면에 중국제품의 EU시장 점유율은 동 기간 중 7.0%에서 7.6%로 상승하였다. 미국제품의 EU시장 점유율도 동 기간 중 4.2%에서 5.3%로 상승하였다.

EU시장에서 한국제품 시장점유율이 정체 상태를 보여 EU 시장점유율

EU 시장에서의 10년 간 중국 미국 일본 한국 점유율 변화

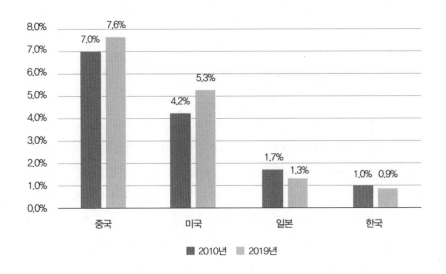

1%를 돌파하지 못하는 이유는 무엇인가? 첫째는 EU시장이 세계 최대시장임에도 불구하고 다른 지역과는 달리 EU 회원국간 역내무역(Intra Trade) 비중이 약 63%로 대단히 높다는 점이다. 이 때문에 역외국 제품의 EU역내에 대한 수출이 어려운 측면이 있다. 둘째는 한국의 주력 수출시장이 중국, 일본, 동남아 등 인접국가에 집중되어 있어 상대적으로 EU 시장 수출이 부진한 것이다.

2011년 한-EU FTA가 발효되어 우리나라의 EU 수출이 증가 추세를 보이고 있는 것이 사실이다. 자동차·전기전자·섬유 등 우리나라의 주요 수출품에 있어서의 EU측 시장규모가 미국을 상회한다. 관세율 측면에서도 EU의 평균관세율이 미국보다 높아 관세철폐의 경제적 효과가 미국보다 크다. 그러나 EU로부터의 수입도 증가하여 오히려 대 EU 무역수지는 흑자에서 적자로 반전되었다.

2) 세계 최대의 경제권

팍스 브리태니카(Pax Britanica), 팍스 유로피나(Pax Europina) 재건의 마인드를 가지고 유럽은 경제통합을 이룩하였고 통합된 EU는 세계최대의 경제권으로 부상하였다. EU는 독일, 프랑스, 이탈리아 등 경제대국이 포함되어 있으며 이들 국가는 세계경제를 좌우하는 서방 선진 7개국 G7의 멤버이다. 2019년 EU의 명목 GDP는 약 16조 달러(IMF, World Economic Outlook Database)로 미국의 21조 달러에 이어 세계 2위 규모이다.

3) 역내교역 중심의 무역 패턴

교역은 역내교역(Intra Regional Trade)과 역외교역(Inter Regional Trade)으로 구분할 수 있다. WTO 통계에 따르면 아시아지역, 북미지역의 역내교역과 역외교역 비중은 대략적으로 50%:50%를 기록하고 있다. 즉, 이들 지역에서는 전체 교역 중에서 나머지 절반 정도는 역외국과 교역이 이루어진다는 것이다.

그러나 EU의 역내교역과 역외교역 비중은 63%:37%로 나타났다. 이는 유럽 각국이 지리적으로 근접하여 있고 경제통합의 결속도가 높아 무역장벽이 거의 없기 때문이다. 역외국에 대한 교역비중은 37% 정도에 불과한 것이다. 이에 따라 한중일 3국, 미국 등 역외국이 EU 시장에 진출하기가 대단히 어려운 상황이다.

4) 다양성이 큰 시장

첫째, 상호 애증의 역사를 가지고 있다. 일반적으로 한 나라의 지폐에는 그 나라의 위대한 역사적 인물이 새겨져 있다. 그런데 유로화 지폐에는 인물이 없다. 왜 그럴까? 이는 역사적으로 어느 나라의 위대한 위인은 다른 나라 입장에서는 역적이기 때문이다. 프랑스의 나폴레옹과 영국의 넬슨제독을 상대방 입장에서 생각해 보면 알 수 있다.

둘째, 지역별로 소득수준 및 소비패턴이 다르다. 유럽을 지리적 위치와 문화에 의해 세분하여 보면 서부 유럽(영국·프랑스·베네룩스 3국), 북부 유럽(아이슬란드·스칸디나비아 3국), 중부 유럽(독일·오스트리아·스위스), 남부 유럽(지중해 연안 국가), 동부 유럽(헝가리·폴란드·체코·불가리아 등) 등으로 구분할 수 있다. 대체로 북부지역이 잘 살고 남부지역이 좀 뒤떨어진다고 할 수 있다. 북부를 개미, 남부를 베짱이로 분류하기도 한다. 각각의 특성에 맞는 마케팅 전략이 요구된다.

셋째, 언어, 민족, 종교가 다양하다. EU website 언어는 영어, 독어, 프랑스어, 이탈리아어, 스페인어, 포르투갈어 등 23개 언어로 선택할 수 있도록 되어 있다. 또한 유럽에는 게르만족, 바이킹족, 라틴족, 슬라브족 등 다양한 민족이 존재하며 종교측면에서 구교(가톨릭), 신교(프로테스탄트), 정교회(그리스, 러시아) 등 여러 종파가 있다.

5) 명품 브랜드 생산 및 소비 지역

유럽은 세계적인 명품 브랜드 생산지역이다. 글로벌 100대 브랜드(Global Best Brand)의 국별 현황을 보면 미국 브랜드 50개로 1위이며 이어서 독일 9개, 프랑스 9개, 영국 5개, 이탈리아 3개, 네덜란드 3개, 스웨덴 3개, 스위스 2개, 스페인 2개, 덴마크 1개 등 유럽브랜드가 많다. 특히 독일 자동차, 프랑스 및 이탈리아의 사치성 소비재 명품 브랜드가 많다.

또한 유럽은 명품 브랜드의 소비 지역이기도 하다. 유럽은 선진국 그룹인 OECD 회원국이 가장 많은 지역이다. OECD 37개 회원국에는 한국, 일본, 멕시코, 칠레, 이스라엘 등을 제외하고 유럽국가가 대부분을 차지하고 있다. 따라서 소득수준이 세계에서 가장 높은 지역으로 구매력이 높기 때문에 명품 브랜드 소비성향이 높은 시장이다. 우리나라 100대 브랜드에 속하는 삼성, 현대자동차, 기아자동차의 유럽시장 진출 확대가 기대된다.

06 독일 수출현장의 특성

1) 독일 국가 이미지

독일하면 떠오르는 이미지가 무엇일까? 부정적 이미지와 긍정적 이미지가 있다. 부정적 이미지로는 20세기 제1차, 제2차 세계대전을 일으킨 나라이며 패전국 이미지 그리고 유대인 학살 범죄자 이미지가 있다. 긍정적 이미지로는 전후 라인강의 기적으로 세계경제 거인으로 성장한 나라, 21세기 EU의 리더, EU문제(재정위기)의 해결사 등의 이미지가 있다.

비즈니스 측면에서 볼 때 독일은 유럽 국가 중에서 우리나라가 수출을 가장 많이 하는 나라, 근면 검소하여 실용주의 소비성향을 가지고 있는 나라, 벤츠 등 세계 자동차 명차를 생산하는 나라, 전시산업이 가장 발달한 나라 등의 이미지가 있다.

2) 세계에서 네 번째로 큰 시장

독일의 명목 GDP규모는 미국, 중국, 일본에 이어 세계 4위이다. 독일의 1인당 GDP(per capita GDP)는 2019년 4만 6천 달러이다. 지리적으로도 EU의 중심부에 위치한 독일은 유럽 경제의 요충지이며 한국의 유럽시장 진출의 교두보 역할을 한다. 2019년 독일의 상품수출(Merchandise Export)은 세계 3위, 상품수입(Merchandise Import)은 세계 3위이다. 우리나라 EU수출 전체에서 독일에 대한 수출비중이 가장 크다. 2019년 독일의 서비스수출(Commercial Service

Export)은 세계 3위, 서비스수입(Commercial Service Import)은 세계 3위를 기록하였다.

3) 제조업 경쟁력이 강한 나라

독일은 자동차, 전자제품 등에서 세계적인 제조업 경쟁력을 갖추고 있다. 이에 따라 독일소비자들은 외국제품보다 "made in Germany"에 대한 강한 자부심을 가지고 있다. 또한 독일에는 세계적 우량 중견기업인 히든챔피언(Hidden Champion)이 가장 많다. 국별 히든챔피언 수를 보면 독일 1,307개, 미국 366개, 일본 220개, 이탈리아 76개, 중국 68개, 한국 23 등이다.

4) 독일인 소비 특성

독일 소비자들은 "made in Germany"에 대한 강한 자부심을 가지고 있기 때문에 독일의 자동차, 전자제품 등에 대한 자국제품 소비성향이 높다. 이것이 독일의 무역흑자를 유지하는 중요한 요인으로 작용한다.

독일인의 검소함과 실용주의는 널리 알려져 있다. 이러한 독일인의 특성으로 인하여 독일인은 제품의 품질과 실용성 등을 중요시한다. 그리고 독일은 최고의 선진국이지만 고가 명품 시장이 그리 활성화되어 있지 않다. 화려한 카탈로그보다는 제품의 기술적 측면을 강조한 제품 소개에 신뢰감을 부여한다.

독일 수출현장의 특성 요약

독일 국가 이미지	• 부정적인 이미지 / 긍정적인 이미지
세계 네 번째 시장	• 세계 4위 GDP, 세계 3위 수출, 세계 3위 수입
제조업 강한 나라	• 자동차, 전자제품, 히든챔피언
독일인 소비특성	• 제품의 품질과 실용성 등을 중요시
초고령사회	• 자부심이 강하며 구매력이 높은 노인세대
전시산업 경쟁력	• 세계 TOP 10 전시장 / 세계 TOP 10 전시회
지방분권 발달	• 자치권이 강하고 지역별 시장특성이 다양

5) 초고령사회

독일은 프랑스, 이탈리아, 스웨덴 등 다른 유럽국가와 마찬가지로 65세 노인인구가 20%를 상회하는 초고령사회(post aged society) 국가이다. 그러나 2020년 코로나 팬데믹(Corona Pandemic)이 유럽에 발생하여 수많은 전염자 및 사망자가 생겨난 것은 이러한 고령자의 희생이 많았기 때문이다.

한편, 독일이 초고령 사회에 진입한 이후로도 최고의 국가 경쟁력을 유지하는 것은 고령자의 노동시장 참여를 늘렸기 때문이라는 평가이다. 또한 이들은 "라인강의 기적" 독일을 일으킨 세대로 자부심이 강하며 구매력이 높은 것이 특징이다. 실버산업 진출이 유망하다.

6) 세계에서 전시산업이 가장 발달한 국가

독일은 미국과 함께 전시산업(Exhibition Industry)이 가장 발달한 국가이다. 세계 Top 10 전시장(면적 기준) 중에서 5개가 독일에 위치하고 있다. 하노버 메세(Hannover Messe), 프랑크푸르트 메세(Frankfurt Messe)가 대표적이다.

또한 세계 10대 전시회 가운데 5개 전시회가 독일 전시장에서 개최된다. 세빗(CeBIT) 전시회, 프랑크푸르트 모터쇼(Frankfurt motor show), 메디카(Medica) 등이 대표적이다. 독일시장 진출시 이러한 독일의 무역전시회(Trade Show)를 적극적으로 활용하는 것이 필요하다.

7) 지방분권이 발달한 나라

독일의 정식명칭은 독일연방공화국(The Federal Republic of Germany)이다. 미국, 러시아와 마찬가지로 연방 국가이다. 이에 따라 우리나라와 같이 지역감정 존재한다. 오시(Ossi)는 구동독인 속어이며 베시(Wessi)는 구서독인 속어로서 상대방을 배타적으로 여긴다. 그렇지만 우리나라와 같이 치열한 지역감정은 없다는 것이 일반적 평가이다.

주요 도시를 보면 프랑스, 영국과 같이 파리, 런던에 집중되어 있지 않다. 동서냉전의 상징적 도시이자 독일의 수도 베를린(Berlin)인구는 350만 정도이다. 독일 제2도시 함부르크(Hamburg) 인구 180만, 옥토버페스트로 유명한 뮌헨(Muenchen) 인구 150만 명, 과거 신성로마제국의 중심도시였던 프랑크푸르트(Frankfurt) 인구 70만 명에 달한다. 자치권이 강하고 지역별 시장특성이 다양한 것이 특징이다.

07 영국 수출현장의 특성

1) 영국 국가 이미지

신사의 나라 영국의 국가 이미지는 무엇일까? 영국은 대표적인 "입헌군주제 국가"이며 산업혁명을 일으킨 나라, 근대 이후 대부분 과학을 발명한 나라 이미지가 있다. 또한 해가 지지 않는 나라 "대영제국" 그러나 지금은 쇠퇴하고 있는 나라 이미지도 영국의 이미지이다.

비즈니스 측면에서 볼 때 영국은 전통적인 경제 강국이지만 제조업보다는 금융산업 등 서비스산업이 발달한 나라 이미지로 알려져 있다. 그래서 상품 수출 경쟁력보다 서비스 수출경쟁력이 월등하게 높은 나라이다.

2) 국명 및 국민의 이해

영국의 영어 국명은 The United Kingdom of Great Britain & Northern Ireland, 약자로 UK라 표기한다. 그런데 그레이트 브리튼(Great Britain)은 영국을 이루는 큰 섬을 말하는데 잉글랜드(England), 스코틀랜드(Scotland), 웨일즈(Wales)가 여기에 포함된다. 그러므로 UK는 Great Britain과 북아일랜드(Northern Ireland)를 합친 것이다.

영국 국민을 지칭할 때 잉글랜드인(English), 스코틀랜드인(Scotish), 웨일즈인(Welsh), 북아일랜드인(Irish)으로 구분하는데 이들 간에는 역사적으로 뿌리 깊은 애증관계가 존재한다. 따라서 비즈니스 상담시 Scotish, Welsh, Irish에게 "Are you English?" 라고 말하는 것은 결례이다. 잘 모르는 경우 포괄적인 개념으로 "Are you British?"라고 하는 것이 바람직하다.

3) 전통적인 경제강국

영국의 명목 GDP규모는 미국, 중국, 일본, 독일, 인도에 이어 세계 6위이다. 영국의 1인당 GDP(per capita GDP)는 2019년 4만 1천 달러이다. 2019년 영국의 상품수출(Merchandise Export)은 세계 10위, 상품수입은 세계 5위이다. 2019년 영국의 서비스수출(Commercial Service Export)은 세계 2위, 서비스수입은 세계 4위를 기록하였다. 상품무역에서는 무역적자이나 서비스 무역에서는 무역흑자를 기록하고 있다.

영국 수출현장의 특성 요약

영국 국가 이미지	• 신사의 나라 / 입헌군주제 국가 / 산업혁명
영국 구명 및 국민	• UK, Great Britain 구분 / 영국 지역 감정 이해
전통적 경제강국	• 세계 6위 GDP, 세계 2위 서비스 수출
브렉시트(Brexit)	• 2021년 이후 영국, EU 탈퇴 / 한영 FTA 발효
영국인 소비 특성	• 상품거래시 상품의 질과 내용을 중시
유통구조의 변화	• 고마진 유통구조 / 유통체인의 시장지배력
영연방과의 교역	• 원자재, 의류, 신발, 자동차, 전자제품, 건설자재

4) 브렉시트(Brexit)

영국의 EU 탈퇴는 영국의 2016년 6월 국민투표로 결정됐으며, 2020년 1월 31일 유럽경제공동체(EEC)에 합류한 지 47년 만에 공식적으로 탈퇴했다. 그리고 2020년말까지 이행 기간 동안 영국과 EU간 새로운 관계설정을 위한 최종적인 합의가 이루어져 2021년 1월부터 영국과 EU는 공식적인 이별을 고했다. 양측간 상품무역에서는 무관세, 무쿼터를 유지하기로 했지만, 기존에 없던 통관 및 검역절차가 새롭게 생겨났다.

한편, 2021년부터 한영 FTA가 발효된다. 그동안 우리나라는 영국과 수출수입할 때 한−EU FTA 협정관세를 적용하였지만 이제는 새로운 한영 FTA에 따른 협정관세를 적용하여야 한다. 그러나 기존의 한국과 EU 간 FTA 체제에서와 같이 한국과 영국 상호 간 관세 철폐가 유지되므로 관세 양허면에서 특별한 차이는 없다. 다시 말하면 영국이 EU와 결별해도 한영 간 무역환경은

종전 한－EU FTA와 차이가 없다.

5) 영국인 소비 특성

영국인은 상품거래시 상품의 질과 내용을 중시한다. 특정지역의 제품을 선호한다든지 또는 자국 상품을 특별히 소비한다든지 하는 등의 배타적 감정이 없다. 영국에서도 다른 나라와 마찬가지로 인터넷 쇼핑 및 홈쇼핑이 크게 증가하는 추세를 보이고 있다.

한편, 영국인은 보수적인 거래관행을 가지고 있다. 기존 거래선과 특별한 문제가 없는 한 수입선을 바꾸지 않는다. 이러한 보수적 거래관행으로 인하여 영국 비즈니스맨과 수출입거래시 최종 계약까지 시일이 많이 소요되어 인내가 요구된다.

6) 유통구조의 변화

전통적으로 고마진(High Margin) 유통구조를 가지고 있다. 영국은 2011년 부가가치세율을 17.5%에서 20%로 상향 조정하였다. 우리나라의 10%와 비교하면 2배 높은 수준이다. 이러한 높은 부가가치세로 말미암아 영국의 상품가격이 높게 형성되어 있다.

대형 유통체인에 의한 시장지배력이 크다. 특히 영국의 테스코(Tesco)는 미국의 월마트(Warlmart) 프랑스의 까르푸(Carrefour), 독일의 메트로(Metro)와 함께 세계적인 유통업체로 알려져 있는데 영국의 의류, 식품, 가정용 소비재 분야의 유통에서 시장지배력이 크다. 이러한 유통구조 변화에 대응하는 마케팅 전략이 요구된다.

7) 영국 연방국과의 교역관계

영국 연방(Commonwealth of Nations)은 인도, 캐나다, 오스트레일리아, 뉴질랜드, 말레이시아, 싱가포르 등 과거 영국의 식민지였던 나라로 구성되어 있다. 아시아, 아프리카, 오세아니아 등 전세계에 걸쳐 53개 국가가 포함되어 있다. 이들 영연방국가들과 영국간에는 애증관계가 교차하지만 전통적으로 교역관계가 상당히 진전되어 있다. 영국과 연방국가간 주요 교역상품에는 원자재, 의류, 신발, 자동차, 전자제품, 건설자재 등이 포함되어 있다.

CHAPTER 18 아세안 수출현장의 이해

01 아세안경제의 이해

1) 아시아의 지역 구분

- 東아시아(East Asia) / 동쪽 아시아
  • 중국, 한국, 일본, 몽골, 대만, 홍콩 등
- 東南아시아(South East Asia) / 인도차이나반도, 말레이 반도
  • 태국, 말레이시아, 싱가포르, 인도네시아, 필리핀, 베트남 등 ASEAN 10개국
- 北部아시아(North Asia) / 러시아 시베리아 및 극동지역
- 中央아시아(Central Asia) / 내륙아시아(구소련으로부터 독립한 지역)

아세안 지도

- 우즈베키스탄, 카자흐스탄, 키르키스스탄, 투르크메니스탄, 타지키스
  탄 등
- 南部아시아(South Asia) / 인도, 파키스탄, 방글라데시, 네팔, 부탄 등
- 西南아시아(West South Asia) / 중동(Middle East) 지역 국가들
  - 이스라엘, 터키, 사우디아라비아, 이란, 이라크, 시리아, 요르단, 쿠웨
    이트 등

2) 아세안 개요

아세안은 중국에 이어 우리나라 제 2위 수출대상지역이다. 전통적인 수
출대상 국가인 미국 및 일본에 대한 수출보다 많은 것이다. 아세안의 정식 명
칭은 동남아시아국가연합(ASEAN: Association of Southeast Asian Nations)이다
(www.asean.org). 이러한 아세안의 설립 목적은 동남아시아 지역의 평화와 안
정 및 경제성장을 추구하고 사회·문화 발전을 도모하는 것이며 1967년 8월
8일에 설립되었다.

설립 당시 회원국은 필리핀·말레이시아·싱가포르·인도네시아·태국 등
5개국이었으나, 그 이후 브루나이·베트남·라오스·미얀마·캄보디아 등이 차
례로 가입하여 아세안은 현재 10개국으로 늘어났다. 옵서버(observers)로 동티
모르와 파푸아뉴기니가 참여하고 있다. 아세안의 사무국은 현재 인도네시아
자카르타에 위치하고 있다.

아세안 10개국 전체의 인구는 약 6억 5천만 명으로 중국, 인도에 이어
세계 3위이다. 약 5억의 EU와 약 3억 3천만 명의 미국보다 훨씬 많다. 인구를
국별로 보면 인도네시아는 2억 7천만 명에 육박하는 거대시장이다. 필리핀의
인구는 1억 명을 상회하고, 베트남의 인구는 약 9천만 명을 상회하며, 태국
인구는 약 7천만 명에 달한다. 아세안은 경제발전단계에서 한국보다 뒤쳐져
있지만 인구규모가 커 잠재력이 큰 시장이다.

아세안 10개국 전체의 면적은 444만㎢에 달한다. 러시아, 캐나다, 미국,
중국, 브라질, 호주에 이어 세계 7위 면적에 해당한다. 인도네시아 면적이 아
세안 전체의 41.9%의 비중을 차지하며 이어서 미얀마 15.3%, 태국11.6% 비
중을 차지하고 있다.

아세안의 인구 및 면적

구분(인구순)	인구(천명)	비중	면적(천㎢)	비중
인도네시아	266,795	40.8%	1,860	41.9%
필리핀	106,512	16.3%	300	6.8%
베트남	96,491	14.7%	331	7.5%
태국	69,183	10.6%	513	11.6%
미얀마	53,856	8.2%	677	15.3%
말레이시아	32,042	4.9%	330	7.4%
캄보디아	16,246	2.5%	181	4.1%
라오스	6,961	1.1%	237	5.3%
싱가포르	5,792	0.9%	1	0.0%
브루나이	434	0.1%	6	0.1%
아세안 합계	654,312	100%	4,436	100%

지료: 아세안 웹사이트/(www.asean.org)

3) GDP 규모 및 1인당 GDP

아세안 10개국 전체의 명목 GDP 규모(IMF, World Economic Outlook Database)는 2019년 약 3조 달러로 전 세계 총 GDP의 약 3.4%를 차지하고 있다. 미국, 중국, 일본, 독일에 이어 세계 5위 GDP 규모를 나타내고 있다.

인도네시아의 명목 GDP 규모가 아세안 국가로서는 처음으로 1조 달러를 돌파하였다. 아세안 중에서도 인도네시아가 거대경제권으로 부상하고 있음을 나타낸다. 이어서 태국, 싱가포르, 필리핀, 말레이시아, 베트남 등의 순으로 나타났다. 참고로 한국의 명목 GDP 규모는 약 1조 7천억 달러이다.

1인당 GDP(IMF, World Economic Outlook Database)에서는 아세안 평균 약 4천 달러 수준이다.

싱가포르가 약 6만 달러로 아세안 10개국 중 1위, 브루나이가 약 3만 달러로 2위, 말레이시아가 약 1만 달러로 3위, 태국이 약 7천 달러로 4위, 인도네시아가 약 4천 달러로 5위이다. 그리고 필리핀, 베트남, 미얀마, 캄보디아, 라오스 등은 3,000달러 미만의 낮은 수준을 나타내고 있다.

아세안의 GDP 및 무역 개요(2019년)

GDP	• 아세안 명목 GDP 약 3조 달러(세계 5위) • 아세안 1인당 GDP 평균 약 4천 달러 • 싱가포르 6만 달러, 브루나이 3만 달러, 말레이시아 1만 달러
무역	• 아세안 전체 상품수출 약 1.2조 달러(세계 4위) • 아세안 전체 상품수입 약 1.2조 달러(세계 4위)

4) 무역

아세안 10개국 전체 상품수출규모는 2019년 약 1조 2천억 달러(한국무역협회, 아세안무역통계)이다. 연간수출규모 1조 달러를 상회하는 세 나라인 중국, 미국, 독일에 이어 네 번째의 수출규모이다. 아세안이 세계의 중요한 상품공급지역(World Factory)으로 부상하였음을 의미한다. 아세안 10개국 중 싱가포르 수출이 1위이며 이어서 태국, 말레이시아, 인도네시아, 베트남 순으로 되어 있다.

아세안 10개국 전체 수입규모는 2019년 약 1조 2천억 달러(한국무역협회, 아세안무역통계)이다. 역시 연간수입규모 1조 달러를 상회하는 두 나라인 미국, 중국에 이어 세계 3위로 아세안은 이제 세계의 시장(World Market)으로 떠오른 것이다. 우리나라로서도 아세안은 중국에 이어 두 번째로 수출을 많이 하는 시장으로 미국시장, 일본시장보다 중요해졌다. 아세안 10개국 중 싱가포르 수입이 1위이며 이어서 태국, 말레이시아, 베트남, 인도네시아 순으로 되어 있다.

5) 신남방정책 대상지역

2017년 11월 우리나라의 문재인 대통령은 한-인도네시아 비즈니스포럼 기조연설에서 "신남방정책"을 천명하였다. 신남방정책은 사람 공동체(People), 상생번영 공동체(Prosperity), 평화 공동체(Peace) 등 이른바 3P 공동체를 핵심으로 하여 16가지의 한-아세안 협력 정책을 추진하는 것이다.

이 정책은 우리나라 제2수출 및 해외직접투자 대상지역으로 떠오른 아세안 국가들과의 협력 수준을 미국·중국·일본·러시아 등 주변 4강국 수준으로 높이고자 하는 것이다. 상품 교역뿐만 아니라 기술, 문화예술, 인적 교류 등으로 한 아세안 협력 영역을 확대하는 것을 주요 내용으로 하고 있다.

02 아세안의 국제협력관계

아세안은 한중일 3국, 미국, 인도, 오세아니아 국가들과 경제, 정치 현안을 논의하는 국제협력 채널을 형성하고 이에 주도적으로 참여하고 있다. 특히 이러한 협력채널은 동아시아 지역의 경제통합, 파트너십구축 등 국제통상관계에 중요한 역할을 하고 있다. 네가지 협력채널을 좀 더 자세하게 살펴보면 다음과 같다.

1) ASEAN+3

ASEAN+3은 아세안 10개국과 한국, 중국, 일본 등 동아시아 3국이 참여하는 국제협력기구이다. 아세안 10개국과 한중일간의 역내국간 상호 경제협력 강화 방안에 대해 논의한다. 1997년 아세안은 창설 30주년 기념 정상회의에 한중일 등 3개국 정상을 동시 초청하였는데 이것이 계기가 되어 ASEAN+3 체제가 발족되었다. ASEAN+3 주요회의 형태는 상기 정상회의 이외에 ASEAN+3 외교장관회의, ASEAN+3 재무장관회의, ASEAN+3 경제장관회의, ASEAN+3 농림장관회의 등 장관급 회의가 있다.

2) 아시아태평양경제협력체(APEC)

APEC(아시아태평양경제협력체: Asia-Pacific Economic Cooperation)은 환태평양지역 국가들의 자유로운 국제교역질서 형성 등 경제협력을 목적으로 창설되었으며 1993년부터 정상회의(Summit)로 격상하였다. APEC 회원국은 21개국이다. 태국·말레이시아·인도네시아·싱가포르·필리핀·브루나이·베트남 등 아세안 7개국, 한중일 3개국, 미국·캐나다·멕시코 등 미주 5개국, 호주·뉴질

아세안의 국제협력관계

ASEAN+3	• ASEAN 10국, 한중일 3국 등 13국 • 역내국간 상호 경제협력 방안 논의
아시아태평양경제협력체(APEC)	• ASEAN 7국, 한중일, 미국, 호주 등 21국 • 환태평양지역 경제협력방안 논의
동아시아정상회의(EAS)	• ASEAN, 호주, 인도, 미국, 러시아 등 18국 • 아시아 지역의 경제공동체 창설
아세안지역안보포럼(ARF)	• ASEAN, 한중일, 미국, 러시아 등 27국 • 아시아 태평양 지역의 평화와 안전을 추구

랜드 등 오세아니아 3개국 등이 참여하고 있다. APEC은 개방적 지역주의
(Open Regionalism)를 표방한다.

3) 동아시아정상회의(EAS)

동아시아정상회의(EAS: East Asia Summit)는 동남아시아 동북아시아 주요
국가 및 오세아니아 국가가 참여하는 국제협력 메카니즘이다. 2005년 출범당
시 ASEAN 10＋3(한국 중국 일본)에 호주, 뉴질랜드, 인도가 추가되어 16개국
이었는데 2011년 미국, 러시아가 추가로 가입하여 현재 18개 회원국이 있다.
세계 강대국 미국과 러시아가 새롭게 들어온 것이다. EAS는 유럽지역의 EU
와 같이 최종적으로 아시아지역의 경제공동체를 창설하는 것을 목표로 하고
있다.

4) 아세안지역안보포럼(ARF)

아세안지역안보포럼(ARF: ASEAN Regional Forum)은 아태 지역의 평화와 안
정 추구를 목적으로 하는 정부 간 안전보장협의체이다. 회원국은 27개국이며
UN 안보리 상임이사국 5개국(미국·영국·프랑스·러시아·중국), ASEAN 10개국,
ASEAN 대화상대국(한국·일본·호주·캐나다·뉴질랜드·인도·EU 의장국 등), 기타 3
개국(몽골·파푸아뉴기니·북한) 등으로 구성되어 있다. 안보문제를 정기적으로
논의하여 분쟁의 사전방지 등 예방외교의 틀을 마련하는 데 기여하고 있다.

03 아세안의 무역정책

1) 아세안의 관세율

WTO의 통계데이터베이스(Statistics Database)인 관세프로파일(Tariff Profiles)에서 세계 각국의 WTO 양허평균관세율(Simple average final bound)을 확인할 수 있다. WTO 양허관세율은 WTO 회원국 각국이 WTO에 약속한 관세율을 의미한다.

모두 개발도상국인 아세안의 WTO 양허관세율은 상당히 높은 편이다. 싱가포르를 제외하고 두 자릿수의 높은 관세율이다. 아세안 5개국의 WTO 양허평균관세율(%) 표에서 아세안 5개국이 WTO에 약속한 전체(Total) 평균관세율, 농산물(Ag) 평균관세율, 비농산물(Non-Ag) 평균관세율을 각각 확인할 수 있다.

아세안 5개국의 WTO 양허평균관세율(%)

국 별	전체(Total)	비농산품(Non-Ag)	농산품(Ag)
싱가포르	9.4	6.2	22.0
말레이시아	21.3	14.9	55.8
태국	28.0	25.6	39.5
인도네시아	37.1	35.5	47.1
베트남	11.5	10.4	19.1

자료: WTO, Tariff Profiles/www.wto.org

2) 아세안의 FTA 정책

아세안 10개국은 경제영토 확장을 통한 무역 활성화를 위해 여러 나라들과 FTA를 체결하고 있다. 현재 아세안의 발효중인 FTA는 한국-ASEAN FTA, 중국-ASEAN FTA, 일본-ASEAN EPA(Economic Partnership Agreement), 인도-ASEAN FTA, 호주·뉴질랜드-ASEAN FTA 등이다. 동아시아 한중일 3국과 모두 FTA를 체결하였다. FTA 경제영토는 세계 전체 GDP에서 차지하는 FTA 체결 국가 GDP 합계가 얼마나 되는가(비중)를 계산한 것인데 아세안의 FTA 경제영토는 약 60%에 달하고 있다.

2020년에 체결된 아시아 역내 지역경제통합인 RCEP(Regional Comprehensive Economic Partnership), 즉, 역내 포괄적 경제동반자 협정에도 주도적으로 참여했다. RCEP 회원국은 15개국으로 아세안 10개국, 동북아시아 3개국(한국, 중국, 일본), 오세아니아 2개국(호주, 뉴질랜드) 등이다.

아세안은 EU, 미국 등과의 FTA도 추진하고 있으나 아세안 10개국 내의 경제력 격차 문제, EU측의 아세안 인권문제 제기 등으로 아세안 전체 차원의 협상은 잠정 중단되고 개별국 차원의 FTA를 추진하는 방향으로 전환하였다.

한편, 아세안 개별국가 차원에서 FTA 체결을 위해 노력하고 있다. 싱가포르, 말레이시아, 인도네시아, 태국, 베트남 등이 개별 FTA를 활발히 추진하고 있다. 싱가포르의 경우 2013년 12월에 EU와의 FTA를 체결하였는데 이로써 싱가포르는 한국에 이어 두 번째로 EU와 FTA를 체결한 국가가 되었다.

3) AEC 결성

아세안 경제공동체 AEC(ASEAN Economic Community)는 싱가포르 말레이시아 인도네시아 베트남 태국 필리핀 미얀마 캄보디아 라오스 브루나이 등 아세안 10개 회원국이 결성, 2015년 12월 31일 출범한 경제 공동체이다. AEC는 동남아시아의 EU(유럽연합)를 최종 목표로 하고 있다.

1967년 정치·안보적 요인에서 결성된 아세안은 냉전(Cold War) 체제 해체 이후 아세안 경제협력과 경제통합에 집중하여 왔다. 1992년 역내 자유무역협정 AFTA(ASEAN Free Trade Area) 체결로 "경제 협력" 채널을 마련했고, 2015년말 AEC를 출범시키며 "경제 통합"의 길을 모색하고 있다.

AEC는 제품, 서비스, 투자, 자본, 인력 등의 자유 이동(5대 원칙)을 토대로 인구 6억 5천만, 명목 GDP 3조 달러의 아세안을 하나의 시장, 하나의 생산거점으로 묶겠다는 목표를 가지고 있다. 이를 위해 AEC 회원국은 역내 관세 철폐, 역내 인프라 연계성 확대, 역내 무역 원활화를 통한 경제 활성화를 도모하고 있다.

구체적으로 AEC의 4대 목표는 ① 단일 시장과 생산기지 건설, ② 경쟁력을 갖춘 경제지역 결성, ③ 균등한 경제발전, ④ 세계 경제로의 통합 등이다. 이 가운데 가장 중요한 목표는 상품, 서비스, 투자, 자본, 숙련노동의 자유로운 이동을 포함하는 "단일 시장과 단일 생산기지" 건설이다. AEC는 2030년 GDP 5조 달러를 달성하여 미국, 중국, 일본에 이어 독일을 제치고 세계 4위의 경제 규모를 이룩한다는 목표이다.

04 아세안 수출현장의 특성

1) 전략적 요충지

아시아(Asia)는 東아시아(East Asia), 東南아시아(South East Asia), 北部아시아(North Asia), 中央아시아(Central Asia), 南部아시아(South Asia), 西南아시아(West South Asia) 등 6개 지역으로 구분되는데 아세안은 이 중 동남아시아 지역에 속한다.

아세안은 지리적으로 태평양(pacific Ocean)과 인도양(Indian Ocean)을 연결하는 전략적 요충지에 자리 잡고 있으며 인도차이나 반도를 중심으로 필리핀을 제외한 9개국이 위치하고 있다. 이 전략적 요충지에 말라카 해협(Malacca Strait)이 있으며 전 세계 해상운송 물동량의 3분의 1이 이곳을 지난다. 우리나라의 유럽, 중동지역 수출입 물동량도 이곳을 통과하여야 한다.

아세안 수출현장의 특성 요약

전략적 요충지	• 아시아 6개 지역 구분 중 동남아시아 지역 • 태평양과 인도양 연결하는 전략적 요충지
이머징 마켓	• Post BRICs, Post China, VIM, VIP • 자원, 인구 풍부한 잠재력 높은 시장
다양성	• 불교, 이슬람, 기독교 등 다양한 종교 • 다양한 정치체제, 다양한 경제수준
유망 할랄 수출시장	• 인도네시아, 말레이시아 등 이슬람국 • 이슬람 율법에 따라 가공 처리된 식품
한국의 중요한 수출시장	• 한국의 제2위 교역 및 투자(FDI) 대상지역 • 최대 ODA 대상 / 해외건설의 블루오션
한중일 이미지 비교	• KOTRA, 아세안 9개국 조사 • 아세안 시장에서 한중일 치열한 경쟁상황

2) 이머징 마켓

아세안은 이머징 마켓(Emerging Market)이다. Post BRICs 또는 Post China라고 일컬어지며, VIP(Vietnam, Indonesia, Philiphines), VIM(Vietnam, Indonesia, Myanmar), BIICs(Brazil, Indonesia, India, China) 등의 용어에서 알 수 있는 바와 같이 경제 활력이 넘치고 빠른 경제성장을 하는 나라들이 포함되어 있다.

아세안은 자원(석유, 가스, 목재, 고무 등)이 풍부하고 6억 5천만 명의 거대 인구가 살고 있는 잠재력이 높은 시장이다. 아세안 평균 1인당 GDP가 4천 달러 정도이고 사시사철 온화한 날씨에 먹거리(열대과일, 곡식 등)가 풍부한 지역이다. 한중일 3국의 경제협력대상 지역인 동시에 한중일 3국 상품의 경쟁 시장이기도 하다.

3) 다양성

첫째, 아세안 10개국은 다양한 종교 국가로 구성되어 있다. 불교국가 6개국(태국, 싱가포르, 미얀마, 베트남, 캄보디아, 라오스 등 인도차이나반도 국가), 이슬람국가 3개국(말레이시아, 인도네시아, 브루나이) 그리고 가톨릭국가 1개국(필리핀) 등 다양하다.

둘째, 아세안 10개국의 정치체제가 매우 다양하다. 대통령제 2개국(인도네시아, 베트남), 내각책임제 3개국(싱가포르, 말레이시아, 미얀마), 입헌군주제 3개국(태국, 말레이시아, 캄보디아), 절대군주제 1개국(브루나이), 사회주의 공화제 1개국(라오스) 등 다양하다.

셋째, 아세안 10개국의 경제수준 격차가 존재한다. 제1절에서 분석한 바와 같이 1인당 GDP에서 싱가포르가 아세안 10개국 중 1위, 브루나이가 2위, 말레이시아가 3위로서 아세안 중에서 복지후생수준이 높은 나라들이다. 이어서 태국과 인도네시아가 아세안 중에서 중간정도의 수준이다. 나머지 필리핀, 베트남, 미얀마, 캄보디아, 라오스 등은 3,000달러 미만의 낮은 수준이다.

4) 유망 할랄 수출시장

할랄(Halal) 제품은 이슬람 율법에 의해 무슬림이 먹고 쓸 수 있도록 허용된 제품을 말한다. 채소 곡류 등 식물성 음식, 어류 등 해산물, 닭고기, 소고기 등 육류 등이 포함된다. 할랄 인증은 무슬림이 먹거나 사용할 수 있도록 이슬람 율법에 따라 도살 처리 가공된 식품에 부여되는 인증 마크다. 인도네시아 등 이슬람 국가에 제품을 수출하기 위해선 반드시 취득해야 한다.

전 세계적으로 약 300여 개의 할랄 인증기구가 있다. 모든 무슬림 국가에 통용되는 표준 할랄 인증 체계가 구축되지 않아 각 무슬림 국가마다 상이한 기준안으로 할랄 인증제도를 시행하고 있다. 공신력 있는 인증기관으로 인정받고 있는 기관은 말레이시아 JAKIM, 인도네시아 MUI, 싱가포르 MUIS, 미국 IFANCA 등이 있다. 우리나라의 경우 한국 이슬람교중앙회(Korea Muslim Federation, 이하 KMF)에서 할랄 인증을 실시하고 있다.

한국무역협회 국제무역통상연구원에 따르면 글로벌 할랄 산업규모는 2019년부터 연평균 6.2%씩 늘어나 2024년에 3.2조 달러에 달할 전망이다. 우리나라 GDP의 2배 수준에 달하는 거대한 규모이다. 유망 할랄 수출 시장으로는 이슬람협력기구(OIC) 57개국 중 우리나라의 수출액이 가장 많은 인도네시아, 말레이시아 등 이슬람국가이다. 대표적인 아세안 국가이다.

인도네시아는 큰 시장 규모, 말레이시아는 안정적인 경제성장 등을 이유로 할랄 인증 소비재 수입수요가 빠르게 늘어나고 있다. 인도네시아에서는 가공식품이, 말레이시아에서는 화장품이 할랄 수출 제품으로 가장 유망한 것으로 나타났다. 특히, 가성비를 중시하는 인도네시아는 저렴한 쌀·면류 가공식품을, 건강과 노화 방지 관심이 확대되고 있는 말레이시아는 기능성스킨케어 화장품을 선호하는 것으로 나타났다.

5) 한국의 중요한 수출시장

아세안은 중국에 이어 제2위 교역대상지역이며, 역시 중국에 이어 제2위 해외직접투자(FDI outflow) 대상지역이다. 아세안 중 베트남은 중국에 이어서 미국과 일본을 제치고 우리나라 제2위 수출대상국으로 부상하였다. 또한 아세안 지역은 활발한 경제개발 동향으로 인하여 우리나라 해외건설의 블루오션(blue ocean)으로 일컬어진다.

또한 KOICA(국제협력단)에 따르면 아세안은 한국의 최대 ODA(Official Development Assistance, 공적개발원조) 대상지역으로 우리나라의 무상지원이 가장 많이 이루어지는 지역이다. 특히 베트남, 라오스 등에 대한 ODA 지원 규모가 크다. 그밖에 우리나라의 "K-Pop, K-Beauty, K-Food" 등 한류가 가장 활성화되어 있는 지역이다.

6) 아세안 시장에서 한중일 이미지

KOTRA는 필리핀·말레이시아·싱가포르·인도네시아·태국·베트남·라오스·미얀마·캄보디아 등 아세안 9개국(브루나이 제외)을 대상으로 한국, 중국, 일본 3국에 대한 자국 시장에서의 이미지를 조사(2018년)했다.

한국의 대표 이미지는 1위에서 10위까지 K-Pop, 일중독, 인삼·홍삼, 김치, 품질 좋은 제품, 태권도, 발전·선진국, 영리함, 삼성, 화장품 순으로 나타났다. 중국의 대표 이미지는 1위에서 5위까지 경제성장, 품질좋은 제품, 베이징, 모조품·불량, 저렴한 제품 순이다. 일본의 대표 이미지는 1위에서 5위까지 자동차, 초밥·회, 만화·애니메이션, 강대국·선진국, 소니·전자제품 순이다. 아세안 시장에서 한중일간에 상당히 어렵고 치열한 마케팅 접전이 벌어지고 있음을 보여준다.

05 주요국별 수출현장의 특성

1) 인도네시아(Indonesia)

- 섬나라: 17,000개 섬 / 큰 섬 5개(Sumatra, Jawa, Borneo, Sulawesi, Papua)
- 아세안의 대표적인 이슬람국가로 할랄 제품의 유망수출시장
- 태평양과 인도양 간 동서교통의 요충지
- 아세안 최대 경제규모 및 최대 수출시장
- 글로벌 생산기지(World Factory)

- 넓은 국토, 풍부한 자원 및 노동력
- 이머징마켓 BIICs(Brazil, Indonesia, India, China)
- 화교의 경제권 장악: 4% 화교가 경제권 80% 차지
- 대통령 조코위도도(Joko Widodo)의 Jokonomics 추진(인프라투자, FDI 유치, 부패 척결)

2) 베트남(Vietnam)

- 베트남 전쟁(1960!~1975)에 30만 한국군 파병 → 한국, 전쟁 특수(중공업 발전 계기)
- 베트남의 호치민 위상(1969년 사망): 초대 대통령, 혁명가, 정치가, 국부, 절대적 존재
- 사회주의 시장경제(socialist market system) 체제 / 개방정책(Doi Moi 정책) 추진
- 글로벌 생산기지(World Factory)
- 두 도시의 경쟁: 800만 호치민(경제수도), 700만 하노이(정치수도)
- 열악한 사회기반시설, 숙련노동력 부족
- 한국의 3위 수출 대상국, 7위 수입 대상국
- 한국의 최대 해외직접투자(FDI outflow) 국가
- 한국의 최대 ODA(공적개발원조) 대상국

3) 태국(Thailand)

- 입헌군주국가(내각책임제)
- 아세안에서 식민 지배를 받지 않은 유일한 나라
- 넓은 국토, 풍부한 자원 및 노동력, 양호한 농업 생산기반을 갖춘 나라
- 세계 최대 쌀 수출국
- 아세안에서 인도네시아 다음으로 두 번째로 큰 경제규모
- 관광대국(온화한 날씨, 자연, 풍성 과일) / 방콕, 파타야, 치앙마이
- 수출지향적 경제 / 대외의존적 시장 → "국제무역환경 변화에 취약하다"

- 화교의 경제권 장악: 10% 화교, 상업 및 제조업 90% 차지

4) 싱가포르(Singapore)

- 아세안 국가 중 1인당 국민소득이 가장 높은 국가(6만 달러)
- 아시아 NICs(한국, 대만, 싱가포르, 홍콩) 중의 한 나라
- 영어가 공용어인 도시국가
- 부존자원이 없기 때문에 국제무역과 해외투자에 의존하는 개방경제
  체제
- 홍콩과 함께 중계무역이 발달한 나라
- 아시아 및 세계의 금융중심지
- 한류 영향으로 한국 상품에 대한 긍정적인 이미지 형성되어 있음
- 래플즈시티(Raffles City)는 쌍용건설이 건설한 동양 최대의 복합건물

5) 말레이시아(Malaysia)

- 입헌군주국가(내각책임제)
- 종족은 말레이인 58%, 중국인 25%, 인도파키스탄인 7% 등으로 구성
- 아세안에서 인도네시아, 브루나이와 함께 이슬람 국가
- 이슬람국가이며 할랄제품의 유망수출시장
- 의류, 신발, 악세서리, 보석류, 전자제품, 스포츠 장비 등을 온라인으
  로 구매 성향
- 아세안 10국 중 싱가포르, 브루나이에 이어 소득수준 높은 국가
- 한국인 은퇴이민 인기대상지역(말라카, 코타키나발루, 페낭 지역)
- 영어 통용 국가
- 천연고무, 팜오일, 주석, 석유 등 천연자원 풍부

6) 필리핀(Philippines)

- 아세안 중 유일한 기독교 국가

- 7,000여 개의 섬들로 구성된 나라
- 아세안에서 인도네시아에 이어 두 번째로 인구가 많은 나라(약 1억명)
- 메트로 마닐라(Metro Manila) 등 일부 거점 도시에 상권 집중
- 반도체, 전자분야에 진출한 외국투자기업의 수출금액이 필리핀 전체 수출의 60% 차지
- 극심한 빈부격차와 이에 따른 소비의 양극화 현상
- 스페인, 미국, 일본 등 3개국의 식민지 국가
- 한때는 한국보다 잘 사는 나라였으나 그 이후 경제성장이 뒤쳐진 나라
- 미국, 영국에 이어 세계에서 3번째로 영어를 쓰는 인구가 많은 나라

7) 미얀마(Myanmar)

- 아세안 최후의 개척지
- 1983년 전두환 대통령 방문시 북한의 테러가 있었던 곳(한국외교사절 17명 순국)
- 저렴한 인건비, 풍부한 인적자원 갖춘 나라
- 천연가스, 구리, 석탄, 철광석, 우라늄 등 천연자원 풍부
- 지정학적 이점(중국, 인도, 태국, 라오스, 방글라데시 등 5개국 국경)
- 부족한 사회간접자본 등 열악한 사업 환경
- 국제투명성기구 부패인식지수(CPI) 156위

06 아세안의 과제

1) 극심한 빈부격차

먼저 아세안 국별로 1인당 국민소득의 차이가 크다. 앞에서 설명한 것처럼 싱가포르, 브루나이, 말레이시아, 태국 등은 아세안 국가 중 비교적 국민소득이 높지만 인도네시아, 필리핀, 베트남, 미얀마, 캄보디아, 라오스 등은 국민소득이 낮아 아직 가난한 나라에 속한다. 또한 아세안 대부분의 국가에서

소득분배지표 지니계수(Gini's coefficient)가 높아 개별 국가 내에서의 빈부격차가 크다.

2) 취약한 산업기반

아세안은 이머징 마켓으로 경제발전이 빠르게 이루어지고 있다. 그러나 도로, 항만, 항공, 통신, 철도, 발전시설, 에너지 등 산업기반(infrastructure)이 아직 취약한 수준이다. 또한 정부정책, 정부관료 등 공공서비스 효율성이 선진국에 비하여 상대적으로 많이 떨어지고 있다. 이러한 요인으로 말미암아 보다 빠른 혁신성장, 아세안에 대한 외국인직접투자(FDI inflow)의 걸림돌로 작용하고 있다.

3) 부정부패의 만연

독일 베를린에 본부를 둔 국제투명성협회(Transparency International)는 매년 부패인식지수 CPI(Corruption Perceptions Index)를 발표한다. CPI는 0~100점 구간에 있는데 부정부패가 심할수록 점수가 낮고 100점에 가까울수록 부정부패가 없는 깨끗한 나라라는 사실을 말해준다. 그런데 싱가포르를 제외하고 태국, 인도네시아, 필리핀, 베트남 등 아세안 대부분의 국가의 부패인식지수 CPI 점수가 낮아 부정부패가 많은 것이 사실이다.

4) 중국 화교의 경제권 장악

전 세계 화교인구 약 5,000만 명 중 약 90%가 아세안에 거주하고 있는 것으로 추정된다. 태국의 경우 10% 인구의 타이 화교(Sino-Thai)가 태국 전체 상업 및 제조업의 90%를 차지하고 태국 경제권을 장악하고 있으며, 인도네시아의 경우도 4% 인구의 화교가 인도네시아 경제권의 80%을 장악하고 있는 것으로 파악되고 있다. 이에 따라 아세안 각국 원주민의 중국화교에 대한 불만이 높아지고 있다.

INDEX 국문

Issuing Bank 125

ITC(United States International Trade
Commission) 212

저자소개

박상길

연세대학교 경제학과(경제학 석사)
충남대학교 무역학과(경제학 학사/경영학 박사)
일본경제연구센터(도쿄) 연구원
한국무역협회 무역조사부, 도쿄지부
KOICA(한국국제협력단) 전문가 파견(이집트, 모로코)
충남대학교 경상대학 무역학과 초빙교수
고려대학교 경영정보대학원 교수
현 한국무역협회 수출현장 자문위원

정윤세

미 Southern Oregon State University(MBA, 경영학)
단국대학교 경영학과(경영학 학사/경영학 박사)
한국무역협회 하주사무국, 한국무역홍보센터, 전시컨벤션팀
KOTRA FDI 옴부즈만사무소 전문위원
한국무역협회 한국전자무역추진센터 사무국장
용인시 국제화자문위원, 용인시 유통상생자문위원
단국대학교 글로벌창업센터장, 학생처장, 상경대학장
전국GTEP협의회 회장, 한국통상정보학회 회장
현 단국대학교 상경대학 무역학과 교수
　　(사)용인미래포럼 이사장

최장우

한양대학교 무역학과 상학사
벨기에 루뱅대 대학원 경제학 석사
국립창원대학교 대학원 경영학 박사(국제경영·마케팅)
한국무역협회 국제통상부, 브뤼셀지부, 중기부 수출지원센터
한남대학교 대외협력처장, 경영대학원장
현 한남대학교 경상대학 학장·무역학과 교수,
　　관세청 정부업무 자체평가위원회 위원장, FTA정책자문단 자문위원
　　충청북도 통상정책자문관
　　한국무역학회 및 한국통상정보학회 부회장

수출현장무역실무

초판발행	2021년 2월 25일
지은이	박상길·정윤세·최장우
펴낸이	안종만·안상준
편 집	전채린
기획/마케팅	정연환
표지디자인	벤스토리
제 작	고철민·조영환
펴낸곳	(주)박영사
	서울특별시 금천구 가산디지털2로 53, 210호(가산동, 한라시그마밸리)
	등록 1959. 3. 11. 제300-1959-1호(倫)
전 화	02)733-6771
f a x	02)736-4818
e-mail	pys@pybook.co.kr
homepage	www.pybook.co.kr
ISBN	979-11-303-1227-9 93320

정 가   20,000원